县域能源大数据
体系设计与建设实践

刘湘莅　李鹏　杨萌　鞠立伟 等　编著

中国电力出版社
CHINA ELECTRIC POWER PRESS

内容提要

全书共分6章，分别从新时代农村能源转型与能源大数据发展、县域能源数据发展现状研究概述、县域能源数据体系总体架构设计、县域能源数据统计体系设计、县域能源数据应用场景设计、县域能源大数据体系建设实践——以兰考县为例等方面进行介绍。

本书可供各类高等院校、能源研究机构、相关领域科研工作者阅读参考，对于进一步完善能源统计体系、促进能源数据体系建立、实现能源数据有效利用具有重要的理论价值和实际意义。

图书在版编目（CIP）数据

县域能源大数据体系设计与建设实践 / 刘湘莅等编著 .— 北京：中国电力出版社，2022.7
ISBN 978-7-5198-6837-6

Ⅰ.①县…　Ⅱ.①刘…　Ⅲ.①县－能源发展－研究－中国　Ⅳ.①F426.2

中国版本图书馆CIP数据核字（2022）第101494号

出版发行：中国电力出版社
地　　址：北京市东城区北京站西街19号（邮政编码100005）
网　　址：http：//www.cepp.sgcc.com.cn
责任编辑：孙世通　马雪倩
责任校对：黄　蓓　马　宁
装帧设计：赵丽媛
责任印制：钱兴根

印　　刷：三河市百盛印装有限公司
版　　次：2022年7月第一版
印　　次：2022年7月北京第一次印刷
开　　本：710毫米×1000毫米　16开本
印　　张：16
字　　数：257千字
定　　价：78.00元

《县域能源大数据体系设计与建设实践》
本书作者

刘湘莅　李　鹏　杨　萌　鞠立伟　张泓楷
张艺涵　李慧璇　郑永乐　谢安邦　苟帅宇
周青青　刘　力　潘昱树

前 言

党的十九大提出，农业、农村、农民问题是关系国计民生的根本性问题，必须始终把解决好“三农”问题作为全党工作的重中之重，实施乡村振兴战略。农村能源作为我国能源体系的重要组成部分，是乡村振兴的重要物质基础。然而，农村能源长期以来处于我国能源政策边缘地带，发展不平衡、不充分问题突出，“双碳”目标下加速农村能源转型势在必行。县域作为我国行政管理的基本单元，也是农村能源管理的基本单元，以县域能源为管理对象，归集不同类型能源数据，建立健全县域能源数据体系，发挥数据作为生产要素的重要作用，推动农村能源换道领跑，成为当前我国农村能源高质量发展的必然趋势。

在我国县域能源数据管理方面，因农村地区地理环境复杂、经济水平低、信息化水平低、能源数据收集困难等原因，导致了我国对于县域能源数据的管理一直处于边缘化、松散化，县域能源数据呈现散、乱、差的特征。近年来，随着大数据理念的不断深入，能源大数据技术得到快速发展，在 2015 年 9 月，中华人民共和国国务院发布《促进大数据发展的行动纲要》，大数据正式上升至国家战略层面，十九大报告提出要推动大数据与实体经济的深度融合。2021 年 3 月发布的“十四五”规划中，大数据标准体系的完善成为发展重点。随着 5G、云计算、人工智能等新一代信息技术快速发展，信息技术与传统产业加速融合，数据中心作为各个行业信息系统运行的物理载体，为开展县域能源数据归集和利用提供了可靠的技术支撑，深入挖掘县域能源数据的潜在价值，推动农村能源的高质量发展已变得可行。

基于上述背景，本书开展县域能源数据体系设计的研究，旨在破解县域能源数据面临统计体系不健全、数据质量参差不齐、数据融合存在障碍、归集标准不统一等问题。通过构建县域能源数据标准体系，指导县域能源数据规范归集，为开展更深层次的数据价值挖掘及应用创新奠定基础，为推进清洁低碳、安全高效现代农村能源数据体系构建，为乡村振兴“农业强、农村美、农民富”目标实现提供支持保障。由此，本书分别从新时代农村能源转型与能源大数据发展研究、县域能源数据发展现状研究、县域能源数据体系总体架构设计、县域能源数据统计体系设计、县域能源数据应用场景设计、县域能源大数据体系建设实践等方面进行介绍。

在新时代农村能源转型与能源大数据发展研究方面，通过研究形成了农村能源发展的政策基础、发展趋势以及能源大数据技术应用，为开展县域能源数据统计体系设计提供研究基础。主要内容是农村能源发展概论和农村能源发展现状、能源大数据发展概论和能源大数据发展经验总结，以及能源大数据助力农村能源高质量发展。

在县域能源数据发展现状研究概述方面，主要内容是围绕县域能源数据发展情况、县域能源大数据内涵及特征、县域能源大数据价值发挥面临的问题三方面展开，分析县域能源数据发展面临的挑战，明确县域能源数据体系亟须解决的难点，提出县域能源大数据在数据采集、数据管理、数据应用等维度的功能作用和价值，明确县域能源大数据的内涵、特征及可发挥的功能作用，为开展县域能源大数据体系总体架构设计提供前提基础。

在县域能源数据体系总体架构设计方面，主要内容是基于数据全寿命生命周期，提出一套整体结构为“3+1”的县域能源数据体系架构，分别对“三大层级”中的数据采集层、数据管理层、数据应用层以及“一大体系”中的县域能源数据统计体系关键环节进行展开说明，为未来县域能源数据全流程管理工作提供了参考借鉴。

在县域能源数据统计体系设计方面，主要内容是设计了一套全面完善的县域能源数据统计体系，分别对社会经济资源环境统计数据、全品类能源全链条统计数据、各类用户能源统计数据进行展开说明，对各维度的指标构成、数据来源、采集方式、更新频率等内容进行详细介绍，为县域能源数据全品类、全流程采集统计工作奠定了基础。

在县域能源数据应用场景设计方面，主要内容是基于县域能源数据体系架构以及县域能源数据统计体系构建，针对政府、能源生产型企业、能源消费型企业、社会公众等多维度服务对象，分场景开发各项数据应用增值服务，以辅助政府能源决策、支撑企业精益化管理、服务公众便捷用能，为未来县域能源数据的有效应用及价值实现提供借鉴依据。

在县域能源大数据体系建设实践方面，主要内容是河南省开封市兰考县的农村能源革命试点建设作为案例进行县域能源大数据体系建设实践概括，系统描述了大数据平台多个子项目的建设和应用状况，包括建设目标、平台构架、数据库，以及能源监测中心、运营指挥中心、公共服务中心。结合河南兰考能源大数据平台在服务政府科学决策、服务社会降本增效、服务公众实际需要等方面产生的积极影响，总结河南兰考能源大数据平台的建成推动兰考农村能源革命试点建设不断迈进所取得的显著成效。

国网河南省电力有限公司经济技术研究院刘湘莅、李鹏、杨萌、张泓楷、张艺涵、李慧璇、郑永乐、谢安邦及华北电力大学鞠立伟、苟帅宇、周青青、刘力、潘昱树参与了本书的编写工作。本书在编写过程中得到国网河南省电力有限公司经济技术研究院和华北电力大学经济与管理学院的支持与配合，在此表示衷心的感谢和诚挚的敬意。

本书主要提供各类高等院校、能源研究机构等相关领域科研工作者以及县域能源管理人员阅读参考，有利于农村县域能源数据统计体系建立健全、县域能源大数据典型应用场景搭建等多个方面应用，对实现数字革命背景下农村能源高质量发展具有着重要的理论价值和实际意义。

编者

2022 年 3 月 24 日

目　录

第 1 章　新时代农村能源转型与能源大数据发展

2014 年 6 月，习近平总书记提出“四个革命、一个合作”能源安全新战略，指明了新时代中国能源转型发展新方向，要全面推进能源生产和消费革命，构建清洁低碳、安全高效的能源体系，积极推动“互联网 +”智慧能源发展。农村能源作为能源政策的组成部分，长期处于“边缘”位置，农村能源基础差，用能存在分散化、需求多样化、能量密度低、经济性差、市场机制缺失等问题，农村能源发展不平衡、不充分矛盾日益突出。随着数字革命的到来，数字技术正以新理念、新业态、新模式全面融入人类社会各领域，给人类生产生活带来广泛而深刻的影响，加快农村能源转型发展，需要与数字技术相结合，发挥数据倍增效应，实现农村能源数据换道领跑。习近平总书记在中共中央政治局第三十四次集体学习中指出，要推动数字经济和实体经济融合发展，推动制造业、服务业、农业等产业数字化，利用互联网新技术对传统产业进行全方位、全链条的改造，提高全要素生产率，发挥数字技术对经济发展的放大、叠加、倍增作用。我国农村能源发展存在巨大数字赋能空间，数字技术将成为实现乡村振兴的有效引擎和持续动力。本章研究农村能源发展现状及问题，梳理发展政策，结合农村能源分散化、清洁化、数字化特征，探索农村能源的发展路径，并围绕能源大数据进行研究，梳理能源大数据典型案例及政策，基于农村能源资源、用能特点，深入挖掘能源数据潜在价值，结合大数据技术助力农村能源高质量发展。

1.1　农村能源发展历程

中国是一个农业大国，随着农村经济社会的发展，农村对于能源的需求不断增加，尤其对于商品化、清洁化的能源需求将快速增加。同时，随着乡村振兴、碳达峰碳中和等国家重大战略的不断推进，未来我国农村能源将不断呈现出新的发展趋势。

1.1.1 农村能源定义及主要形式

（1）农村能源定义。农村能源（rural energy）是国家能源系统不可分割的组成部分，其定义有广义、狭义之分。狭义的农村能源即农村地区的能源，包括商品能源和可再生能源；广义的农村能源则是针对第三世界国家农村地区因经济不发达和商品能源供应欠缺而不得不依靠当地可再生能源的现象而提出的一个概念，其实质是指农村地区的能源供应与消费，涉及农村地区的工业、农业生产和农村生活多个方面。能源供给包括农村外部的商品性能源输入和农村内部的能源开发，其中农村能源的开发是指农村地区因地制宜、就近开发利用的能源，在中国有薪柴、作物秸秆、人畜粪便（制沼气或直接燃烧）、小水电、小煤窑、太阳能、风能和地热能等，多属于可再生能源；能源消费主要包括生活用能和生产用能两方面，其中生活用能包括炊事、取暖、照明等，生产用能包括种植业、养殖业用能以及农产品产地初加工用能等。随着农村经济的发展，农村能源的利用还包括国家供应给农村地区的煤炭、燃料油、电力等商品能源。一般而言，农村能源是指农村范围内的各种能源以及从能源开发至最终应用过程中的生产、消费、技术、政策和管理等问题的总称。

（2）农村能源主要形式。农村依靠其天然的地理位置优势，相比于城市具有更加丰富的能源资源，尤其是可再生能源，比如光伏、沼气等。我国农村地区用能模式主要以分散式为主，生物质能、天然气、光伏等清洁能源的分布式、灵活性等特点决定了其在农村地区具有广阔的应用前景。对农村能源可以按照化石能源、生物质能源和清洁能源，商品能源与非商品能源，能源品质高低和生产用能与生活用能以下四个角度进行分类：

1）化石能源、生物质能源和清洁能源。农村能源按照能源物质本质可分为化石能源、生物质能源及清洁能源。化石能源包括煤炭、石油、天然气、原煤、焦炭、汽油、煤油、柴油等；生物质能源包括薪柴、秸秆、沼气等，生物质能源消费量的变化是引起我国农村能源消费总量和能源结构变化的主要原因；清洁能源包括电能、水能、太阳能、风能、地热能等可再生能源。过去农村的发展水平低，更多就近利用传统生物质能源，有煤炭等化石资源储藏的则大力开发化石能源利用，造成了大量的能源浪费及环境污染，随着农村能源历史的变迁，农民生产生活用能逐渐呈现出摒弃传统化石及生物质能源，朝着电能等清洁能源发展的趋势，但是不可忽略的是，煤炭仍然占据农村用能第一位。

2）商品能源与非商品能源。按照能否进入能源市场并且作为商品来销售，农村能源又可以分为商品能源与非商品能源。非商品能源主要指生物质能源，包括秸秆、薪柴等，比较廉价但能源效率低，具有价格便宜，可以从本地获取等优势，所以生物质能源与清洁能源在农村能源消耗中占有较大的比例，也是农民坚持使用的重要能源；商品能源主要是指从商品市场购买的能源类型，包括煤、石油、电、天然气等。随着生产力的发展，农村能源消耗结构不断变化。以前，农村经济水平比较低，生活能源消耗主要以秸秆、薪柴为主，而现在农村能源更多地转向煤、石油、天然气、电等商品能源。农村能源消耗的变化在一定程度上也反映农民生活生产状况以及农村经济发展水平，能源消耗的数量与利用率越高，反映农村发展水平越高。同时，农村商品能源是保障农村居民的正常生活、改善农村地区环境的重要物质基础，其消费结构与消耗量与能源的区域分布、区域气候以及农村地区生活习惯紧密相关。

3）能源品质高低。能源品质高低指按照清洁性（卫生性）、便利性、高效性将农村所用能源划分为三类：传统生物质能（秸秆、粪便、薪柴等）三性全不具备，划分为劣等能源；煤炭具有便利性、高效性，沼气具有清洁性、高效性，两者三性占其二，可划分为低品质能源；电能和天然气（或者是液化气）由于三性全部具备，因此以划分为高品质能源。随着收入增加、社会经济地位提升，我国农村家庭能源消费很有可能会依次经历高品质能源逐步替代低品质能源的过程。

4）生产用能与生活用能。农村在工农业生产中，柴油发动机和电力已经逐渐取代了人力和畜力，成为农村生产用能的主要方式。在农业生产用电方面，主要是农业、林木培育和种植、畜牧业、渔业生产用电、农业灌溉用电，以及农业服务业中的农产品初加工用电。目前农业生产用能形式还较单一，未充分利用自然资源，虽然存在渔光互补、农光互补等多能互补形式，但是还未实现完全的“清洁农业”。

在农村生活用能方面，随着农村生活水平的不断升高，农民对日常生活用能有了更高的要求，生物质能源的缺点逐渐被人们认识到。相对清洁能源与商品能源，生物质能源效率低、污染环境、速度慢、使用不方便，农村居民逐渐减少对生物质能源的使用；而清洁能源虽然具有清洁、价格低等特点，清洁能源的使用量逐年增加，但是由于其规模较小，难以成为农村生活的主体能源。近年来，商品能源在农村的使用量逐渐提高，电力由于其价格低，效率高，并且便利安全等因素，在农村家庭日常能源消费中比例逐年升高。

1.1.2 农村能源相关政策

2014 年 6 月以来，在习近平总书记提出的能源革命战略下，相关部门先后颁发了一系列的能源发展相关政策，为农村能源发展提供了政策依据和发展目标，农村能源发展相关政策可见表 1–1。

表 1–1　农村能源发展相关政策

时间	会议或文件	内容	农村能源革命相关
2014 年 6 月	中央财经领导小组第六次会议	明确提出了“四个革命、一个合作”的重大能源战略思想，高度重视城镇化节能，树立勤俭节约的消费观，加快形成能源节约型社会	首次提出能源革命理念
2015 年 5 月	《2015 年农村沼气工程转型升级工作方案》	因地制宜开展农村沼气工程各类项目建设，支持建设一批规模化大型沼气工程，同时开展规模化生物天然气工程建设试点	首次提出农村沼气发展相关方案
2015 年 7 月	《配电网建设改造行动计划（2015—2020 年）》	提出建设城乡统筹、安全可靠、经济高效、技术先进、环境友好的配电网络设施和服务体系	提出农村配电网发展目标
2015 年 8 月	《国家发展改革委关于加快配电网建设改造的指导意见》	提出通过配电网建设改造，中心城市（区）智能化建设和应用水平大幅提高，供电质量达到国际先进水平；乡村地区电网薄弱等问题得到解决，保障农业和民生用电	明确乡村地区电网发展目标

续表

时间	会议或文件	内容	农村能源革命相关
2016 年 6 月	《关于推进“互联网 +”智慧能源发展的指导意见》	提出加强建设能源智能化生产和消费设施、建设多能协同综合能源网络设施等十项重点任务	明确了“互联网 +”智慧能源发展任务
2016 年 7 月	《关于推进多能互补集成优化示范工程建设的实施意见》	提出加强建设多能互补集成系统示范基地。其中，终端一体化集成供能系统 17 个；风光水火储多能互补系统 6 个	确立 23 个多能互补集成优化示范工程项目
2016 年 11 月	《“十三五”国家战略性新兴产业发展规划的通知》	提出创新生物能源发展模式，着力发展新一代生物质液体和气体燃料，开发高性能生物质能源转化系统解决方案，力争在发电、供气、供热、燃油等领域实现全面规模化应用	提出了农村生物质能源转化应用思路
2016 年 12 月	中央财经领导小组第十四次会议	推进北方地区冬季清洁取暖，关系北方地区广大群众温暖过冬，关系雾霾天能不能减少，是能源生产和消费革命、农村生活方式革命的重要内容；加快推进畜禽养殖废弃物处理和资源化利用	首次提出农村能源革命指示
2017 年 2 月	《全国农村沼气发展“十三五”规划》	提到要推动沼肥高效利用。将沼渣沼液加工作为规模化生物天然气工程和规模化大型沼气工程项目不可缺少的建设内容	明确了推动沼肥高效利用目标
2017 年 6 月	《关于加快推进畜禽养殖废弃物资源化利用的意见》	以农用有机肥和农村能源为主要利用方向，完善扶持政策，严格执法监管，加强科技支撑，强化装备保障，全面推进畜禽养殖废弃物资源化利用	提出了推进畜禽养殖废弃物资源化利用要求

续表

时间	会议或文件	内容	农村能源革命相关
2017年6月	《国家能源局关于组织实施“互联网+”智慧能源（能源互联网）示范项目的通知》	为了推动绿色能源的灵活自主平衡交易，以工业园区或者开发区为试点，首批确定了55个“互联网+”智慧能源（能源互联网）示范项目	明确了“互联网+”智慧能源（能源互联网）示范项目
2017年11月	《关于加快推进深度贫困地区能源建设助推脱贫攻坚的实施方案》	充分发挥能源开发建设在解决深度贫困问题上的基础性作用，加大支持力度，助推深度贫困地区脱贫攻坚	提出能源建设帮助脱贫攻坚的新思路
2018年3月	《2018年能源工作指导意见的通知》	着力解决清洁能源消纳问题，扎实推进“互联网+”智慧能源（能源互联网）、多能互补集成优化、新能源微电网、并网型微电网等示范项目建设	提出多类型清洁能源消纳示范项目建设要求
2018年6月	《打赢脱贫攻坚战三年行动的指导意见》	实施贫困地区农村配电网改造升级，加强电力基础设施建设，建立贫困地区电力普遍服务监测评价体系，引导电网企业做好贫困地区农村电力建设管理和供电服务。大力推进贫困地区农村可再生能源开发利用	提出贫困地区电网企业发展任务及农村可再生能源开发利用目标
2018年7月	《关于呈报兰考县农村能源革命试点建设总体方案（2017—2021年）的请示》	同意河南省开封市兰考县按照总体方案开展农村能源革命试点建设，将农村能源革命试点建设与促进农业发展结合起来，与农民增收致富结合起来，与美丽乡村建设结合起来，实现农业强、农村美、农民富的目标	确立河南省开封市兰考县首个国家农村能源革命试点

续表

时间	会议或文件	内容	农村能源革命相关
2018 年 9 月	《乡村振兴战略规划（2018—2022 年）》	对实施乡村振兴战略第一个五年工作做出具体部署，要求优化农村能源供给结构、完善农村能源基础设施网络、推进农村能源消费升级、发展“互联网 +”智慧能源，探索建设农村能源革命示范区	首次提出构建农村现代能源体系目标
2019 年 5 月	《数字乡村发展战略纲要》	加快推动农村地区水利、公路、电力、冷链物流、农业生产加工等基础设施的数字化、智能化转型，推进智慧水利、智慧交通、智能电网、智慧农业、智慧物流建设	明确了加快推进乡村数字化转型和智慧设施建立任务
2019 年 12 月	《关于促进生物天然气产业化发展的指导意见》	提出在新的历史时期生物天然气发展的方向、目标、任务和政策框架等方面的内容，指出将生物天然气纳入能源管理体系	明确生物质天然气发展要求
2020 年 2 月	《2020 年农业农村科教环能工作要点》	提出大力发展农村可再生能源，推进农村沼气转型升级，因地制宜推广秸秆打捆直燃供暖、沼气供气供热和太阳能利用等技术模式，打造一批农村能源多能互补、清洁供暖示范点	提出农村可再生能源发展目标，建立农村能源多能互补相关试点
2020 年 7 月	《关于做好 2020 年畜禽粪污资源化利用工作的通知》	坚持政府支持、企业主体、市场化运作的方针，坚持源头减量、过程控制、末端利用的治理路径，以畜禽粪污肥料化和能源化利用为方向，聚焦生猪规模养殖场，全面推进畜禽粪污资源化利用	明确畜禽粪污资源化利用思路

续表

时间	会议或文件	内容	农村能源革命相关
2020年9月	"3060" 双碳目标	中国将提高国家自主贡献力度，采取更加有力的政策和措施，二氧化碳排放力争于2030年前达到峰值，争取在2060年前实现碳中和	农村能源发展新要求

在能源革命理念的指引下，农村能源发展政策导向主要包括坚持"创新、协调、绿色、开放、共享"发展理念，坚持能源电力化，电力清洁化，服务智能化为核心，坚持生产与消费环节再电气化、农业废弃物资源化利用、垃圾固废集中能源化处理、基础设施网络建设完善升级、消费模式创新、节能发展优先等多措并举等，农村能源作为国家能源系统中的不可分割的重要组成部分，正逐渐受到政府层面的重视；与此同时，在能源革命、"双碳"目标等背景下，相关政策文件的提出在对农村能源绿色清洁现代化发展提出的新的要求与挑战的同时，也为农村能源升级转型、换道领跑创造了条件与机遇，未来农村能源发展将大有可为。

1.1.3 农村能源转型发展新趋势

在新能源发展迅速的背景下，农村能源是农业农村发展的重要物质基础，随着乡村振兴、碳达峰碳中和等国家重大战略的不断推进，未来我国农村能源转型将呈现出新的发展趋势。农村地区能源要绿色转型发展，是满足人民美好生活需求的内在要求，是构建现代能源体系的重要组成部分，对巩固拓展脱贫攻坚成果、促进乡村振兴，实现碳达峰、碳中和目标和农业农村现代化具有重要意义。从脱贫攻坚到乡村振兴，农村能源需求日益增加，"双碳"目标能源发展活力被激活，在此背景下，农村能源清洁化是追求，农村能源分散化是特征，数字化是促进农村能源的高质量转型发展的手段。因此，从农村能源分散化、清洁化、数字化三个角度来分析农村能源未来发展的主要方向。

1. 农村能源分散化发展趋势

2018 年，中华人民共和国国务院发布了《乡村振兴战略规划（2018—2022 年）》，明确指出大力发展太阳能，加快实施北方农村地区冬季清洁取暖等措施。在国家“十四五”发展战略中，积极推进分布式光伏发电的建设，光伏成为推动乡村振兴的重要抓手。2021 年 6 月，国家能源局下发了整县光伏试点新政。从政策动向可以发现，分布式光伏被视为实现从脱贫攻坚与乡村振兴有效衔接的重要保障。2022 年 1 月 6 日，国家能源局、中华人民共和国农业农村部、国家乡村振兴局印发《加快农村能源转型发展助力乡村振兴的实施意见》（简称《意见》）。《意见》提出，截至 2025 年，建成一批农村能源绿色低碳试点，风电、太阳能、生物质能、地热能等占农村能源的比重持续提升，农村电网保障能力进一步增强，分布式可再生能源发展壮大，绿色低碳新模式新业态得到广泛应用，新能源产业成为农村经济的重要补充和农民增收的重要渠道，绿色、多元的农村能源体系加快形成。

集中式光伏发电必须在太阳能资源相对稳定的大面积荒漠地区建设大型光伏电站，发的电接入高压电网远距离输送的形式；而分布式屋顶光伏发电具有投资小、装配灵活、就近低电压并网且电量消纳快的优势。根据目前的发展趋势，发展最快的是农村市场。现阶段农民对屋顶光伏的接受度高，同时，技术进步让屋顶光伏的成本快速下降，农民获益的空间在增长、投资回收的周期在缩短；安装屋顶光伏可以获得稳定的收益，因此安装的热情越来越高，直接带动了屋顶光伏市场实现倍增。由于农村大多是自建房，房屋产权归属明确且房屋存在年限清晰，不存在共用产权的问题，且农村新房占地面积一般在 80 ～ 180m^3，屋顶面积则有 30 ～ 120m^3，这就为光伏发电建设提供了丰富的屋顶资源。此外农村屋顶一般为南北走向，并且以平屋顶或者斜面屋顶为主，非常适合光伏电站的平稳建设。目前国家大力扶持光伏发电，往往以扶贫等众多模式农村用户申请光伏发电系统享受政策优惠，自发自用，余电上网，农户获取稳定的租金或电费收益。新的屋顶光伏服务业态的兴起将带动农民本地就业，农村现代化因此呈现出新的特征，乡村活力不断释放。

2021 年是光伏产业正式迈入“平价时代”的第一年，是光伏行业发展的崭新开始。分布式光伏项目受到鼓励，国家和地方政府纷纷出台政策鼓励分布式光伏项目发展，在光伏扶贫模式下，政府以电价补贴的方式支持贫困村、贫困户建设光伏电站，通过稳定的电费收益实现脱贫增收。随着脱贫攻坚战取得全面胜利，光伏与农村的结合即将进入2.0时代。在此时期，需通过光伏的自身优势去创收，通过产业投资带动乡村发展。在此前提下，注重提高农村能源的服务和应用。在分布式能源的应用上，探索以小型县城或者乡镇为单位的综合能源规划，把包括供冷、供热、供气和供电在内多种能源供给和利用形式结合，以可再生能源为主，为整个乡村的能源平衡提供解决方案。在这样的模式下，村民可以得到实惠，企业可以得到收益，还能增加当地的绿电产出。

农村广泛的可再生能源决定了农村能源系统必然是一个以新能源为主体的新型电力系统，具有能源供给主体数量多、发电波动性大、分散而多元的负荷、生产与负荷信息数量大、地理位置分散等特点。

2. 农村能源清洁化发展趋势

农村能源是满足农民生活、发展农业、改善农村环境的重要保障，是践行乡村振兴战略的重要基础。在碳达峰、碳中和“双碳”目标要求下，我国能源将呈现“清洁化、综合化、智能化、去中心化”的发展趋势，在此背景下，我国农村秉承综合化发展理念、智能化发展手段、去中心化发展模式，实现农村能源清洁化转型。随着收入提高，农村耗能和乡村用电需求保持增加趋势，但农村能源基础设施和能源服务相对落后于城市，限制了现代农业的发展。随着《乡村振兴战略规划（2018—2022年）》等国家政策的出台，建设农村能源基础设施、推动清洁能源消费升级、优化农村能源供给结构等措施逐渐提上议程。完善农村能源基础设施建设可以提高农村能源供应，也有益于建设农村清洁能源系统。目前有统计显示，我国农业农村温室气体综合排放量约占全国排放总量的15%，实现农业农村低碳发展，推动农村能源清洁化转型，是现阶段农村能源发展转型的新趋势。当前，我国农村能源需求不断扩大，煤电等传统能源供应日趋紧张，进一步转变农村传统用能方式，开发农村可再生能源是支撑农村发展、提高农民生活质量的战略措施和重要任务，也是发展低碳经济与科学发展的新兴产业。

随着农业生产机械化规模变大及电能替代等政策推进，农村商品能源消耗量急速增加；但同时，农村配电容量较低，燃气管道、热力管道覆盖面较少，无法有效保障农村能源转型。在农村电力基础设施建设过程中，天然气和热力管网等设施建设仍然落后，农村居民使用现代能源受到约束；尽管实现“村村通电”，一些地方依然存在电网规划不合理和设备落后的问题，难以满足农村居民用电的安全可靠性。此外农民参与能源转型意愿不积极，能源转型阻力大。农民对碳达峰、碳中和双碳目标的历史责任认知还不够，受农村传统生活习惯影响，炊事、取暖方式转变意愿不强，能源转型阻力较大。在此基础上，推动农村电网改造及燃气管网、热力管网进村工程，进一步完善农住房改造工程，将为农村能源转型提供基础；同时，加大力度宣传碳达峰、碳中和双碳目标的个人责任，提升农民主动转型的意愿，保障农村能源清洁化转型。但农村能源清洁化转型还面临一些困难和挑战。

一方面，受我国“富煤贫油少气”资源禀赋的影响，部分农村取暖、炊事仍以煤炭为主，散烧煤问题突出，二氧化碳排放量大。同时，农村生产生活过度依赖传统能源，其中，秸秆燃烧超低空排放、畜禽粪便处理不当等问题导致产生大量温室气体。实现乡村地区高质量发展将是我国下一阶段需要完成的最紧迫任务。因地制宜发展乡村分布式风电、分布式光伏、生物质能等多种清洁能源，推进农村能源消费升级，不仅有助于实现农村经济绿色低碳发展，还可拓宽农民增收渠道，对于建设美丽乡村具有重大意义。在农村可采用的多种清洁能源中，我国农村可再生能源资源丰富，且生物质能资源比例占比较高且使用率低，由于生物质能具有绿色、低碳、清洁、可再生等特点，在广大农村地区具有分布广、供应稳定的优势。在此背景下，“选择重点区域，打造一批农村生物质能创新利用示范村镇和零碳示范村”成为实现农村低碳能源发展的重要方向之一。农村生活用能绿色化、清洁化和便利化将是未来发展的主攻方向，依托生物质能等清洁能源，大力推进农村绿色燃气供给、生物质清洁供暖、低碳零碳村镇建设和沼气生态循环农业建设。

另一方面，我国农村能源商品化和优质化水平明显低于城市，农村能源消费中虽有电力、液化气、天然气等优质能源，但商品能源占比不足 80%，特别是一些农业大省，仍有大部分农户以秸秆、薪柴为燃料，带来人居环境脏乱差现象突出。另外，农村新能源未有效利用。农村地区具有丰富的太阳能、风能、小水电等资源，但由于农村分布分散、新能源技术开发成本较高、农村居民对新能源技术认识不足等原因，造成农村地区新能源开发利用水平低。在能源供应方面，针对农村区域分布、资源禀赋等特点，采用集中式和分布式相结合的模式。对于靠近大电网的区域，可通过通大电网、加强农网改造升级等方式加强能源供应；对于偏远地区，在进行技术经济比较后，可因地制宜建设光伏、风电、小水电、生物质能等能源站，采用独立微电网等先进技术满足当地用能需求。在能源消费方面，根据农村居民生活生产用能情况，以及我国电能替代主流技术发展水平，在满足技术经济性下全面实施农村电气化提升工程，大力推动农村绿色出行、清洁能源供暖等工程。

3. 农村能源数字化发展趋势

十九大报告提出建设网络强国、数字中国、智慧社会的战略部署，并提出实施乡村振兴战略，2018 年发布的《中共中央、国务院关于实施乡村振兴战略的意见》《乡村振兴战略规划（2018—2022 年）》和 2019 年中央一号文件《关于坚持农业农村优先发展做好“三农”工作的若干意见》均提出了“实施数字乡村战略”，2019 年 5 月印发了《数字乡村发展战略纲要》。由此，在经过二十多年农业农村信息化、近十年智慧城市建设并打下良好基础之后，我国数字乡村建设进入全面推进的新时期。2021 年 3 月，《“十四五”规划和 2035 年远景目标纲要》发布，对我国加快数字化发展作出系统部署，在此背景下国家电网有限公司提出全面部署电网数字化平台、电力物联网和能源大数据中心建设，推动业务数字化转型，包括生产数字化、运营数字化和服务数字化，加快数字化技术攻关。新一代信息技术正加速进入农村能源数据的应用，推动农村能源全链条数字化、网络化、智能化。

配电网是农村供能的重要基础，是影响供电服务水平的关键环节。随着电动汽车、分布式能源、微电网、储能装置等设施大量接入，以及电力市场开放和各种用电需求的出现，对农村低压配电网的安全性、经济性、适应性提出更高要求。农村配电网智能化针对面临的现状及挑战，通过全面深化智能感知、大数据平台的数据融合和运维管控的自动化、信息化、互动化的高度集成，实现配电网的主动优化控制、灵活高效运维与科学管理决策，适应多元化负荷快速发展，满足客户服务多样化需求。基于营配调贯通成果的大数据分析技术打造具备“可靠、灵活、互动、高效”特点的智能化运维管控体系，实现配电网信息“全网、全程、实时”的精益化高效运维管理。配电网能实时掌控关键设备的运行状态，在尽量少的人工干预下，及时发现、快速诊断和消除故障隐患，快速隔离故障、实现自我恢复，使电网具有自适应和自愈能力、提高设备的可靠性和利用率。依托规模化分布式电源最大化消纳、主动配电网协调控制、需求侧资源优化运行、源网荷优化系统统一信息支撑等领域关键技术，解决分布式电源大规模接入不确定性对电网安全运行所带来的问题，提高电网对清洁能源的消纳能力，提高电网的供电可靠性，改善电网的电压控制水平，引导和优化用户用电方式，降低高峰负荷。

我国现阶段将继续推进农村能源数字化进程，通过数字技术的应用，既能够对农村能源业务优化整合，提高能源转换效率，又能够实现多能融合，促进整个农村能源产业链的协同发展，逐步形成产业价值网，提高农村能源优化配置能力，进一步提升对市场的响应和适应能力，以前沿探索推动农村能源发展实现新突破。传统农村能源系统从架构方式和管理模式转变为综合能源系统，实现发电、配电、用电实现全链路协同。能源设施的智能化和能源管理的信息化是能源数字化发展的基础。一方面，农村电网基础设施将进一步升级改造，充分考虑新能源、分布式电源、电动汽车充电基础设施等多元化负荷接入需求；城乡供气格局将进一步完善，农村能源普遍服务水平提高。另一方面，大数据、云计算、人工智能等技术与农村能源产业深度融合，建设能源互联网，传统能源的有效利用率将借助信息化技术大幅提升。在此背景下，农村能源互联网建设立足于农村自身资源禀赋和用能特性，应用能源互联网技术，针对农村能源发展存在的突出问题提出解决方案，是构建农村新型高效用能体系、巩固拓展脱贫攻坚成果、推进乡村振兴战略的有效路径，能够大大降低农村用能成本、提高生产效率、促进环境改善。

1.2　能源大数据发展历程

随着全球信息化水平的提高、数字经济的大力发展以及全球迫切实现能源转型的发展潮流下，“互联网 +”智慧能源已成为广受能源领域关注的热点，能源网与互联网的深度融合是解决当前能源问题，重塑全球能源格局的重要变革力量。

“四个革命”“数字中国”等国家重大战略的提出为我国能源发展指明了方向，国务院国资委印发的《关于加快推进国有企业数字化转型工作的通知》中提出的践行新发展理念，促进数字经济和实体经济融合发展，构建新发展格局；2021 年 3 月 5 日提出的《中华人民共和国国民经济和社会发展第十四个五年规划和 2035 年远景目标纲要（草案）》中，“加快数字化发展，建设数字中国”作为独立篇章，将打造数字经济新优势，坚持新发展理念，营造良好数字生态，列为“十四五”时期目标任务之一。由此可见，能源行业数字化转型已是必由之路，我国能源电力行业积极响应国家号召拥抱数字经济蓝海，能源电力企业纷纷把数字化转型作为降本增效的重要手段和开拓新业务的重要途径，能源数字化转型在行业内外取得了广泛共识，能源电力领域成为国内产业互联网发展的先行军。

目前，将大数据技术与能源行业相结合是各国能源数字化转型的发展新趋势，各国政府相继出台政策支持能源大数据发展，能源大数据融合了海量能源数据与大数据技术，是构建“互联网 +”智慧能源的重要手段。本节从能源大数据的发展历程出发，首先，定义了能源大数据的基本概念，帮助读者初步了解能源大数据；其次，对能源大数据政策展开分析，以此梳理各国对于能源大数据的支持力度；然后，枚举了国内外能源大数据典型案例，对比各国对于能源大数据的发展现状；最后，通过对能源大数据的发展历程进行总结，得出能源大数据发展经验以及给予我国的启示，助推我国能源大数据的进一步发展。

1.2.1 能源大数据概述

1. 能源大数据的基本概念

能源大数据的概念是将电力、石油、燃气等能源领域数据及人口、地理、气象等其他领域数据进行综合采集、处理、分析与应用的相关技术及思想。能源大数据不仅是大数据技术在能源领域的深入应用，也是能源生产、消费及相关技术革命与大数据理念的深度融合，将加速推进能源产业的发展和转型；以数据开放共享为核心理念，是应用互联网机制与技术改造传统能源系统的最佳切入点、是推进能源系统智慧化转型升级的有效手段、是打破行业壁垒，促进各种能源系统融合的助推剂；将催生一批智慧能源新兴业态，亦是实现能源行业转型、打造新的经济增长点的关键技术。能源数据体系利用大数据技术将海量的能源数据集成，并实现能源数据信息的开放共享，为互联网技术与传统能源系统的有效连接提供了路径。

能源大数据是国家大数据战略在能源领域的具体实践，随着能源数据的爆发式增长和数据处理能力不断提升，能源大数据已成为社会生产的新要素，是能源转型和发展的重要驱动力。采用能源大数据技术还有利于政府实现能源监管、社会共享能源信息资源，能源数据体系是推进能源市场化改革的基本载体，也是贯彻落实国家“互联网 +”智慧能源发展战略、推进能源系统智慧化升级的重要手段，同时在为助力跨能源系统融合，提升能源产业创新支撑能力，催生智慧能源新兴业态与新经济增长点等方面发挥积极的作用。

能源大数据以“4V”为其典型特征，即体量大（volume）、类型多（variety）、速度快（velocity）和价值高（value）。

体量大：体量大是能源大数据的重要特征。随着信息化的快速发展和智能电力系统的全面建成，电力设备产生了大量的运营数据。同时与电力存在能源转化和互通互动的供热系统、供冷系统、燃气系统、交通系统的数据都被纳入能源大数据体系中，进一步增加了能源大数据的数据规模。

类型多：能源大数据设计结构化数据、半结构化数据和非结构化数据。随着信息传播技术、多媒体技术的发展以及可视化功能在能源数据体系的普及，图像、音频、视频等非结构数据在能源数据中的占比逐渐加大。此外，能源大数据应用过程中还需要大量的环境数据、经济数据等进行关联分析，这些都直接导致了数据类型的增多，从而极大地增加了能源大数据的复杂度。

速度快：主要是指对能源数据采集、处理、分析速度的要求。能源大数据中包含着很多实时性数据，数据的分析结果也往往具有实时性要求，这需要能源数据体系有较快的响应速度和强大的数据分析处理能力。

价值高：能源大数据涵盖能源生产、配送、转换、交易和消费等方面，利用大数据技术挖掘有效信息，可以用于科学分析、预测、管理及规划，取得巨大的经济效益、社会效益和环境效益。

2. 能源大数据的构成

能源大数据总体架构分为五部分：物理层、数据层、机理层、表现层和交互层。数据层首先从物理层中收集大量数据，然后进行预处理并传输；机理层从数据层接收多尺度数据（包括历史数据和实时数据），通过“数据链”输入仿真模型后进行数据整合和模拟运算；表现层获得机理层仿真的结果，以“沉浸式”方式展现给用户；交互层可以实现精准的人机交互，交互指令可以反馈至物理层对物理设备进行控制，也可以作用于机理层实现仿真模型的更新和迭代生长。相应层次的特点具体阐述如下。

（1）物理层。常规的能源系统状态监测，首先在能源设备上安装传感器，然后由数据采集软件汇总，但分散的数据采集系统交互困难。物理层基于能源物联网平台，在各智能设备中应用先进传感器技术收集系统运行的多模异构数据，集成了物理感知数据、模型生成数据、虚实融合数据等海量数据；支持跨接口、跨协议、跨平台交互，可实现能源系统中各子系统的互联互通，数据可视化展示、状态监测、智能预警和故障定位等功能。

（2）数据层。数据层指所产生的海量数据均与气象环境等外部系统数据一同存储在能源大数据的专用数据库中，以进一步加工并用于能效情况评价、风险辨识评估以及能源经济利用分析等功能中。数据层在各智能设备本地侧对数据进行实时清洗和规范化，采用高速率、大容量、低延迟的通信线路进行数据传输；同时依托云计算和数据中心，动态满足各种计算、存储与运行需求。

（3）机理层。机理层指能源系统仿真模型使用"模型驱动 + 数据驱动"的混合建模技术，采用基于模型的系统工程建模方法学，以"数据链"为主线，结合 AI 技术对系统模型进行迭代更新和优化，以实现真实的虚拟映射。这一模型对智能设备的选型、设计和生产制造都有指导价值，而不仅限于根据数据变化来决定能源设备是否需要检修或更换。

（4）表现层。表现层指应用虚拟现实（virtual reality，VR）、增强现实（augmented reality，AR）以及混合现实（mixed reality，MR）的 3R 技术，建立可视化程度极高的智慧能源系统虚拟模型，提升可视化展示效果。表现层利用计算机生成视、听、嗅等感官信号，将现实与虚拟的信息融为一体，增强用户在虚拟世界中的体验感和参与感，辅助技术人员更为直观、高效地洞悉智能设备蕴含的信息和联系。

（5）交互层。交互层指利用语音、姿态、视觉追踪等技术，建立用户与智能设备之间的通道，实现多通道交互体系来进行精准交互，以支持对电力网、燃气网、热力网、交通网、供水网等多能耦合的能源系统的高效精准控制和交互。

整体来看，应用大数据技术对能源系统进行数字化建模，并在数字空间与物理空间实现信息交互；首先应用完整信息和明确机理预测未来，再发展到基于不完全信息和不确定性机理推测未来，最终实现能源系统的数字间共享智慧、共同进化的孪生共智状态。

3. 能源大数据获取应用

随着互联网技术与互联网思维逐步与能源系统实现融合，能源行业开始意识到能源大数据在能源行业全环节的巨大应用潜力，新时代对促进可再生能源的发展、激发能源行业的跨界融合活力与创新发展动力具有重大的意义。为充分挖掘能源大数据的有效信息，推动开展综合分析和合理预测，大力支撑科学规划与优化决策，需要研究并建立能源大数据获取分析机制。能源大数据获取分析流程主要包括数据采集与融合、数据存储与管理、数据分析和挖掘三个部分，三者紧密相连，层层递进，共同推动能源使用朝着生产明确、多能协调、信息对称、阳光消费的方向发展。能源大数据获取应用流程图如图 1-1 所示。

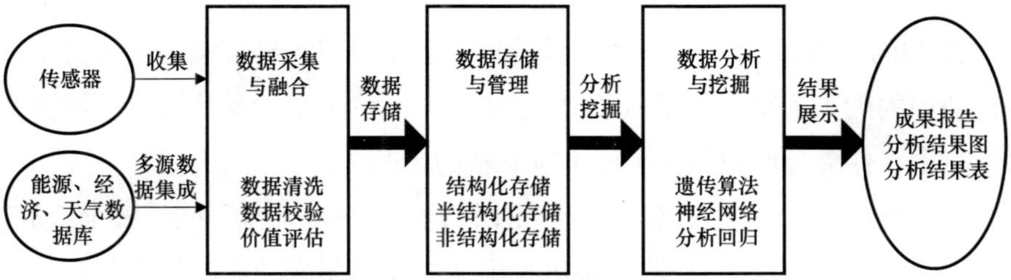

图 1-1　能源大数据获取应用流程

数据采集与融合过程中多源数据的集成技术是能源大数据获取机制的核心技术。能源大数据不仅包含能源类数据，还包含了大量其他类别的结构化/非结构化数据，如资源环境、经济社会数据等。因此，能源大数据的集成需要综合考虑多源数据的数据来源、采集方式和采集内容。

数据存储与管理过程中高效、可靠、低成本的存储与管理模式是能源数据的关键技术之一，更是进行后续深度挖掘、科学分析的基础和保障。能源大数据的存储与管理，软件层面要能存储结构化数据、半结构化数据、非结构化数据；硬件层面则需要合理利用底层的物理设备性能，满足上层应用对存储性能和可靠性的要求。

能源大数据的分析与挖掘是发掘数据价值、支撑优化分析、辅助科学决策的关键技术。对于规模巨大、结构复杂、变化迅速、价值稀疏的能源大数据，其处理亦面临计算复杂度高、任务周期长、实时性要求高等难题。为解决这些难题，不仅要引入互联网大数据处理技术来加强数据计算与处理能力，更需要立足能源系统业务需求，梳理分析能源行业工作特色，拓展创新能源领域的应用方向。

随着我国“互联网 +”在能源行业的深入发展，所衍生的“互联网 +”智慧能源融合互联网的思维和技术，改造传统能源的生产、传输、消费、转换、交易等全产业链，依托能源大数据技术，形成能源与信息高度融合、互联互通、透明开放、互惠共享的新型能源体系。

1.2.2 能源大数据政策分析

2004 年以后，欧美很多国家已经开始做综合能源或能源大数据方向的一些试点示范项目。对于欧美国家从政策上对能源发展的引导，主要分为三个阶段。一是从 20 世纪 70 年代末到 80 年代末，这个阶段能源的发展主要是以法律约束型的政策为主，财政激励型的政策为辅；二是从 20 世纪 80 年代到 21 世纪初的大概 20 年的时间里，该阶段主要是以市场经济型的政策为主，自愿行动型的政策为辅；三是从 21 世纪初至今，该阶段主要是以市场经济型的政策为主，并综合使用各种手段来应对新的情况。

新时代的中国能源发展，贯彻“四个革命、一个合作”能源安全新战略。“四个革命、一个合作”战略中指出我国能源发展需推动能源技术革命，带动产业升级。深入实施创新驱动发展战略，构建绿色能源技术创新体系，全面提升能源科技和装备水平。加强能源领域基础研究以及共性技术、颠覆性技术创新，强化原始创新和集成创新。着力推动数字化、大数据、人工智能技术与能源清洁高效开发利用技术的融合创新，大力发展智慧能源技术，把能源技术及其关联产业培育成带动产业升级的新增长点。为深入贯彻习近平总书记提出的“四个革命、一个合作”能源安全新战略，顺应能源革命与数字革命融合发展趋势，政府部门出台了一系列相关政策法规以支持能源数据体系的建设。

2014 年，大数据首次写入政府工作报告，大数据逐渐成为各级政府关注的热点，政府数据开放共享、数据流通与交易、利用大数据保障和改善民生等概念深入人心。此后国家相关部门出台了一系列能源领域政策，进一步鼓励能源大数据产业发展。2016 年，国家发展改革委、能源局等联合印发《关于推进“互联网 +”智慧能源发展的指导意见》，明确提出要发展能源大数据服务应用。2017 年工信部发布《大数据产业发展规划（2016—2020 年）》，要求推进大数据标准体系建设，加强大数据标准化顶层设计，逐步完善标准体系，发挥标准化对产业发展的重要支撑作用。同年，发布《国家能源局关于公布首批“互联网 +”智慧能源示范项目的通知》，进一步推动大数据示范项目落地。2017 年 4 月，河南省人民政府印发《河南省推进国家大数据综合试验区建设实施方案》，其中“推进大数据创新应用”为试验区建设的八大重点任务之一，“能源大数据应用”是四大产业大数据创新应用之一。2017 年 5 月，中共河南省委、河南省人民政府印发《关于加快推进国家大数据综合试验区建设的若干意见》，河南省大数据应用中心承载着试点先行的重大使命，促进数据聚集是河南省能源大数据应用中心建设的重要任务，而能源大数据标准体系建设是基础和关键。2018 年 5 月，河南省发展改革委发布《河南省大数据产业发展三年行动计划（2018—2020 年）》，力争到 2019 年大数据核心产业规模超过 400 亿元，关联业态规模达到 2000 亿元。2018 年 9 月，河南省人民政府办公厅印发《河南省促进大数据产业发展若干政策》，支持在省内建设绿色数据中心，推动河南国家大数据综合试验区核心区产业集聚发展，支持依托省内数据中心投资建设云服务平台。2020 年 9 月，国家能源局对十三届全国人大三次会议第 9637 号建议的答复中指出"将以电力系统为中心，加快能源互联网平台建设，推动能源产、运、储、销、用各环节设施的数字化升级。"2021 年 7 月，中华人民共和国工业和信息化部发布《新型数据中心发展三年行动计划（2021—2023 年）》，提出到 2023 年底，全国数据中心机架规模年均增速保持在 20% 左右，平均利用率力争提升到 60%，总算力超过 200 每 s 浮点运算次数（floating-point operations per second，EFLOPS），高性能算力占比达到 10%。关于能源大数据的主要政策见表 1-2。

表 1-2　国家能源大数据政策表

时间	会议或文件	内容
2016 年 6 月	《关于推进"互联网 +"智慧能源发展的指导意见》	提出加强建设能源智能化生产和消费设施、建设多能协同综合能源网络设施等十项重点任务
2017 年	《大数据产业发展规划（2016—2020 年）》	要求推进大数据标准体系建设，加强大数据标准化顶层设计，逐步完善标准体系，发挥标准化对产业发展的重要支撑作用
2017 年	《国家能源局关于公布首批"互联网 +"智慧能源示范项目的通知》	为了推动绿色能源的灵活自主平衡交易，以工业园区或者开发区为试点，首批确定了 55 个"互联网 +"智慧能源（能源互联网）示范项目
2017 年 4 月	《河南省推进国家大数据综合试验区建设实施方案》	为国家大数据战略实施探索路径、积累经验、提供示范，打造全国一流的大数据产业中心、数据应用先导区、创新创业集聚区、制度创新先行区，建成引领中部、特色鲜明的试验区

续表

时间	会议或文件	内容
2017 年 5 月	《关于加快推进国家大数据综合试验区建设的若干意见》	河南省大数据应用中心承载着试点先行的重大使命，促进数据聚集是河南省能源大数据应用中心建设的重要任务，而能源大数据标准体系建设是基础和关键
2018 年 5 月	《河南省大数据产业发展三年行动计划（2018—2020 年）》	力争到 2019 年大数据核心产业规模超过 400 亿元，关联业态规模达到 2000 亿元
2018 年 9 月	《河南省促进大数据产业发展若干政策》	支持在省内建设绿色数据中心，推动河南国家大数据综合试验区核心区产业集聚发展，支持依托省内数据中心投资建设云服务平台
2020 年 9 月	十三届全国人大三次会议第 9637 号建议的答复	将以电力系统为中心，加快能源互联网平台建设，推动能源产、运、储、销、用各环节设施的数字化升级
2021 年 7 月	《新型数据中心发展三年行动计划（2021—2023 年）》	到 2023 年底，全国数据中心机架规模年均增速保持在 20% 左右，平均利用率力争提升到 60%，总算力超过 200 EFLOPS，高性能算力占比达到 10%

能源数据体系是能源数据汇聚中心、价值创造中心和开放共享服务中心，建设能源数据体系能够推动能源革命和数字革命的深度融合。当前我国能源体系的发展，主要依靠国家强制性的政策和自愿行动的政策相结合来推进，经济激励政策仍有待完善，市场政策还处于建设过程中，市场化机制的需求近年逐步提高，特别是在能源大数据示范项目的建设过程中，对市场化机制的需求更高。

目前，国家层面对于能源数据体系的重视程度正逐渐加强，国家能源大数据发展政策的体系已经初具雏形，而真正发挥政策力量去引导能源大数据健康发展，还需要在每个体系下出台对应的政策。在国家政策的带动下，河南省也逐渐加快能源数据体系的建设步伐，这一举措不仅顺应能源革命与数字革命的融合发展趋势，同时支撑国家新型数字基础设施建设和能源工业互联网建设。

1.2.3　国内外能源大数据典型案例

当前，可再生能源迅猛发展、新一代数字技术与能源行业融合日益紧密，能源系统生产关系将逐渐发生变化。能源数字经济将推动能源消费者向产销者转变，系统不确定性显著增加，能源数字经济已经形成一种新的颠覆力量，21 世纪必须通过大数据科技创新来应对长期可持续发展面临的能源问题挑战。对此，欧盟、美国、日本等都提出了大力发展低碳能源领域的新材料、新工艺、新技术，特别是与信息技术与数字技术的深度融合，抢占未来能源科技的战略制高点。

1. 国外能源大数据典型案例

根据国际能源机构（international energy agency，IEA）《数字化和能源》预测，能源大数据技术的大规模应用将使油气生产成本减少 10% ~ 20%，使全球油气技术可采储量提高 5%，页岩气有望获得最大收益。仅在欧盟，增加存储和数字化需求响应就可以在 2040 年将太阳能光伏发电和风力发电的弃电率从 7% 降至 1.6%，从而到 2040 年避免 3000 万 t 二氧化碳排放，与此同时，数字化还可以使碳捕获和储存等特定的清洁能源技术受益。因此，欧洲国家的一些大数据公司已将电力企业大量、庞杂、无序的智能仪表数据与天气数据、建筑物信息等结合起来，经过深度分析挖掘后，实现商业智能分析，从而辅助管理人员进行决策，对生产业务进行智能调控。

（1）德国 RegModHarz 项目。德国最大的城市综合能源服务公司位于慕尼黑，公司主要为慕尼黑及周边地区的居民和工商业用户提供供电和供气服务，其中提供给居民的供电套餐有 7 种，例如固定电价套餐、绿色电力套餐、网络电力套餐等。此外公司还提供供热、供水、公共交通以及租车服务，并推出了电动车充电服务，对于公司现有客户可以免费使用充电桩，对于电动车用户，使用充电桩充电每次必须缴纳 9.9 欧元的充电桩使用费。公司通过捆绑销售这种方式吸引更多的客户，提高客户忠诚度，利润来源也更多样化。但是为了打造这样的地区性综合能源服务公司，除了提供供电供气服务外，往往需要经营其他一些利润很少甚至是没有利润的公共基础服务，如市内公共交通，这样将加剧此类公司的财务负担，因此导致国外一些地区性综合能源服务公司陷入财政困境，甚至濒临破产；通常在市场上拥有动力去推动客户灵活更换合约的，均为多元运营的综合能源公司。

RegModHarz 项目开展于德国的哈慈山区，其基本物理结构为 2 个光伏电站、2 个风电场、1 个生物质发电，共 86MW 发电能力。生产计划由预测的日前市场和日内盘中市场的电价及备用市场来决定。RegModHarz 项目的目标是对分散风力、太阳能、生物质等可再生能源发电设备与抽水蓄能水电站进行协调，令可再生能源联合循环利用达到最优。RegModHarz 项目的核心示范内容是在用电侧整合了储能设施、电动汽车、可再生能源和智能家用电器的虚拟电站，包含诸多更贴近现实生活的能源需求元素。RegModHarz 项目主要措施包括：

1）建立家庭能源管理系统。家电能够“即插即用”到此系统上，系统根据电价决策家电的运行状态，根据用户的负荷也可以追踪可再生能源的发电量变化，实现负荷和新能源发电的双向互动。

2）配电网中安装了 10 个电源管理单元，用以监测关键节点的电压和频率等运行指标，定位电网的薄弱环节。

3）光伏、风机、生物质发电、电动汽车和储能装置共同构成了虚拟电厂，参与电力市场交易。

RegModHarz 项目的典型成果也包含 3 个方面：

1）开发设计了基于 Java 的开源软件平台 OGEMA，对外接的电气设备实行标准化的数据结构和设备服务，可独立于生产商支持建筑自动化和能效管理，能够实现负荷设备在信息传输方面的“即插即用”，OGEMA 的软件架构。

2）虚拟电厂直接参与电力交易，丰富了配电网系统的调节控制手段，为分布式能源系统参与市场调节提供了参考。

3）基于哈慈地区的水电和储能设备调节，很好地平抑了风机、光伏等功率输出的波动性和不稳定性，有效论证了对于可再生能源较为丰富的特区，在区域电力市场范围内实现 100% 的清洁能源供能是完全可能实现的。

德国 RegModHarz 项目借助虚拟电厂将风力、太阳能、生物质能等这些分散的新能源发电设备进行虚拟集合、调配，以期实现 100% 可再生能源发电的目标，同时为了引导生物质能发电，德国采用市场直接交易的方式使得可再生能源发电可直接在电力交易市场上销售，提升项目价值，起到了刺激追加投资的作用。国内园区综合能源服务同样需要以可再生能源消纳为目标，通过结合电力现货市场进行园区用能的价格信号引导，实现多种能源的转换储存，最终达到用能成本最优化、可再生能源消纳最大化、用能清洁化的效果。

（2）法国电力公司。法国非常重视大数据在能源企业运营分析管理中的作用，其国内能源巨头之一的法国电力集团（EDF）拥有欧洲最大的电力生产系统，在核电、水电和可再生能源等清洁能源领域具有较强的国际竞争力。作为全球领先的电力基础设施服务提供商，法国电力公司通过设立专业机构、完善数据基础、增强分析能力，不断发掘数据资产价值，为企业战略转型与服务升级提供有效的决策支撑；建立独立机构支持运营决策法国电力在客户关系管理数据库中，对用户信息进行全面搜集，成立运营分析中心，专门负责对客户数据进行分析，以对销售管理进行支撑；以项目制的形式负责向销售、营销和财务控制在内的六个业务部门提供客户行为分析支撑，以改善这些部门的服务质量并实现客户的最大化保留。

运用大数据技术挖掘数据资产价值目前全法已经安装 3500 万智能电表，电表产生的数据量将在 5 ～ 10 年内达到 PB 级。智能电表采集的主要是个体家庭的用电负荷数据。这些电表数据，结合气象数据、用电合同信息及电网数据，构成了法国电力的大数据。考虑到大数据的广泛应用前景，针对自身海量数据的特性及其处理需求，法国电力公司的研发部门成立了大数据项目组，借助大数据技术研究海量数据的处理架构，实现用电负荷的精细化测量，降低信息决策系统与运行操作系统之间的延迟。

（3）英国数据通信公司。2013 年 10 月，英国商业、创新与技术部（BIS）发布研究报告《智慧城市市场：英国的机遇》（The Smart City Market: Opportunities for the UK）从智慧能源管理、智慧水务管理、智慧交通管理、废弃物管理、辅助生活等智慧城市关键领域入手，全面阐述了上述五大领域的驱动因素、价值链、市场规模、市场和技术趋势等方面内容。英国政府工业战略提出推进智慧能源系统的发展，提供安全、便宜和清洁的能源。为了有效管理用户能源数据，英国能源与气候变化部推行了数据通信公司（data and communications company，DCC）证书制度，购买证书才可成为 DCC 企业，管理智能电表数据、开展数据共享与交互业务。DCC 的主要业务是获取智能电表数据、管理用户数据、向其他能源企业如能源供应商、网络服务商和能源服务商等提供数据交互服务。具体而言，DCC 的主要业务有两大类型：

一类业务是智能电表通信，在整个国家电网范围内装设通信设备，进行数据传输，实现整个 DCC 系统数据集成以及与能源供应商、网络服务商和能源服务商的数据交互。该类业务计划由三家企业来运营，分别运营公共网络的通信、苏格兰和英格兰北部远程无线电网络，英格兰其他地区和威尔士地区无线电网络。

另一类业务是数据服务，管理智能电表数据的输出和输入。在能源用户侧，采集智能表计数据，向用户直接展示实时以及日、月、年度的电量及电费数据，通过服务器实现某个区域内的表计和展示端交互数据，以及该区域与能源供应商、网络服务商和能源服务商的数据互通。对于能源企业，向电费结算系统提供必要数据，并在用户允许的情况下，提供企业所需要的其他数据。英国国家电网公司还完成了基于大数据技术测量设备资产信息、设备运行数据、天气信息、腐蚀速率等相关信息，并实现资产战略管理。

2015 年 4 月英国在伯明翰成立了“能源系统弹射器”项目，项目每年投入 3 千万英镑，用于支持英国企业重点研究和开发综合能源系统。项目首期重点目标包括：优化目标地点和邻近地点的能源使用和资产；为未来能源需求准备设施，如电动汽车的使用等；探索公共部门如房地产等如何利用灵活的资产和系统的支持性设计以支持更广泛的能源系统转换。此外，能源部与供应商合作，开发了一种通用的综合能效解决方案，2019 年开始在公共部门实施，预计在 2021 年开始在私营部门推广。此外，一项价值 40 万英镑的可行性研究“能源系统集成指南（ESIG）—分布式能源”对公共部门房地产进行了调研，发掘和分析了公共部门房地产如何帮助园区、激发园区级项目市场的措施。可行性研究为提高能源效率提供了早期试点的方法。

欧洲其他地区同样不乏能源大数据的应用情况，例如瑞典国营电力公司大瀑布电力（VattenFall）投资了荷兰阿姆斯特丹的初创公司（PowerPeers），在当地构建数字化、互动式的能源区块链平台。PowerPeers 不仅可以通过连接荷兰数家太阳能、风力与水力发电企业，让社区的住户自由选择电力供给渠道，组成自己能源社区；同时可以让社区的住户分享或交易他们多余的太阳能电力。以色列初创公司 Raycatch 利用大数据技术进行太阳能发电厂的管理与运营，通过获取并分析太阳能发电厂所有的生产数据，对电厂的日常管理进行优化和指导。Raycatch 公司目前在全球范围内管理着约 1GW 的光伏项目，覆盖 35000 个逆变器和 400 万块控制面板，客户包括 Enlight、ARAVA

POWER、EDF、通用电气等大型公司。

（4）美国 OPower 能源管理公司。美国 OPower 能源管理公司通过自己的软件，对公用事业企业的能源数据，以及其他各类第三方数据进行深入分析和挖掘，进而为用户提供一整套适合于其生活方式的节能建议。截至 2015 年 10 月，根据 Opower 网站上的动态信息，OPower 能源管理公司已累计帮助用户节省了 82.1 亿 kWh 的电力，节省电费 10.3 亿美元，减排二氧化碳 121.1 亿（1 磅≈ 0.4536kg）。随着用户规模逐渐增大，这些数据均以加速度增长。OPower 公司经营管理策略及价格机制措施包括：

1）提供个性化的账单服务，清晰显示电量情况。OPower 公司利用云平台，结合大数据和行为科学分析，对电力账单的功能进一步拓展。一方面，具体针对用户家中制冷、采暖、基础负荷、其他各类用能等用电情况进行分类列示，通过柱状图实现电量信息当月与前期对比，明确用电信息；另一方面，提供相近区域用户耗能横向比较，对比相近区域内最节能的 20% 用户耗能数据，即开展邻里的能耗比较。此外，OPower 的账单改变了普通账单以往单调、刻板的风格，在与用户沟通界面上印上“笑脸”或“愁容”的图标，对于有效节能的行为给出鼓励的态度。OPower 与用户沟通的方式也十分丰富，通过从最传统的纸质邮件，到短消息、电子邮件、在线平台等，加强与用户的交流反馈。

2）基于大数据与云平台，提供节能方案。OPower 基于可扩展的 Hadoop 大数据分析平台搭建其家庭能耗数据分析平台，通过云计算技术，实现对用户各类用电及相关信息的分析，建立每个家庭的能耗档案，并在与用户邻里进行比较的基础上，形成用户个性化的节能建议。这种邻里能耗比较，充分借鉴了行为科学相关理论，将电力账单引入社交元素，与“微信运动”的模式十分类似，为用户提供了直观、冲击感较强的节能动力。

3）构建各方共赢的商业模式。虽然 OPower 的目标是为用户节电，但其自我定位是一家“公用事业云计算软件提供商”，其运营模式并不是企业对终端消费者模式（business to custome，B2C），而是企业对企业模式（business to business，B2B）。电力企业选择 OPower，购买相关软件，并免费提供给其用户使用。OPower 为用户提供个性化节能建议，同时也为公用电力公司提供了需求侧数据，帮助电力公司分析用户电力消费行为，为电力公司改善营销服务提供决策依据等。

美国 OPower 源管理公司通过软件实现用户用能需求侧数据的收集、分析，挖掘数据价值，充分发挥大数据与云平台的作用，为用户提供科学化用能方案与建议。国内园区综合能源服务需要结合泛在电力物联网的发展要求，在保证用能和服务的同时，充分利用大数据平台对用户用能数据进行深入挖掘和探讨，既有利于用户在后续用能过程中用能方案的有效改进与提升，又能促进投资商对园区综合能源的精准投资，实现效益最大化。

（5）日本"数字电网"项目。日本的能源互联网项目："数字电网"，完全建立在信息互联网之上，用互联网技术为其提供信息支撑，通过逐步重组国家电力系统，逐渐把同步电网细分成异步自主、但相互连接的子电网，给发电机、电源转换器、风力发电场、存储系统、屋顶太阳能电池以及其他电网基础结构等分配 IP 地址。电力路由器与现有电网及能源局域网相连，可以根据相当于互联网地址的"IP 地址"识别电源及基地，旨在通过电力路由器完成能源分配。

日本东京电力公司委托瑞士电表厂商 Landis+Gyr 架设智能电网，这项电网工程预定于 2020 年完工。负责架设东京电力公司智能电网工程的 Landis+Gyr 目前已完成 1000 万套智能电表与装置的安装，当电网部署完成后，将涵盖超过 2700 万套电表以及其他物联网装置。这套电网系统使用了 Landis+Gyr 的 IPv6 多重技术网络，并透过 RFMesh、G3PLC 以及蜂巢式网络通信技术所提供的 Wi–SUN 联机，连接公用事业及消费者装置。目前日本东京电力公司智能电网每天可传输 5.13 亿笔读取数据，并且还在向 13 亿笔的目标迈进，而这所有的信息都会通过 Landis+Gyr 的前端（head–end）系统以及电网数据管理解决方案进行处理。

日本能源大数据的应用实践主要是由东京燃气、大阪燃气等几大能源公司推动。下面分别介绍当前各大公司正在推进的典型案例。

1）东京燃气熊谷分社热融通网络。根据日本于 2008 年修正的节能法，$2000m^2$ 以下中小规模楼宇需要进行节能改造。在此背景下，东京燃气熊谷分社（建于 1984 年，建筑面积 $1400m^2$）和相邻的宾馆（建于 1986 年，建筑面积为 $8940m^2$）于 2009 年进行了协同节能改造，通过构建热融通系统，确立了新型能源面域利用模式。该项目通过在两栋大楼之间安装热融通管道，可将熊谷分社太阳能集热器产生的余热融通至临近宾馆，以实现热能的最大限度利用，避免损失；若太阳能集热器产生的热量不够，可由热电联产机组回收的余热供应，从而节约能源且减少温室气体排放。

2）大阪市岩崎智慧能源网络。大阪市岩崎地区拥有京瓷大阪体育场、永旺百货等大型设施。该地区早在 1996 年便建有岩崎能源中心，对区域内 13 家用户供热供冷；2013 年开始，利用区域内热电联产系统作为特定电气事业，对 5 家用户供电。在区域内实现冷热电联供的同时，利用 IT 技术实施需求侧响应，确立了智慧能源网络架构。岩崎能源中心由 1 个主站和 3 个分站构成，主站配有燃气直燃机、余热回收型吸收式制冷机、电制冷机、热水锅炉等。分站 1 位于 ICC 大楼内，设置有燃气内燃机和余热回收型吸收式制冷机，其产生的余热除自身使用外，亦可融通至主站；分站 2 位于地铁站附近，设置有燃气直燃机和燃气锅炉；分站 3 设置于 2015 年开业的大阪燃气公司宣传体验设施“hu+g”博物馆内，设置有余热回收型吸收式制冷机，其热源来自大楼内热电联产系统产生的余热以及太阳热，剩余部分可以融通至主站。

3）东京丰洲码头区域智能能源网络。东京燃气集团以其 2020 愿景为导向，于 2014 年开始在新开发的丰洲码头地区构建智能能源网络。在设置兼具能源供应与防灾提升功能的智能能源中心的同时，利用信息与通信技术（information and communications technology，ICT）导入了可对设备进行实时最优控制的 SENEMS 系统，为区域内 4 个地块提供电、热等综合能源服务。该燃气内燃机额定发电效率高达 49%，与其他分布式能源协同，大约可提供区域电力峰值的 45%；同时，发电余热亦在区域内融通。此外，热源系统还配置有（BCP）对应功能，即使在停电时亦可提供 45% 的峰值热需求。根据预测，导入上述智能能源网络，可以实现年二氧化碳减排 3400t，减排率约 40%。

2. 国内能源大数据典型案例

国内能源大数据典型案例方面，国家电网有限公司从电力行业不同业务领域出发，在电网生产领域，积极推进大数据技术在智能电网发电、输电、变电、配电、调度、用电六大环节的广泛应用能够提高供电效能、促进经济运行、增强电网安全；在经营管理领域，积极推进大数据技术在电网规划、配电网运行、运营监测和人财物集约管理等方面的广泛应用，以促进经营管理模式创新发展；在优质服务领域，积极推进大数据技术在智能电表增值服务、需求侧管理等方面的广泛应用，以促进优质服务能力提升和新型业务形态发展。

（1）中控智网集团。国内能源领军企业中控智网集团在信息化建设方面已取得一定的成绩，并积累了大量的业务数据，进一步加强大数据关键技术的研究和应用，对促进中控智网产业转型升级、提升竞争力具有重要意义。掌握数据通过建立大数据中心，实现对中控智网集团企业业务数据的深层次价值挖掘，提升企业管理和运营能力，平台采用当前业界先进的大数据处理技术和模式，构建业务松耦＆中间性大数据统计、分析和挖掘平台；通过资源线性扩展，可实现单条信息 s 级的在线处理性能、每日 TB 级数据离线分布式处理、PB 级数据的存储。掌握数据通过数据的关联分析和预测能力，帮助中控智网集团企业经营和决策，进而打造“智慧化”企业，实现企业决策、运营、管理的智能化，应对企业内外部风险，提升企业的经济效益和竞争力。

（2）阿里云与阳光电源。阿里云与阳光电源公布了战略合作协议，并发布了其第四代电站运维管理系统—“智慧光伏云 iSolarCloud4.0”。阳光电源依靠其 1500 个光伏电站的运维经验和大数据基础，并通过阿里云提供海量数据的计算、存储和网络连接能力，从而使“智慧光伏云 iSolarCloud”成为精细化的光伏电站运行维护管理平台。阳光电源作为国内最大的光伏逆变器供应商，可以直接将光伏数据采集器集成于光伏逆变器中，这意味着阳光将直接掌握光伏数据监控的“终端”；并且通过与阿里云达成战略合作之后，可以依靠阿里云领先的云计算服务平台，快速步入光伏数据云模式。

（3）合肥智慧能源平台。2020 年 9 月，合肥市智慧能源平台上线，率先完成电力数据接入，并开发 5 项大数据产品。在此基础之上，由合肥市发展改革委和国网安徽省电力有限公司合肥供电公司（以下简称“国网合肥供电公司”）共同打造的合肥市能源大数据中心于当年 12 月正式运行。在“政府主导、社会参与”的模式下，合肥市能源大数据中心广泛汇聚城市主要能源信息，通过应用大数据、云计算、人工智能等前沿技术，为居民、企业、政府提供更加精准和智慧化的服务。面向居民，合肥市能源大数据中心对全市 200 多万家庭的主要用能情况和习惯进行智能分析，辅助能源企业和政府部门更精准开展服务。

合肥市能源大数据中心 24h 实时掌握 2.7 万家高压客户的电力设备运行情况。每月联合国网安徽思极科技有限公司，向重点客户提供电、气、热、冷等能效分析报告和经济性解决方案，进一步降低企业用能成本。与此同时，国网合肥供电公司借助大数据第一时间发现重点企业自管电力设备的异常运行情况，客户经理及时上门协助做好消缺处置工作。

合肥市能源大数据中心对全市能源的种类、结构、运行和效率进行全景监测，24h 不间断监测全市 48 家重点能耗企业、70 家重点排污企业的用能数据。合肥市能源大数据中心每月编写《合肥市用电信息参考报告》，对全市电力消费结构和趋势进行分析，支撑政府实时掌握能源运行状态，研判经济发展态势。

（4）青海省能源大数据中心。国网青海电力建设运营的新能源大数据中心被正式授牌升级为青海省能源大数据中心，这也是全国首家由政府主导、在企业建设的能源大数据中心。青海省能源大数据中心将负责全省能源全产业链数据汇集、挖掘分析和信息发布，承担青海省智慧能源综合服务平台的建设和运营，建立全省能源数据、业务、管控和服务标准体系，开展全省能源新技术、新业态孵化和推广应用。青海省能源大数据中心旨在实现能源电力基础设施与政府行业机构、能源客户全时空泛在连接，积极培育能源行业新业态，支撑能源经济形势分析和能源交易决策，助力能源互联网生态圈建设，推动能源供给侧跨越式发展和消费侧产业结构调整升级。

能源大数据中心是推动能源革命的具体方式、推进公共服务个性化的重要手段、政府决策的重要依据和综合管理创新的有效途径。依托电网优势，将大数据发展理念落实到能源领域，将有力推动能源产业和数据产业的深入融合。国网青海电力下一步将联合青海省能源局，以“大云物移智链”等现代信息技术、先进通信技术为核心，进行大数据建设顶层设计，推进能源智能化、综合能源网和信息通信基础设施建设，实现多种能源与网络的互联互通及融合调度。积极培育以大数据为核心的数字经济，推动能源生产全息感知、决策智能优化、经营协同高效、业态共享开放、生态绿色安全，深度融合能源行业和信息化技术，打造灵活互动用能服务平台。进一步挖掘大数据价值应用，延长产业链、形成新业态、创造新价值，吸引更多产业链企业、科研院所和应用服务商入驻平台，全力支撑和服务能源绿色转型发展。

（5）北京能源大数据中心。国网北京电力以“数据汇聚、数据共享、价值创造、合作共赢”为目标，构建北京能源大数据中心。该公司推进“平台 + 数据 + 运营 + 生态”一体化发展，力争实现电力数据与政府、各行业、各能源企业、用能客户等能源上下游数据汇聚融合、共享交换，服务政府科学决策、社会精准治理，助力北京智慧城市建设。

结合首都地域特色，国网北京市电力公司围绕对外合作共赢、基础平台建设、数据汇聚共享、数据产品研发推广、运营能力建设等5个方面22项重点任务，分阶段分步骤推进北京能源大数据中心建设，并优先在具备条件的区域及单位开展能源数据产品研发推广。按照“政府指导、电网主建、多方合作、共享成果”的建设运营模式，国网北京电力各单位因地制宜开展建设，打造典型应用场景、典型数字产品。该公司选取重点区域开展试点，拓展外部数据接入范围、接入维度，实现资源共享。

（6）东北能源大数据中心。由中国共产党辽宁省委员会、辽宁省政府和国家能源局东北监管局发起，国网辽宁省电力有限公司建设的东北首朵“能源云”东北能源大数据中心12月27日在沈阳正式揭牌。

建设东北能源大数据中心旨在落实中央“四个革命、一个合作”能源安全新战略，为辽宁省实施工业互联网创新发展计划提供能源支撑。东北“能源云”的建设为辽宁省能源互联网建设，特别是“辽宁‘5G+互联网’三年行动计划”提供了有力支撑，也为辽宁省数字经济建设以及黑龙江、吉林、蒙东地区的电力能源总体协调和高效运转提供保障。东北能源大数据中心结合东北老工业基地区域发展特点，深化数字化企业建设，在电力智慧化管理过程中为辽宁省工业供给侧结构性改革和传统产业转型升级作出更大的贡献。

东北能源大数据中心将依托国网辽宁省电力有限公司已建和在建大数据软硬件设施建设，采用分期建设模式，一期建设2.4万m^3数据中心，1万m^3服务中心及配套基础设施，可容纳IT设备17820台，预计在2022年前建成。东北能源大数据中心建成后，将采用“计时、计量、项目、合作”四种模式，提供“托管、数据、能力、应用”四层服务。

在服务地方政府上，东北能源大数据中心将提供电能替代、环保生产、能源征信、精准扶贫、违法监控、税务稽查等监测评估和趋势研判，保障城市运行安全，服务政府精准施策；面向能源产业，将提供数据资源共享、企业应用上云、新能源集中监测等服务，挖掘能源数据价值，打造能源产业联盟，开拓能源行业资源共享、合作共赢的新局面；面向工业企业，可提供用能诊断、代运代维、能耗对标等服务，充分利用能源工业互联网，促进企业节能降耗，推动产业基础高级化、现代化；面向社会客户，提供云空间租赁、大数据计算、智慧家居和金融创新等服务，补齐数字化公共服务短板，优化营商环境，缓解中小企业融资难、融资贵等问题，运用大数据保障、改善民生。

东北能源大数据中心的成立，为辽宁省能源互联网建设增添了浓重一笔，也将为辽宁省数字经济建设以及为黑龙江、吉林、蒙东地区电力能源进行总体协调、高效运转作出贡献。

（7）远景能源。国内远景能源科技有限公司以实现风电与光伏的智慧化能源生产为目标，融合物联网、大数据以及机器学习技术打造的 EnOSTM 平台每天处理将近 TB 级的数据量，在可再生能源功率预测水平及控制精度等方面领先业内同行。国内远景能源科技有限公司建立了基于智能传感网和云计算的智慧风场生命周期管理系统，系统主要组成包括了格林威治（Greenwich）云平台、智慧风场 WindOS 管理系统以及 WindOS 高级应用。智慧风场生命周期管理系统可帮助客户提升风场实际投资收益和减少风电场减少发电量损失。国内远景能源科技有限公司已经管理了包括美国最大的新能源上市公司 Pattern 能源、美国大西洋电力公司以及中广核集团等在内的 1000 万 kW 的国内外新能源资产。

（8）上海电力大学临港新校区综合能源服务项目。上海电力大学临港新校区智能微电网综合能源服务项目由国网节能服务有限公司投资，国网节能设计研究院 EPC，工程于 2018 年 4 月开工，9 月 20 日试运行，12 月 18 日通过验收。上海电力大学临港新校区智能微电网综合能源服务项目建设了 10 栋公寓楼空气源热泵辅助太阳能热水系统、约 2MW 光伏发电系统（单晶、多晶、BHPV、高效组件等多种组件）、300kW 风力发电系统、1 套混合储能系统（150kW × 2h 铅炭电池、100kW × 2h 磷酸铁锂电池及 100kW × 10s 的超级电容），49kW 光电一体化充电站以及一体化智慧路灯，如图 3–2 所示，通过智慧能源管理系统，实现建筑能效管理、综合节能管理和“源网荷储充”协同运行。该项目主要特色如下：

1）充分利用多能互补模式，满足用户多层次需求。作为公用事业单位，学校具有用能需求稳定、投资风险低的特点，用能需求主要为电、热水、冷、热、气。其中，用冷和供暖需求在学校工程建设中已同时建设了中央空调（制冷热式），因此该项目设计时主要满足学校用电和用热水的需求。

该智能微电网综合能源服务项目主要满足了用户三个层面的需求：一是基本用能需求，即满足学校师生用电、用热水需求；二是潜在需求，即教学、科研、培训需求，如光伏、风电、储能等系统都可以理论结合实践进行案例教学，开展科研发表论文等；三是增值需求，即在申请一级学科博士点、上海电力学院更名“上海电力大学”、申请上海市高水平应用大学等方面，该试点项目为其加分不少。

2）因地制宜选取元素配置，充分挖掘盈利与非盈利项目各自价值和作用。从系统元素选取来看，主要涉及光伏、风电、储能、太阳能热水器＋空气源热泵及智能管控系统。上海属于三类光资源区，该校区光伏平均发电利用小时数约1095h，光伏发电系统主要采用“自发自用，余电上网”模式。上海处于四类风资源区，但由于临港校区临近东海，风力资源相对较好，年平均风速可达6.59m/s，但受限于航空限制，只建了一座高54m的风机，风机的设置使得新能源发电元素更丰富，实现了风光互补。经过比选采用了空气源热泵＋太阳能光热作为制热水装置。

整个微电网示范项目，一定有不盈利的，也有盈利的部分。如何发挥好各自的作用和价值以满足客户需求是关键。如果将客户需求分为显性需求和隐性需求，那么显性需求即满足学生用能（电、热水等）以及学校节能约束需求；隐性需求即满足教学、科研需求及增值需求。从项目本身来说，大部分收益来自热水系统和新能源发电；学校用能稳定，采用单一电价，没有峰谷电价，因此储能系统并无收益，主要用于平抑风力发电负荷波动，以及教学、科研。

通过综合能源智慧管控平台管理整个校园的能源供应和使用，实现了能源流、信息流、数据流的深度融合，具有示范推广意义。风光储用＋平台系统的微电网模式还适合在工业园区、大型建筑群等类型项目复制推广。此外，围绕“以客户为中心”的理念，紧密结合用户需求，进行经济可行实用项目设计应是园区综合能源服务项目规划建设的重点工作。

1.2.4 能源大数据发展经验总结与启示

由于经济水平、科技水平、资源禀赋、地理环境等因素的影响，各国在不同组织、不同情景下将大数据技术与能源相结合，以此挖掘能源大数据蕴藏的巨大价值。目前，能源大数据的发展规模正逐步扩大、发展势头正盛，能源大数据在各国的应用过程中实现了从多角度创新能源技术、合理化用能结构、优化能源配置等，其发展经验总结与启示如下：

1. 能源大数据发展经验总结

（1）能源规划发展领域。能源大数据在政府决策领域的应用主要体现在能源规划与能源政策制定两个方面。

在能源规划方面，政府可通过采集区域内企业与居民的用电、天然气、供冷、供热等各类用能数据，利用大数据技术获取和分析用能用户的能效管理水平信息与用能行为信息，为能源网络的规划与能源站的选址布点提供技术支撑。此外，基于用能数据、地理信息以及气象数据可分析区域内的基本能源结构与能源资源禀赋，为实现能源的可持续开发与利用提供指导方向。

在能源政策的制定方面，政府可利用大数据分析区域内用户的用能水平和用能特性，定位本地企业的能耗问题，研究产业布局结构的合理性，为制定经济发展政策提供更为科学化的依据；另外，依托能源大数据对能源资源以及用能负荷的信息挖掘与提炼，为政府制定新能源与电动汽车补贴方案、建立电价激励机制等国家和地方政策提供依据，也为政府优化城市规划、发展智慧城市、引导新能源汽车有序发展提供重要参考。

（2）能源生产领域。在能源生产领域，大数据技术的应用目前主要集中在可再生能源发电精准预测、提升可再生能源消纳能力等方面。由于可再生能源具有天然的间歇性与随机性，需要合理进行储能等灵活性资源配置规划并依赖可靠、可信的功率预测信息安排电源的运行方式，以充分降低可再生电源对电网的冲击影响，减少弃风弃光现象，并保证供电可靠性。例如我国的风电行业，风力发电涉及硬件较多，而且分布区域较广，因此刺激了对大数据的需求。分布在野外的风电机组产生大量的数据，通过传感器传回到数据中心，利用大数据技术实时分析发电量，并据此预测可能发生的问题。这样的数据对于世界各地的风电场都有很大意义，能够从很大程度上提高发电效率。未来在风电机组领域的数据交易将会非常活跃，企业用户将成为交易主体。

能源大数据还有助于建立电网、油网、气网和交通系统网络的一体化数据融合系统，实现大数据挖掘，为多能源系统协同规划及运行提供辅助决策，保证多种能源的生产与配送。

（3）能源消费领域。在能源消费领域，利用能源大数据技术分析不同类型的参与者在能源生产、交易、消费中的社会心理，并充分考虑地域、气候、收入、受教育程度、居住环境、政策机制等各种影响因素，形成合理的能源互联网合理商业模式。还可以通过分析能源大数据得出用户的能源消费偏好、水平，发现用户能源消费的不合理区域，为优化用户用能结构提供了依据。

随着能源消费侧的可再生能源渗透比例不断提高以及微电网系统的逐渐成熟，能源用户从传统消费者的角色向产销者的角色过渡。有效整合能源消费侧可再生能源发电资源、充分利用电动汽车等灵活负荷的可控特性以及参与电力市场的互动交易并实现利润最大化，是目前大数据技术在能源消费领域的热点研究问题。对此国内外已对能源消费终端的大数据技术实际应用开展了有益的探索。

（4）智慧能源新业态。随着能源大数据技术在能源系统的深度扩展，将在能源网络的监控与运维等方面催生一批崭新的智慧能源服务新业态。在能源系统的运维方面，基于广域量测数据的态势感知技术已应用于智能电网的输配电站的在线运营维护中，实现实时事件预警、故障定位、振荡检测等功能。此外，风电、光伏等可再生能源电站硬件繁杂、选址分散，需借助大数据技术根据机组回传数据分析监测各零件的磨损、疲劳情况，据此在线预测和判定设备的运行状态，有助于简化大规模监测系统的部署，及早防范潜在的故障因素。

2. 能源大数据发展启示

当前，各国在能源技术创新、能源数字化转型等方面研究进程不相一致。能源大数据在各国不同的发展历程以及趋势都给予了我国许多启示。结合国外能源大数据发展情况，分析我国能源大数据发展趋势，制定出一套符合我国国情的能源大数据发展策略是不可或缺的。能源大数据发展启示如下：

（1）使用大数据技术促进能源利用。大数据技术能够促进油气的开采。油气行业传统的勘探开采理论面临瓶颈，从传统地质，到开发地质再到石油储藏描述，油气开发理论已经不能满足提高产量的需求。而这一传统行业恰恰积累了大量的数据，大数据的出现为油气的二次开发，甚至三次、四次开发，提供了更多的可能性；不同的油田之间可从油气勘探历史上积累的数据中寻找一定的规律，并发现新的增长点。另外，在炼化、油品零售领域大数据的应用也比较广泛。诸如炼厂炼油过程中收集的数据，油品零售站的用户数据等，对同行业有很大的借鉴意义。

智能电网对于大数据的需求也很强烈。国家对于智能电网的推广也为大数据的应用奠定了基础。这些数据需求包括消费者用电的规律、家用电器的耗能数据等。未来电厂和个人用户都将受益于电力大数据。使用大数据能够精准地统计到各个用户的能源消耗数据，据此可分析得出各个用户的用能情况、用能偏好等，精准刻画出用户的用能曲线，为优化用户侧用能结构决策提供支持。此外还可以给予用户一个用能反馈，有助于用户用能结构自调整。

大数据技术还能促进新能源电力的消纳。当前风电行业的痛点在于风电机组性能差异大，年发电量达不到预期指标；风电场设计、运行不合理，设计偏差造成发电量难以达到设计指标；风电运行数据难以有效利用，积累的海量数据未能充分利用，通过分析挖掘可以发掘很多改善发电性能的措施。利用大数据分析挖掘的方法可以优化风电机组功率特性，提高可利用率。

（2）完善能源大数据基础设施。大数据需要从底层芯片到基础软件再到应用分析软件等信息产业全产业链的支撑，在这一系列基础设施建设上，我国能源信息基础设施仍存在短板。

一方面，无论是在传感技术、新型计算平台、分布式计算架构方面，还是大数据处理、分析和呈现方面，我国能源信息技术与国外均存在较大差距，难以适应电力行业乃至能源行业的多源、多态及异构数据的广域采集、高效存储和快速处理。以智能电网用电数据为例，其来源包括了企业统计、量测表计、供电公司以及第三方能源公司，从数据量级、覆盖范围、数据颗粒度以及可获得性等方面比较均有较大差异。

另一方面，能源信息数据开发应用意识不强，一体化系统中采集了大量的能源数据，但将现有数据转化为资源优势，用于提高能源系统的优化运行水平，仍有待加强。用电数据中供电公司数据获取量大、集中程度高，但仅用于供电公司业务范围，数据价值潜力仍亟待充分挖掘。

（3）多场景利用能源大数据。随着能源数字化进程的加快，能源大数据的运用场景会越来越多，需从多场景利用能源大数据，以便发挥其最大价值。在对业务数字化的过程中，不再是把生产的信息数字化表达、展示出来，更多的是对数据进行分析、挖掘，利用人工智能等手段对业务再造，对业务辅助，后者利于拓展更为广阔的业务边界。

在化石能源的最开始端——矿山，矿山的智能无人矿车、矿道检测、5G煤矿之间的万物互联，增加煤炭开采的效率，降低煤炭开采的风险，更能通过对地质层、历史气候等数据的分析推演指导煤矿的开采工作。

在发电厂、变电站、配电站、输电线路管廊等场所，能够配置智能巡检机器人，通过机器视觉算法对控制柜、仪表盘等进行智能巡检；通过搭载红外测温摄像头、声波探测分析设备对正在运行的设备，例如变压器进行在线检测，及时发现设备问题，诊断设备寿命。

在重要的场所和输电线上，可以通过高清视频监控，检测外物入侵、山火灾难以及大风、覆冰、输电线路外力破坏等，算法赋能使得监控完成从传统的可视到可知的转变，从追溯到主动发现转变。同时视频监控还能够对现场的工作人员作业规范等进行检测，降低施工现场未佩戴安全帽、未穿工作服以及抽烟等情况发生，进一步降低人员危害的风险。同时输电线路可以通过无人机对缺陷零部件、输电通道进行巡检。

在新能源的生产域上，AI人工智能可以用于风力发电机的覆冰检测和智能消除，可以用于风力发电预测，便于稳定安全地发电并网。在光伏发电行业，AI智能或者数字化可以用无人机搭载红外摄像设备对光伏面板进行缺陷检测，高清视频监控检测牛羊群闯入光伏发电站区域、光伏板下的杂草生长的检测等，同时CV技术还可以用于光伏电板的清洁。

1.3 能源大数据助力农村能源高质量发展

随着大数据技术的广泛应用，大数据已成为推动社会产业经济快速发展和创新的有力工具，将大数据技术应用于能源领域，是技术发展的必然趋势。农村能源转型发展新趋势下，农村能源发展呈现分散化、清洁化、数字化的特点，农村能源转型需要发挥数据作为生产要素的作用，产生“倍增”效应。因此现阶段深入研究能源大数据已经成为当前农村能源转型的必然趋势。在农村能源体系建设的过程中，应广泛应用大数据带动相关农村能源产业的生产与发展。能源大数据参与更加合理完善的农村能源政策制定与能源规划，保障不同农村能源产业的协同与优化，有利于构建农村的清洁能源体系，相关能源企业运用传感和测量等先进技术，科学地结合大数据技术有效推动了农村能源大数据的发展，为农村能源产业转型提供可持续发展的动力。在农村能源数据大量增长的趋势下，深入挖掘能源数据的潜在价值，将有力推动能农村能源的高质量发展。

（1）助力农村资源能源化利用。农村能源大数据的应用助力农村能源资源的开发，提高农村各类资源能源化利用水平。可通过采集分析县域社会经济、自然资源、气候地域、化石能源储备、风光经济可开发量、人口、用户生产生活用能、历史发电等多源数据，建立统一的数据库，为政府研判农村能源革命进程，数字化管理及能源态势分析预测需求提供支持，助力政府进行高效率的资源配置。一方面，评估建设单位容量风、光等发电设备的投资金额、年发电量、年收益及投资资金回收周期等，从成本、环保、经济等角度寻求最优方案，辅助各类现代化能源基础设施的选址建设；另一方面，针对农村能源转型发展中清洁化程度不高的问题，可通过能源大数据技术整合薪柴、秸秆、畜禽粪便、生活垃圾等多方面数据，建设生物质燃料发电站，进行生物质资源的统一调配，实现能源的清洁利用和就地利用。

（2）构建农村清洁低碳能源体系 。以绿色低碳清洁为目标构建农村现代能源体系，是深化农村供给侧结构性改革，促进农村产业融合发展、改善人居环境的重要举措，对于我国优化能源结构、实现碳达峰碳中和具有重要战略意义。农村基础设施相对落后、用能分散，农民对固有的生活用能习惯具有强烈的路径依赖。此外，随着我国粮油肉蛋奶等需求的持续增长，在保障粮食安全及社会经济持续发展前提下，实现农业农村碳达峰碳中和难度较大。

在能源大数据方面，“大”不仅是汇总单一方向数据的“大体量”，还要汇集多角度、各行业的数据，“大范围”地寻找、利用和减碳有关的数据。在技术资源优化配置上，现在各行各业有关低碳的技术多是零散的，当某个工厂想做减碳优化的时候，缺少量身定制的、整体的减排优化方案和技术，多是针对某个环节进行优化。可以依靠平台思维，利用能源大数据平台让有减排需求的企业能快速、直观地找到最优的技术。充分利用大数据、云计算、人工智能等先进技术手段，经济、高效地助力数据中台在农村综合能源服务、农村能源供给侧及消费侧等领域深入应用，打造能耗数据汇聚通道，加快碳排放数据体系建设。强化数据标准建设，优化数据模型设计，以碳排放相关业务实体为中心构建数据模型标准，推动“能源－电力－低碳”等算法模型落地应用，以碳排放监管、碳减排服务、碳数据公共服务等场景应用为驱动开展“碳足迹”等新兴业务研究。

（3）提升农村能源服务的智能化水平。传统的农村能源系统是按照不同能源类型划分的，由相对独立的多个子系统构成，各类农村能源产业都通过自身的规划、建设、投资和运营来确保本能源的供需平衡，不同能源系统间联系不紧密。借助大数据技术，将分散的能源系统整合起来，建立统一的能源大数据归集、分析、应用平台，服务政府科学决策，企业提质增效，公众便民利民。

面向政府，通过采集农村能源产业与居民的用电、天然气、供冷、供热等各类用能数据，利用大数据技术获取和分析用能用户的能效管理水平信息与用能行为信息，实现“电力看经济、能源看发展”功能，以能源电力数据号脉产业发展、服务政府施策。

面向企业，牵住电力实时数据“牛鼻子”，推广“电管医生”，提供能效诊断、用能优化、增值服务、综合能源服务等一揽子能效管理解决方案，助力企业综合能效提升。

面向公众，研发办电业务网上一站式服务支撑系统，构建用能、节能等新型利民惠民服务，助力人民美好生活。开发“用能关爱”功能，精准识别农村留守人口家庭、候鸟家庭、孤寡老人家庭等特定家庭类型，服务社会保障与政府关爱。聚焦农村个性化、综合化、智能化服务需求，创新数字化管理，提升电力业务线上办理效率，提升农村供电服务品质，提高农民用能体验，实现农村智慧用能。

（4）营造开放共赢的农村能源新业态。依托大数据技术，运用互联网思维，在传统业务上衍生新业态。一是通过能源大数据，分析目前能源产业存在短板，联合上下游企业，围绕能源互联网 + 特色产业、清洁取暖、可再生能源开发、绿色能源小镇等农村应用典型场景，塑造农村能源变革创新样板工程，打造新理念宣贯、新设备推广、新模式应用示范基地；二是围绕机制创新、市场拓展、农村服务，开展能源互联网平台商业化运营模式研究，围绕产业发展型、休闲旅游型、传统农业型、宜居综合型等农村应用典型场景，塑造农村能源互联网样板工程，创新能源服务新模式、新业态，创建能源互联网生态圈。

1.4 本章小结

本章首先研究了农村能源的内涵和农村能源的主要形式，梳理能源革命战略提出后的农村能源相关政策。相关政策的提出为我国农村能源升级转型、换道领跑创造了条件与机遇，在此背景下分析我国农村能源转型发展新趋势，其中，农村能源清洁化是追求，农村能源分散化是特征，数字化是促进农村能源的高质量转型发展的手段。其次，本章从能源大数据的发展历程出发，定义能源大数据的基本概念和主要特征。对能源大数据政策展开分析，梳理各国对于能源大数据的支持力度；列举了国内外能源大数据典型案例，对比各国对于能源大数据的发展现状；通过对能源大数据的发展历程进行总结，得出能源大数据发展经验以及给予我国的启示，助推我国能源大数据的进一步发展。最后，本章分析了将大数据技术应用到农村能源领域的主要作用，可以实现农村资源能源化利用、构建农村清洁低碳能源体系、提升农村能源服务的智能化水平以及营造开放共赢的农村能源新业态，有效指导农村能源资源科学开发。

第 2 章　县域能源数据发展现状研究概述

县域能源作为我国能源战略贯彻落实的基本单元，是能源行业改革过程中不可或缺的一环。县域能源不仅包含一次能源煤、石油、天然气，一般还有生物质、生活垃圾、风资源、光资源、水资源、再生水资源、地热资源等可再生能源，具有非常高的利用价值和开发潜力。在县域可再生能源的开发利用过程中，县域能源朝向数字化、信息化发展尤为关键，而其中必然少不了对于县域能源数据的使用，因此，亟需开展对县域能源数据发展状况的研究，厘清县域能源数据过去及未来发展所需面临的困难，挖掘县域能源大数据的内涵及特征，分析县域能源大数据在价值挖掘过程中面临的问题。

当前，我国县域能源数据发展过去遗留的问题尚未解决，“双碳”目标下能源转型发展又给县域能源数据价值挖掘带来了新挑战。过去我国县域中由于地理环境复杂、经济水平低、信息化水平低、能源数据收集困难等原因，导致了我国对于县域能源数据的管理一直处于边缘化、松散化；同时造成县域能源数据管理体系的不统一以及数据统计结果的缺失，县域能源数据散乱化明显。

县域能源中农村能源占比极高，农村能源所具有的特征在县域能源中也有所体现，即县域能源包含农村能源，农村能源很大程度上反映了县域能源的发展情况。实现县域能源节能降碳是贯彻落实中央决策部署、助力农业农村碳达峰碳中和的重要举措。全国碳达峰、碳中和最大的难点在化石能源，县域减排固碳很大的潜力在可再生能源，各地要发挥可再生能源在农村地区清洁用气、供暖、用电等方面的多种功能，大力推进沼气生物天然气、秸秆清洁供暖供热、热解燃气、炭基功能性材料等高热值产品的规模化应用，把可再生能源产业培育成农村产业升级的新经济增长点。随着我国逐渐重视县域能源数据的开发与应用，海量新能源开发运行数据也给县域能源数据应用带来了新挑战。

在上述背景下，本章首先通过梳理县域能源数据发展情况，挖掘县域能源数据过去遗留问题和新增问题；其次，通过将大数据技术与县域能源相结合，阐述县域能源大数据的内涵以及特征；最后，通过分析县域能源大数据价值发挥面临的问题，明确县域能源数据体系亟需攻克的难题。

2.1 县域能源数据的发展情况

县域能源数据历史遗留问题与新增问题共存。县域因为其经济水平低、人口文化素质不高等限制条件，导致人们缺乏能源数据的相关概念，随着县域经济的飞速发展与城镇化建设，县域对于能源的需求量急剧上升，其需求速度已经大大超过传统能源生产发展速度，能源供需矛盾日益突出，亟需加大对于县域能源数据的重视程度，支撑县域能源转型变革。目前，我国对于县域能源数据的开发和利用还停留在初始阶段，能源数据的有效应用不仅能够促进资源合理配置，还能够帮助县域地区能源高效化、清洁化、低碳化、数字化转型，合理利用县域能源数据是县域能源革命中不可或缺的关键步骤。县域能源数据过去常存在能源数据统计结果不完整、多个管理部门衔接不良、能源数据体系缺失等现象；随着“新型电力系统”“双碳目标”等战略的提出，县域能源数字化转型已是大势所趋，越来越多不同种类的能源数据需要采集，但是县域能源数据体量大、增速快、能源数据价值密度低以及能源基础设施网络建设薄弱等问题使得县域能源革命进程受阻严重。县域能源发展亟需一套专属于自身的能源数据体系，更好地辅助县域完成能源革命。

2.1.1 县域能源数据历史遗留问题

1. 县域能源数据统计结果不完整

目前，我国省级统计局发布的统计年鉴中关于能源的统计情况只具体到市级行政区及省直管县，对于各县域的能源统计数据尚不明晰。县域地区经济水平欠发达，县域能源消耗结构中非商品能源占比高，而我国对于能源数据结果的统计仅限于商品能源，非商品能源数据采集困难是造成数据统计结果缺失的原因之一；在电力、煤炭、石油、天然气、供冷 / 热等能源信息化的进程中，由于能源数据缺乏有效的统计机制，造成不同种类能源间存在多套独立的能源数据存储机制，县域中缺乏专门的部门统计整合辖区内能源数据，导致县域能源数据统计结果不完整以及数据杂乱等问题。

县域能源是发展农业生产、保障农民生活、改善县域环境的重要资源，是我国县域全面建成小康社会的物质基础。我国农村居民的生活能源消费，在经历了严重短缺时期、基本满足时期，已经进入了商品化时期，但秸秆和薪柴等原始生物质能源仍在使用，能源利用效率低下。虽然商品能源已经开始使用，但县域中对于传统生物质能源的使用并未停止，绝大多数农户家庭能源消费还停留在商品能源与非商品能源组合使用的阶段上。县域农户家庭收入水平较低，可用于购买商品性能源的支出相对有限。以河南省洛阳市洛宁县为例，其农村地区收入水平较低（农村居民可支配收入 0.9 万元，远低于 2016 年河南省农村人均可支配收入 1.08 万元），收入水平不能够支撑使用商品能源，许多农户家庭炊事和取暖使用薪柴等相对丰富、易于获取且不需付费的农林资源。两方面的合力导致洛宁县农村家庭能源消费商品化水平较低，绝大多数家庭选用零成本的薪柴作为主要能源。目前我国对于能源数据的统计仅局限于商品能源，非商品能源的消耗很难通过数据体现，县域能源商品化程度低不利于能源数据的统计，无法精确反应的能源真实情况，进而造成县域能源数据统计结果的缺失。

和世界上其他发展中国家一样，中国农村能源的相关数据也是通过多层级、多渠道、多部门收集与整理起来的，主要涉及国家统计局和农业农村部两个部门。国家统计局属于政府统计，而农业农村部的统计工作属于部门统计，这两个部门通过不同的方法获取不同方面的信息。农业农村部主要是通过其省级、县级甚至乡镇的多级能源办公室，获得秸秆、沼气和小水电等可再生能源的数据，而国家统计局则通过其分支机构每年进行的农村住户调查以及其他部门的数据报告（包括农业农村部的能源统计数据）整理相关农村能源消费数据。

多部门、多层级统计容易造成能源数据的遗失和缺漏，不便于能源数据的统一收集，对于县域能源数据的真实情况不得而知；况且对于能源数据的统计报告仅以市级行政区的总体数据来体现，其统计情况未落实至县级行政区，久而久之加剧了县域能源数据的缺失。

2. 县域能源数据管理方式不统一

目前，我国县域能源管理体制涉及多个部门，且不同部门的政策存在交叉和不一致的现象。县域能源不仅仅涉及能源的生产与供应方面，还影响了农村生产、生活、环境卫生、公共交通、建筑等各个领域，因此，县域能源数据受到众多政府机构、行业协会、科研院所、企事业单位的管理，县域能源多主体管理的模式造成了能源数据的管理方式不统一。

在县域能源数字化进程中，多部门管理的方式造成了县域能源发展没有统一的方向与目标；且由于县域能源的管理没有专门负责的部门，相关联的管理机构很难形成合力共同支持县域能源发展，严重阻碍了县域能源的发展进程。通过对我国农村能源管理相关单位进行梳理，得到我国县域能源管理体系，包括以下机构：

政府机构：国家发展和改革委员会、中华人民共和国财政部、国家能源局、中华人民共和国农业农村部、国家乡村振兴局、中华人民共和国生态环境部、中华人民共和国水利部等。各级地方政府中与上述机构相关的部门负责本地农村能源相关管理工作并接受上级相关部门的指导，执行上级部门的政策法规及行动方案。

研究机构：农村能源政策与实施、农村能源技术开发与应用的科研院所。

行业协会和服务体系：行业协会和服务体系主要为能源企业提供咨询、技术服务等服务。

能源企业：能源生产、能源投资企业等。

在政府机构中，国家发展和改革委员会下属的农村经济司、资源节约和环境保护司等部门参与农村能源的管理工作。国家发展和改革委员会主要职能为：提出农村能源经济发展战略及相关政策建议；制定农村能源绿色发展相关战略、规划和政策，推进实施可持续发展战略；由此对农村能源发展进行总体布局。

国家能源局下属的发展规划司、新能源和可再生能源司、能源节约和科技装备司等部门参与农村能源的管理工作。国家能源局主要职能为：负责起草能源发展和有关监督管理的法律法规送审稿和规章；研究提出能源发展战略建议，组织拟订能源发展规划、年度计划和产业政策；负责能源行业节能和资源综合利用，参与研究能源消费总量控制目标建议，指导、监督能源消费总量控制有关工作，衔接能源生产建设和供需平衡。

中华人民共和国农业农村部下属的科技教育司、农业生态与资源保护站等部门参与农村能源的管理工作。中华人民共和国农业农村部主要职能为：推动农业科技体制改革和农业科技创新体系建设，指导农业产业技术体系和农技推广体系建设，组织开展农业领域的高新技术和应用技术研究、科技成果转化和技术推广；指导农用地、渔业水域以及农业生物物种资源的保护与管理。

国家乡村振兴局参与农村能源的管理工作。国家乡村振兴局主要职能为：保持现有主要帮扶政策总体稳定，并逐项分类优化调整，合理把握节奏、力度和时限，逐步实现由集中资源支持脱贫攻坚向全面推进乡村振兴平稳过渡，推动“三农”工作重心历史性转移。

中华人民共和国财政部下属的农业农村司、经济建设司等部门参与农村能源的管理工作。中华人民共和国财政部主要职能为：承担农业农村、水利、气象、扶贫等方面的部门预算和相关领域预算支出有关工作，提出相关财政政策建议；承担财政支持实施乡村振兴战略相关工作，统筹安排财政扶贫资金；提出有关农村综合改革政策措施建议。

中华人民共和国生态环境部与农村能源有关的主要职能：负责环境污染防治的监督管理；制定污染防治管理制度并监督实施；同有关部门监督管理饮用水水源地生态环境保护工作，组织指导城乡生态环境综合整治工作，监督指导农业面源污染治理工作。

中华人民共和国水利部下属的农村水利水电司参与农村能源的管理工作。中华人民共和国水利部主要职能为：指导农村水利工作。组织开展大中型灌排工程建设与改造；指导农村饮水安全工程建设管理工作，指导节水灌溉有关工作；协调牧区水利工作。指导农村水利改革创新和社会化服务体系建设；指导农村水能资源开发、小水电改造和水电农村电气化工作。

由于县域能源的管理主要是以政府机构为主，因此主要描述了政府机构对于县域能源的管理方式，其余机构及企业等对于农村能源管理的影响不进行分析。以上各个部门、单位都参与了县域能源数据的管理，但各个部门间对于制定政策、执行政策的标准与要求不同，各部门间对于县域能源的管理方式存在不相容之处，造成了县域能源发展方向不明确、县域能源数据的管理不统一、能源数据体系的不完整等问题。

3. 县域能源数据体系缺失

县域中能源种类多、含量丰富，农村各类能源生产、消耗、管控等环节都会产生数据，但是我国对于县域能源数据的开发利用还处于初始阶段，尚未形成完善的县域能源数据体系对农村能源数据进行收集、存储、管理、应用。

县域能源数据自身格式多、信息化程度低。县域能源数据体系与传统能源系统的结构化量测数据相比，每类数据源的数据采集所覆盖的范围大小不一，且县域能源数据体系中不仅有能源数据，还包含了许多气象、地理等结构不同的数据；数据信息聚焦的时空尺度有别，其中包含实时数据、历史数据、文本数据、多媒体数据、时间序列数据等各类结构化、半结构化数据以及非结构化数据，县域能源数据在数据多样性方面呈现出明显的多源异构特征。由于收集的数据异构性强，许多数据无法转换为相同格式统一处理，需要将不同格式的数据归入不同的数据类型。此外，县域经济水平有限，大大限制了县域能源信息基础设施的建设，导致县域内信息化程度低下，无法全面、有效采集到能源数据信息，进而加大了建设县域能源数据体系的难度。

未能形成专门的县域能源数据管理部门。2.1.1 的第 2 点中提及县域能源数据的管理方式不统一，众多的部门都参与了县域能源的管理，这也是县域能源数据体系缺乏的原因之一。因为县域能源管理的分散化，并且未能形成专门的管理部门对县域内各种能源数据进行集中处理，各个部门在自己的数据体系内对能源数据进行处理，其数据体系间存在信息壁垒，无法对县域能源数据进行统一化处理，且不同部门的政策存在着交叉和不一致的现象，造成“政出多门”，协调性差，效率低，缺少有效的沟通和融合等问题。

2.1.2　县域能源数据新增问题

随着“双碳”目标、“新型电力系统”概念、《乡村振兴战略规划（2018—2022 年）》《数字乡村发展战略纲要》政策的提出，县域能源亟须向数字化、清洁化、智慧化转型，亟待大力统计利用县域能源数据，协助搭建以电为中心、多类型能源融合互动的农村分散式灵活性资源和新能源协同运行模式，实现农业、居民生活负荷与分布式新能源协同优化运行。因此，县域能源数字化转型已是迫在眉睫，对于能源数据的需求也越来越宽泛，而这也造成县域能源数据涌现了数据体量大增速快、能源基础设施网络薄弱、价值密度低等许多新问题。

1. 县域能源数据体量大、增速快

中国农村小水电、低速风能和太阳能资源分布广阔，农村能源呈现分散化、点状分布的特征。随着我国经济发展，愈来愈重视对于县域能源的开发利用，对县域能源数据的管理、标准化都提出了新要求，县域多种类能源数

据的大规模采集造成县域能源数据的海量快速增长。

对于县域能源数据的采集力度逐渐加大，县域能源数据数量光速海量增长。县域能源数据来自多个数据源采集的数据信息，以电力大数据为例，其数据来源不仅仅只是用户消费的电力数据，还包括了每台电表的运行数据，以及整个电力系统中各个控制节点的实时数据和系统运营维护的数据信息。一方面，由于大数据技术在能源全环节传感信息采集装置与能源设备中的海量应用，使得县域能源大数据的量级至少达到 PB[1] 级；常规的调度自动化系统包含数十万个采集点，县域能源数据中心的采集点将成倍上升，因此采集到的数据也将呈指数级上升趋势，将会带来庞大的能源数据数量。另一方面，县域能源大数据强调数据采集的时效性与全面性，所获得的数据采集频率在分钟级以内，使得县域能源数据增长速度极快。在县域能源采集点多、采集频率高等多重因素作用下，造成县域能源数据数量庞大且增长速度极快。

加大对于县域可再生能源的开发利用，造成大量能源数据的飞速增长。我国县域能源资源种类丰富，主要包括生物质资源、风能、太阳能、水能、地热能等。过去对于县域可再生能源的开发处于边缘化，伴随着县域能源的清洁化转型进度，我国将逐步加大对于县域可再生能源的开发力度，各种可再生能源生产、存储、运输、消耗等环节都会产生庞大的数据；我国县域地区分布式能源丰富，县域能源的发展应因地制宜，结合县域地区分布式能源、灵活性负荷，形成多能互补协同运行的能源体系。多能互补协同运行需要将“冷热电气”等不同形式的能源网结合，而这个过程中需要大量的能源数据作为支撑，需采集多环节能源数据信息形成县域多能互补协同运行的能源体系。

综上所述，伴随着我国加大对于农村能源的开发利用力度，县域内能源数据将会呈现爆发式增长的趋势，县域能源数据体量大、增速快将成为县域能源发展的新问题。

2. 县域能源基础设施网络建设薄弱

由于我国农村地区经济水平低、文化程度不高、地理环境复杂等因素，导致我国关于县域能源基础设施的建设还处于初级阶段，无法有效的通过能源设备统计到农村地区的能源数据。县域能源基础设施建设不够完善，智能化、数字化程度低，能源数据的获取、传输、存储困难。

---

[1] （ PB 为数据存储容量的单位，它等于 2 的 50 次方个字节 ）

以河南省开封市兰考县、洛阳市洛宁县为例，兰考县新一轮农村电网改造工程实施，县城、农村户均配电变压器容量分别达到 2.2、1.6kVA，电网供电水平、供电质量及供电可靠性取得显著进步，基本上能够满足了兰考县农民生活、生产对电力的需求。但天然气管道铺设仅限于县城，农村地区天然气管道尚未覆盖，炊事主要使用罐装液化石油气；县城集中供暖管网正在建设，农村无集中供暖网络，取暖主要以电力为主，供电、供气、供暖等配套基础设施网络仍然不够完善。

洛宁县 110kV 电网以单环、辐射为主，网架结构薄弱且区域负荷分布不均匀，2016 年户均配电变压器容量仅为 1.28kVA，部分行政村户存在低电压问题。洛宁县天然气采用液化天然气供应，县城规划区以内的商业用户、居民户及产业集聚区内企业已实现管道供气，产业集聚区以外企业，主要以点供为主，管道敷设覆盖面有限，山区农村不便于进行管网建设。供暖方面，县城集中供暖主要利用三台燃煤锅炉，初步建设热力管网，农村地区民居住分散，为各户分散供暖，供热方式包括薪柴、煤炭、空调以及电暖气等。此外，洛宁县农村区域尚无建立生活垃圾收集、中转和处理体系，生活垃圾随处随意处理，造成面源污染。随着农村地区经济水平提高，能源基础设施数量在不断增多，但仍然薄弱。

农村地区经济水平低下，县域中用以建设农村能源基础设施网络的费用对于县级政府来说是一笔难以承担的开销。政府需要外来投资以及上级部门的支持才能够支撑起农村能源基础设施网络的建设；农村地区居民的文化程度普遍不高，对于能源基础设施网络建设的接受程度还有待观望；由于农村地区地理环境复杂，建设能源基础设施网络的难度较大，建设过程中占用到农业用地还需与农民协商等，都一定程度上减缓了农村能源基础设施建设的进程。

目前，我国县级行政区内能源基础设施网络的建设还不够完善，搭建完善的能源基础设施网络是能源数据采集的基础，当前我国县域中能源基础设施网络建设仍不够完善，这是造成能源数据体系缺失的原因之一。

3. 县域能源数据价值密度低

县域能源数据采集过程中，获取了许多冗杂、无价值的数据。由于县域能源采集设备以及能源数据体系欠缺的缘故，采集的能源数据未经过筛选、价值识别等环节，所获取的数据中含有部分冗杂、多余的能源数据，况且所采集到的能源数据中具有价值的数据也十分有限，使得县域能源数据价值密度降低。

县域能源数据难以统计，造成能源数据价值挖掘困难。由于使用的采集设备不同、采集对象不同等原因，能源数据结构不同会造成信息孤岛的问题，各自采集的数据无法集成共享，制约了能源数据的存储，使得县域能源数据的统计与分析非常困难，不利于能源数据价值的挖掘。县域能源数据需要一套完善的能源数据体系对能源数据进行数据统计、价值识别、数据整合等关键技术，以提高县域能源数据的价值密度。

随着县域经济水平的提高以及国家大力支持县域能源的开发利用，在县域能源数据的发展过程中也凸显出以上的一系列新问题，县域能源数据亟需寻找突破口解决存在的新、老问题。

2.2　县域能源大数据内涵及特征

县域能源大数据是国家能源大数据战略落实到县级行政区的具体实践，县域能源大数据是将县域内的众多能源数据与其他领域数据相结合进行处理、分析、应用，反映出县域具有多源异构、高增长、高价值等特征。目前，我国对于县域能源数据的开发利用力度不够，对于县域能源大数据的建设将加速推进县域能源产业的发展和转型，同时在助力跨能源系统融合，提升能源产业创新支撑能力等方面发挥积极作用。

2.2.1　县域能源大数据的内涵

2017 年 10 月，十九大报告提出“推动互联网、大数据、人工智能和实体经济深度融合”，大数据在能源行业中的应用不断深入，正迎来前所未有的发展机遇。2018 年 9 月，中共中央、国务院正式印发《乡村振兴战略规划（2018—2022 年）》（以下简称《规划》），对实施乡村振兴战略第一个五年工作做出具体部署，要求优化农村能源供给结构、完善农村能源基础设施网络、推进农村能源消费升级、发展“互联网 +”智慧能源，探索建设农村能源革命示范区。近年来，随着信息与通信技术的高速发展，县域能源数据总量迎来爆发式增长，将县域能源与大数据技术结合发展成了县域能源转型中至关重要的一步，庞大的能源数据量蕴含着巨大的社会经济价值。

县域能源大数据是能源大数据在县域层面的延伸，是在县域能源分散化、清洁化、数字化发展背景及趋势下，以县域多元能源数据集合为研究对象的一项综合技术，是传感技术、信息通信技术、计算机技术、数据分析技术等领域技术的结合。县域能源大数据将县级行政区内的电力、石油、燃气等能源领域数据及人口、地理、气象等其他领域数据进行综合采集、处理、分析与应用；不仅是能源大数据技术在县级的深入应用，也是能源生产、消费及相关技术革命与大数据理念的深度融合，其有效应用对于优化农村能源消费结构、构建农村清洁低碳能源体系等方面具有重要意义。

发展县域能源大数据，旨在建立一种将县域范围内能源规划、开发、生产、传输、存储、消费等环节与大数据密切关联的能源发展新模式，发挥数据作为生产要素的“倍增”效应，以大数据技术带动县域能源发展，推动能源使用朝着生产明确、多能协调、信息对称、阳光消费的方向发展，激活能源供给端和消费端的新潜力，形成新型的能源生产消费体系和管控体系，以大数据促进能源科学开发利用、服务节能减排，降低能源消耗与碳排放、解决新型城镇化发展中能源需求问题，助力农村能源换道领跑。

县域能源大数据将通过海量数据的统计、挖掘，将难以用物理模型量化的不确定性因素进行数据驱动型分析，解决能源系统的突出问题。减少可再生能源出力的随机性对能源系统的冲击，缓解用能峰谷矛盾；抵御灾害、极端天气等风险源，准确评估与管控能源系统运行态势；考虑实时价格、需求响应和开放市场等因素的随机性，实现能源系统调度与监管的全方位优化，进一步实现能源系统信息化迈向智慧化管理。目前，能源系统管理手段单一，且传统信息化手段面临应用瓶颈，无法很好解决能源系统面临的一系列问题。对此，在物联网、工业互联网、移动应用等飞速发展的新一轮数字化变革和新技术背景下，制定统一的新的数据通信、访问标准，建设更高效的通信网络，发展先进的能源数据存储技术构建能源大数据系统，利用云计算、数据挖掘、人工智能技术和方法，创新数据管理模式，充分挖掘数据的价值，满足价值性、实时性、安全性的要求，推进能量流和信息流的双向交互与深度融合，以多能互补的理念进行系统集成，通过智慧能源控制平台进行统一的管理，以大数据、物联网等手段有效促进能源和信息深度融合，推动能源领域结构性改革，实现现有能源信息系统向新一代数字化智能化升级过渡，不断提高能源系统的智慧化管理水平。

随着能源数据的爆发式增长和数据处理能力不断提升，能源大数据已成为县域发展的新要素，是县域能源转型和发展的重要驱动力。采用能源大数据技术还有利于政府实现县域能源监管、唤醒农村沉睡能源信息资源。搭建县域能源数据体系是推进农村能源数字改革的基本载体，也是贯彻落实国家“互联网 +”智慧能源发展战略、推进能源系统智慧化升级的重要手段；同时在催生县域智慧能源新兴业态、推动农村经济发展、减少农村碳排放量等方面都发挥积极的作用。

2.2.2　县域能源大数据特征

县域能源数据具有数据多元异构、高增长、高价值等特征。

1. 县域能源数据多源异构

县级行政区中的能源数据差异化程度高，呈现多源异构的特征。县域中居住人口数量庞大、管辖区域广阔、蕴含多种能源种类、对于能源的需求以及使用因地而异，造成能源数据分布零散且混乱，县域中能源数据的数量庞大且复杂，县域地区的资源禀赋、管辖范围大小、数据类型不同、商品能源与非商品能源并存等原因，导致县域能源数据来源广泛、数据结构，具有明显的多源异构特征。

不同县域中资源禀赋差异明显，能源数据来源广泛。中国幅员辽阔，跨越多个气候带，各地区经济水平发展并不平衡，生活习惯和住宅类型也不尽相同，县域能源资源差异很大。不同县域农村居民的能源消费水平和能源结构存在着较大的差异。在农区主要使用秸秆，牧区主要使用牲畜粪便，山地和林区主要使用薪柴。太阳能、风能、水能、煤炭等资源也都有鲜明的区域富集性，在我国大部分县域中不仅蕴含煤、石油、天然气等传统能源，还蕴含丰富的水能、风能、生物质能、太阳能、地热能等众多可再生能源，且各个县域当地的地理位置、气候条件、经济状况、产业结构等不同而造成所拥有的资源禀赋差异性特征明显。以河南省洛阳市省洛宁县与河南省开封市兰考县为例，洛宁县拥有大中小型水库 33 座，年过境水量达到 12.53 亿 m^3，全县水能蕴藏量 166.4MW，水资源丰富；洛宁全县林业覆盖率达 60%，年产林木枝柴 38 万 t，常年农作物秸秆量约 16 万 t，年产畜禽粪便约 55 万 t，生物质资源储量大；洛宁县大部分区域太阳年总辐射量约为 5237MJ/m^3，太阳能资源有较好的开发前景，未来可开发量总装机 400MW；洛宁县内风电机组平均利用小时数约 2000h，多地探测出地热资源存在，风能、地热能等资源潜力大。兰考县拥有丰富的农林资源，粮、棉、油产量位居全国百强县之列，有机废弃物秸秆年产量近 42 万 t，畜禽粪便年产生量达 79 万 t；大部分区域太阳年总辐射量在 4800~5000MJ/m^2 之间，太阳能资源具有较好的开发前景，经济可开发量为 27 亿 kWh；县域内 120m 高度平均风速 5.5 ~ 5.7m/s，风功率密度 180~200W/m^3，风功率密度等级为 1 级，风电机组平均利用小时数在 2000h，目前水平下兰考县风电技术可开发量约 1200MW。兰考的地热资源总量为 2.7×10^{14}kJ，年可开采资源量约为 0.68×10^{14}kJ，地热能源较丰富。县域中拥有丰富多样的可再生能源资源，由于每种能源在数据统计过程中需以不同的方式获取，且在能源生产、运输、应用、监测等各个环节都会产生能源数据，不同县域中资源禀赋差异明显，使得县域能源数据来源广泛，具有多源的特征。

县域能源大数据由于获取途径不同，导致了能源数据结构有差异。第一章中将能源大数据描述为将电力、石油、燃气等能源领域数据及人口、地理、气象等其他领域数据进行综合采集、处理、分析与应用的相关技术及思想。县域能源大数据同样需采集多个能源领域以及其他领域的数据，由于不同领域数据的存储地点、存储格式等不同，使得县域能源大数据具有不同的结构。2.1.2 节中提及县域能源数据存在管理方式不统一的问题，管理方式不统一导致了数据存储在分散的物理位置，造成了县域能源数据存储地点不同，导致了数据结构不同。由于县域能源数据来源广泛的特点，使得县域能源数据的存储格式有所不同，县域能源数据的格式可分为结构化数据、非结构化数据、半结构化数据三类。结构化数据指的是数据在一个记录文件里面以固定格式存在的数据、是指可以使用关系型数据库表示和存储，表现为二维形式的数据；非结构化数据是指信息没有一个预先定义好的数据模型或者没有以一个预先定义的组织形式，一般指文字型数据，但是数据中有很多诸如时间，数字等的信息；半结构化数据就是介于完全结构化数据（如关系型数据库、面向对象数据库中的数据）和完全无结构的数据（如声音、图像文件等）之间的数据，是结构化数据的一种形式，并不符合关系型数据库或其他数据表的形式关联起来的数据模型结构，但包含用来分隔语义元素以及对记录和字段进行分层的标记。由于县域能源数据存储格式不同、存储地点物理位置不同等原因，使得县域能源数据具有结构不同的特征。

综上所述，县域能源大数据多源性与异构性同时存在，县域能源大数据具有多源异构的特征。

2. 县域能源数据高增长

县域能源数据来源于各类能源生产、运输、转化、综合利用和信息交互高度融合的庞大集合，加之能源大数据系统自身的开放性、共享性和包容性等特征，外部环境和用户设计、操作也会对其产生大量数据。因此，县域能源数据具有两个特点：一是数据体量大，农村地区能源设备类型多、基数大，常规能源系统间交互共享数据，数据总体规模庞大；二是数据类型繁多，县域能源数据包含各类结构化、半结构化数据以及非结构化数据。在此背景下，县域内石油、煤炭、天然气和电力等多种能源资源的基本信息数据庞大，且保障能源设备使用密切相关的巡检、监测等设备状态信息以及农村能源系统协同运行、环境气象等信息数据量巨大且飞速增长，导致了县域能源数据具有高增长的特征。

由于县域非商品能源占比高、经济、文化水平限制，县域能源数据收集困难。长期以来，广大县域地区能源数据统计体系不健全，缺乏基础数据支撑。以电力为例，现代电力系统对实际应用性能的要求较高，通过使用光信号替代传统的电信号实现信号传输增速，同时网络通信在智能变电站中也得到了广泛应用，在变电站的控制层中所传输的信号基本为网络信号。在需求响应、源 – 网 – 荷 – 储互动等新业务的推动下，对广域测控、快速响应及实时控制的数据要求会越来越高。因此，县域能源数据体系将在能源生产、运输、转化和综合利用等环节汇聚更多的实时数据。在加快农村能源数字化转型背景下，县域能源的规模将呈现爆发式扩张，市场活动产生数据的规模和种类势必同步快速增长。由此可见，县域农村能源数据体系将成为一个由内部和外部数据共同构成的具有高速增长特性的数据体系。

3. 县域能源数据价值高

县域能源数据通过数字化管理可提高用能效率、优化用能结构、促进低碳发展等，具有极高的价值。过去中国社会城乡二元结构催生了能源体系的城乡二元分化，受我国城乡经济格局的影响，县域农村能源数据长期处于能源数字管理的“边缘”，当前我国对于县域能源的开发力度有限，未能挖掘到县域能源数据中蕴藏的丰富价值。

利用县域能源数据提高用能效率。传统农村以粗放型、能源消耗型的经济发展方式，导致能源需求总量的不断增加。我国广大农村地区，超过半数的居民烹饪、取暖、热水还是依靠直接燃烧散煤或薪柴、秸秆等传统生物质能，太阳能利用占比极小。能源消费结构呈高碳化和非清洁化特征，“能源贫困”问题严重，究其原因还是用能效率低下的缘故。基于县域农村能源数据对农村能源进行数字化管理能够有效解决用能效率低下的问题。根据县域农村能源数据分析农户的用能特点，为每户制定一套属于自己的能源组合，减少大规模薪柴、秸秆等低效生物质能的使用，将其转化为电能、天然气等高效能源，从而降低农村能源需求总量，缓解“能源贫困”。

利用县域能源数据优化用能结构。经济的落后使得农村长期依靠当地可获得的能源资源，家庭生活用能主要是生物质能（秸秆和薪柴）。虽然农民对生活质量的追求使得商品能源的消费以较快的速度增长，能源消费结构由生物质秸秆能源主导型向商品能源主导型转变，但当前许多农村的经济水平无法支撑大规模商品化能源的应用。利用县域农村能源数据，结合农村可再生能源丰富的特点，因地制宜地根据农村资源禀赋发展利用可再生能源，从而降低农村地区的商品能源使用成本，提高煤、天然气、电力等商品能源的使用比例，优化农村用能结构。

利用县域能源数据降低碳排放。县域农村能源数据可以通过与农业生产相结合创造环境价值，利用农村生产生活废弃物（秸秆、生活垃圾等）气化发电取代一部分传统火力发电，降低化石能源消耗量。通过农村能源数据促进农业和新能源的空间耦合，利用农业设施可为新能源设备提供安装空间，进一步提高农村清洁能源占比。农业和能源耦合方式的绿色化发展，能够减少消耗化石能源所带来的环境污染问题。

利用县域能源数据提高生产安全性与经济性。现代农业生产采用集群化的发展模式，负荷率高、负荷密度大，因而采取多电源供电的方式提高农村供电的可靠性。农村能源大数据发展在电力物联网和农业物联网之间的耦合交互，实现了实时能源环境和能源系统的泛在感知，提高了农业生产的安全性；农业和新能源跨界融合的产业模式带来了协同经济效益，农村能源大数据通过新能源与农业的跨界融合，除了实现电力和农业的双创收，还可以一地两用，节约土地租赁费用；农业从业人员既可以对新能源设备进行管理，也可以对农业生产进行管理，降低农村生产的人力成本。

2.3　县域能源大数据价值挖掘面临问题

县域能源数据的采集、传输、融合和质量问题是技术层面面临的四大问题。随着经济发展，对能源的需求也随之增加，能源从生产到最后消耗的整个过程中数据呈现指数型增长，增加了数据存储和分析的压力与困难；收集的数据要想提高有效性，势必要将各种交叉数据和冗余数据进行统一和筛选，但这在能源行业属于短板，数据融合存在较大挑战；除以上问题，数据深挖技术和识别技术、信息安全等也是值得重视的问题。面对能源行业海量的数据，需要有系统的方法论为指导才能更好地挖掘数据，而在县域中必须要考虑到以上问题才能更好地发挥县域能源大数据的价值。

2.3.1　数据采集方面

县域能源数据的采集获取是县域能源大数据发展的基础性难题，因为县域中能源数据存在数量大、类型多、收集困难等问题，给能源数据的采集带来了极大的挑战。

能源数据采集面临着数量大、类型多、收集困难等难题。能源的生产、传输、消耗过程的数据呈爆炸性增长趋势，势必给数据传输带来挑战；同时，冗余的数据在一定程度上影响了系统的性能，因此，需要确保对有效数据的可靠采集。数量大是县域能源数据的重要特征。

随着县域中信息化的快速发展和智能电力系统的全面建成，电力设备产生了大量的运营数据，同时，与电力存在能源转化和互通互动的供热系统、供冷系统、燃气系统、交通系统的数据都被纳入能源大数据体系中，这进一步增加了能源大数据的数据规模；县域管辖范围广、人口多、各地区用能习惯不同等特点也加大了县域中能源数据的数量规模；由于大数据技术在能源全环节传感信息采集装置与能源设备中的海量应用，使得能源大数据的量级达 TB 至 PB 级甚至 EB 级以上。另一方面，能源大数据强调数据采集的时效性与全面性，所获得的数据采集频率在分钟级以内，数据增长速度快。

能源大数据涉及结构化数据、半结构化数据和非结构化数据。随着信息传播技术、多媒体技术的发展以及可视化功能在能源数据体系的普及，图像、音频、视频等非结构数据在能源数据中的占比逐渐加大。此外，能源大数据应用过程中还需要大量的环境数据、经济数据等进行关联分析，这些都直接导致了数据类型的增多，从而极大增加了能源大数据的复杂度。

2.3.2 数据管理方面

数据管理层面主要包括数据集成管理、数据存储管理以及数据安全管理等环节，现阶段县域能源数据尚缺乏一套完整的数据管理体系。在数据管理各环节中涉及的主要问题如下。

在数据集成管理方面，县域能源数据集成管理机制缺乏。县域能源类型既有传统的煤电、水电，又有各种可再生分布式能源；在能源传输方面既有电网与输配电线路，又有智能化的气、热管道；同时考虑信息传输通道、气象、政策等因素，数据来源广泛且结构繁杂。然而现阶段，在县域范围内尚缺乏一套标准完善的数据集成管理机制，这也进一步加剧了“双碳”目标约束以及能源互联网发展背景下县域能源数据的分布性和异构性的问题。因此，未来亟需在县域范围内建立一套完善的数据集成管理机制，以有效应对新形势下县域能源数据的多源异构现象。

在数据存储管理方面，能源数据体系的建设是各类先进技术的集成整合，但有一系列关键技术需要攻关突破。目前，能源互联网行业通信协议标准依然缺乏，不同能源之间数据互联互通存在障碍以及通过不同方式获得的能源数据的不同结构，共同造成了能源数据的存储困难。

县域能源数据可以从多个数据源采集，例如用电大数据的数据来源形式包括用户层面的企业报表以及设备层面的电能表计乃至系统层面的各类控制与运营维护系统的数据信息等，使得县域能源数据不仅数量庞大而且异构性强。大量多态异构数据的高效、可靠、低成本存储模式是大数据的关键技术之一，对多源多态数据流之间的交互索引与转换效率影响很大。数据压缩技术可以减少数据传输量及提高存储效率，但也增加了数据处理环节及计算负担。分布式存储要权衡对存储空间及实时性的影响，可对实时数据采用实时数据库或内存数据库、对核心业务数据采用传统的并行数据仓库系统、对大量的历史数据和非结构化数据采用分布式文件系统。算法在处理复杂结构数据时相对低效，故希望事先为复杂结构的数据建立索引结构来帮助搜索，并合理地将非结构型数据结构化。

另一方面，能源系统普遍存在信息孤岛，传统电力及其他能源系统长期保持着各自规划、独立运行、条块分割的局面，跨系统间的行业壁垒严重，封闭了不同能源系统之间的信息互通，使得信息孤岛问题进一步突出，制约了能源大数据的发展；海量能源数据的存储是建设能源大数据的基础，但能源领域普遍存在的信息孤岛问题却成为推进能源数据资源整合的一个重要制约因素。各能源系统通过各自的传感器可以采集单独系统的数据，但由于各系统架构、协议等不一致，各自采集的数据无法集成共享，制约了能源大数据的存储。

在数据安全管理方面，大数据安全是一项包括技术层面、管理层面、法律层面的社会系统工程，其保障体系的框架由组织管理、技术保障、基础设施、产业支撑、人才培养、环境建设组成。应当重点研究数据源和传输的可靠性，研究信息系统故障或受到攻击时的行为，以及信息的阻塞、淹没、丢失和出错对大能源可靠性的影响。移动互联时代中，人们在不同场合产生各种数据足迹；大数据技术将大量行为信息聚集在一起，就很可能暴露其隐私。由于尽可能地获取信息本来就是应用大数据技术的目的，故与隐私权的保护存在着矛盾。如何协调共享与隐私，需要制度与监管的保证。现有的数据安全保护技术主要针对静态数据集，包括开放与防御的平衡，防止数据被窃取或篡改，但仍需要解决动态信息的安全性问题。

能源系统的开放、兼容和互联必然伴随着风险，目前整个能源系统的安全形势仍然严峻，特别是随着互联网技术在能源系统的应用，开放互联的网络和信息与物理组件的交互使得能源系统面临着巨大的安全挑战。能源大数据是建立在能源数据公开、共享的基础之上，因此，能源大数据的建设与应用需加强能源信息安全防御能力；另一方面，能源大数据技术将用户大量用能信息进行集聚，很可能造成隐私泄露。在县域能源大数据建设中，协调共享与安全是必须首先解决的重大课题，数据可靠性和通信网络安全性至关重要，必须研究各种广域量测数据和仿真数据的完备性、适时性和价值的数据评估技术，研究在广域信息不完全条件下的数据分析、控制技术。

2.3.3　数据应用方面

对于县域能源数据的应用同样存在如何加工能源数据、寻找高效的数据管理模式、基础设施存在短板等众多挑战。如何在县域能源数据应用之前对其进行加工有以下几方面难题：从结构化数据为主，向结构化、半结构化与非结构化的三者融合的变革；数据来源的多样化，特别是移动终端的广泛应用，使大量数据需要同时带有时间与空间的标志；有用信息被淹没在大量无关或弱相关的数据中，或需要处理低质量及局部缺损的数据。

尚未寻找出适合于县域能源数据的数据管理模式。许多能源设备都实行同一控制逻辑运行，这容易导致设备在全年中大部分时间处于低效状态，造成大量资源浪费。这种现象出现的主要原因是管理人员专业性差，无法及时监控和调整大量设备运行；未能实现能源梯级利用，能源利用率低；对能耗预测不准确，缺乏合适的能耗分析法，无法有效帮助县域在能源调度方面做出高效决策。能源互联网中的数据来源广且较为复杂，需要新的数据管理模式以更好地应用能源数据发挥其价值。

支持能源大数据的基础设施存在短板。大数据需要从底层芯片到基础软件再到应用分析软件等信息产业全产业链的支撑，在这一系列基础设施建设上，我国能源信息基础设施仍存在短板。一方面，无论是在传感技术、新型计算平台、分布式计算架构方面，还是大数据处理、分析和呈现方面，我国能源信息技术与国外均存在较大差距，难以适应电力行业乃至能源行业的多源、多态及异构数据的广域采集、高效存储和快速处理。以智能电网用电数据为例，其来源包括了企业统计、量测表计、供电公司以及第三方能源公司，从数据量级、覆盖范围、数据颗粒度以及可获得性等方面比较均有较大差异。另一方面，能源信息数据开发应用意识不强，一体化系统中采集了大量的能源数据，但将现有数据转化为资源优势，用于提高能源系统的优化运行水平，仍有待加强。许多供电公司数据获取量大、集中程度高，但仅用于供电公司业务范围，数据价值潜力仍亟待充分挖掘。传统能源中电力、热力、油气等主要领域规划、运行、管理保持独立，导致信息不共享、沟通协调困难等问题，需要在政策上搭建促进多能源开放融合的市场体系，打破专业之间的分离，支持发展综合能源系统。同时，能源互联网发展需要公平、透明和开放的市场环境，需要市场化的价格机制，促进充分的市场化交易，才能有效支持商业模式的创新，但目前市场环境和机制还在建设过程中。

综上所述，县域能源数据在其采集－管理－应用的全过程中存在数据采集困难、数据管理体系不健全等一系列问题，为县域能源数据价值的发挥利用造成了一定的挑战，因此，亟须建立一套标准化的县域能源数据体系架构，从数据采集、数据管理、数据应用等层面出发对县域能源数据全流程的关键环节进行清晰界定，从而为县域能源数据价值实现奠定基础。

2.4　本章小结

本章从历史遗留问题与现存问题两方面分析了我国县域能源数据的发展情况，总结得出县域历史能源数据存在统计结果不完整、管理方式不统一、能源数据体系缺失等问题，新增了数据体量大、增速快、能源基础设施网络薄弱、价值密度低等问题；然后，对县域能源大数据的内涵进行了定义，将县域能源大数据与能源大数据进行区分，凸显出县域能源大数据的特征，得出县域能源大数据具有多源异构、高增长、高价值等特征；最后，从数据采集、管理、应用等方面分析我国县域能源大数据价值发挥所面临的问题。要解决县域能源数据发展所面临的难题且挖掘其蕴藏的重大价值，亟需建立一套广泛适用的县域能源数据体系。

第 3 章　县域能源数据体系总体架构设计

新时代农村能源转型背景下农村能源将面临分散化、清洁化、数字化等趋势与挑战，与此同时，随着大数据技术的发展，农村能源转型需要基于能源大数据，挖掘数据作为生产要素的重要作用，发挥县域能源数据的“倍增”效应，以有力推动农村能源的高质量发展。然而，现阶段县域能源大数据在数据采集、数据管理及数据应用流程中均存在一定问题亟待解决，县域能源尚缺乏一套完整的架构体系以有效发挥县域能源大数据的潜在价值。在上述背景下，本章充分考虑农村能源数据采集应用各环节，从数据采集、数据集成、数据存储、数据计算、数据应用等阶段提出一套县域能源数据体系架构，从而为县域数据全流程管理工作提供参考借鉴。

3.1　县域能源数据体系总体架构

基于数据全寿命生命周期，从数据采集、数据集成、数据存储、数据计算、数据应用等阶段提出一套县域能源数据体系架构。县域能源数据体系整体架构为“3+1”的架构设计，即“三大层级 + 一大体系”。三大层级为“数据采集层、数据管理层、数据应用层”，一大体系即“县域能源数据统计体系”。数据采集层是基础数据来源，主要负责外部各类数据的接入及采集工作，为数据管理及服务应用层提供数据基础保障；数据管理层的主要功能是对采集的数据进行集成存储、计算及安全管理，为数据价值的实现提供有力支撑；数据应用层分别针对政府、企业及社会公共在能源大数据评价与应用平台上开放展示和应用功能；县域能源数据统计体系负责明确界定采集数据的种类、来源、采集频次及方式等问题，为数据采集工作提供参考借鉴，县域能源数据体系总体架构如图 3–1 所示。

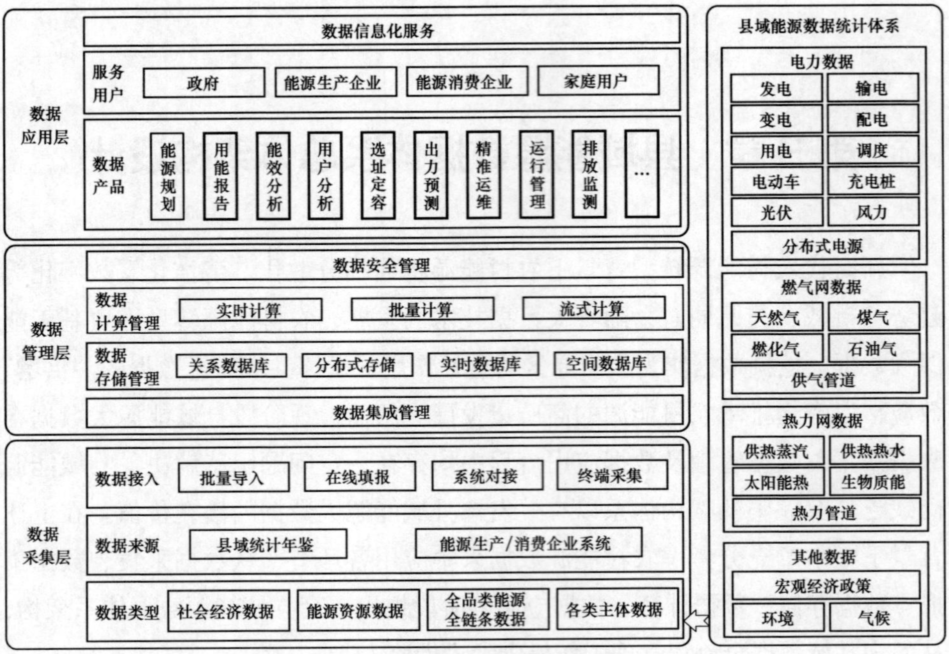

图 3-1　县域能源数据体系总体架构

3.2　数据采集层

在数据采集方面，针对县域能源数据采集过程中存在数据类型多、采集困难等问题，亟需明确数据采集过程中所涉及的数据类型、数据来源、数据接入方式等关键环节，为县域能源数据价值实现奠定先行基础。本节围绕数据感知层中数据类型、数据来源及数据接入方式等关键性问题进行介绍。

3.2.1　数据类型

县域能源数据按照不同的维度可划分为不同的类型：首先，按照数据本质类型划分可将其划分为结构化数据、半结构化数据和非结构化数据；其次，按照数据随时间变化的稳定性划分可将其划分为静态数据和动态数据；此外，按照数据统计对象的不同可将其划分为社会经济及能源资源数据、全品类能源全链条数据以及各类主体数据。

（1）按数据本质类型划分。县域能源数据按照数据本质类型划分可分为结构化数据和非结构化数据、半结构化数据三大类。其中，结构化数据也称作行数据，是由二维表结构来逻辑表达和实现的数据，严格地遵循数据格式与长度规范，主要通过关系型数据库进行存储和管理，该类数据具体包括发电量、GDP 等；与结构化数据相对的是非结构化数据，如所有格式的办公文档、XML、HTML、各类报表、图片和音频、视频信息等；半结构化数据就是介于完全结构化数据（如关系型数据库）和完全无结构的数据（如声音、图像文件等）之间的数据，是结构化数据的一种形式，并不符合关系型数据库或其他数据表的形式关联起来的数据模型结构，但包含相关标记，用来分隔语义元素以及对记录和字段进行分层。

（2）按数据时变稳定性划分。县域能源数据按照数据随时间变动的稳定性划分可将其可将其划分为静态数据和动态数据。其中，县域能源静态数据指在很长的一段时间内不会变化，具备较为稳定特征的数据类型，如能源资源储量、上网电价等；县域能源动态数据则指县域能源数据体系中随时间变化而改变的数据，如资源开发量、装机容量、发电量等数据。

（3）按数据统计对象划分。县域能源数据按照数据统计对象的不同可将其划分为社会经济及能源资源数据、全品类能源全链条数据以及各类主体数据。社会经济及能源资源数据包含县域生产总值、固定资产投资、资源储量等方面的宏观数据，该类数据能够反映县域社会经济发展及其能源资源的基本情况；全品类能源全链条数据包含电力、热力、燃气等县域各类主要能源产品从生产到消费过程中所产生的数据，该类数据能够为分析县域各类型能源使用结构、发展趋势提供基础；各类主体数据涵盖能源生产 / 消费企业及居民用户的基本信息、生产运行数据、用能消费统计、用能监测及环境监测等数据，该类数据能够支撑能效诊断监测、用能画像、用能报告等方面的服务应用。

3.2.2　数据来源

在数据来源方面，县域能源数据可通过政府统计、能源供应企业、设备厂商等途径进行获取。以社会经济及能源资源数据、全品类能源全链条数据以及各类主体数据为例，其中，社会经济及能源资源数据可通过相关统计机构历年发布的统计年鉴进行获取；全品类能源全链条数据可通过电力、热力、燃气等各类型公共能源提供企业的相关数据统计部门进行获取；各类主体数据包括能源生产型企业数据、能源消费型企业数据及居民用户数据三大类，其中，能源生产 / 消费企业数据应由单位内部直接提供；居民用户用能消费数据则应在居民用户授权允许的前提下从各类能源提供商处进行获取。

3.2.3 数据接入方式

数据接入是将各类数据从外部数据源导入（清洗、转换）大数据存储系统，以备计算、分析的过程。针对不同类型、不同时效要求的数据，需采用多种不同的采集接入方式。县域能源数据体系可主要通过批量导入、在线填报、系统对接、终端采集四种方式实现各类能源数据的有效接入。其中，社会经济历史数据、能源类存量数据及各能源项目档案数据主要通过批量导入方式；月度更新的社会经济，月度更新的电力、燃气、地热、成品油相关数据及在建项目进度信息通过在线填报方式；需要分钟级、小时级、日度或按需更新的电力、燃气、地热、成品油相关数据通过与其他业务系统开通接口服务的方式；重点用能企业的设备实时运行数据、居民用户的电器用电实时数据通过终端采集方式。

（1）批量导入 / 在线填报。对于由政府统计部门统计并定时向社会公布的年度经济类、能源类数据以及项目建设基础信息数据，平台提供录入功能界面，实现数据录入功能；录入人员通过登录平台，访问信息录入功能模块，完成指标数据录入。

对于缺乏信息化管理系统或者暂时不具备系统对接条件的月度经济类、能源类数据和日度生物质电厂的环保数据，考虑数据单条录入时工作量较大，平台提供模板批量导入功能，录入人员通过登录平台，访问批量导入功能模板，下载对应的导入模板，线下完成数据填报工作后，将 Excel 表格上传提交到平台，完成指标数据录入。

（2）系统对接。对于各类能源生产型企业（光伏发电、风力发电、垃圾发电、秸秆发电、地热供暖）的实时运行数据，其中发电企业的电压、电流上网电量等数据在全业务数据中心和用电信息采集系统可以获取，双方系统按照约定的数据结构和接口规范完成系统对接，从而获取实时指标，完成数据接入。在系统对接过程中，将会要求各业务系统中运用到 Web Service 技术，该技术能使得运行在不同机器上的不同应用无须借助附加的、专门的第三方软件或硬件，就可相互交换数据或集成。依据 Web Service 规范实施的应用之间，无论应用所使用的语言、平台或内部协议是什么，都可以相互交换数据，从而有效实现各类能源企业与县域能源大数据系统数据的共享互通。

（3）终端采集。针对重点用能企业和居民用户，可通过在各类主要用能设备侧加装数据采集装置和智能终端，以实现水、电、热、气等各类能源数据采集和上传，从而监测关键用能设备以助力各类用户降低能耗。在数据采集设备方面，可综合应用边缘物联代理、智能配电变压器终端、台区智能终端等，实现智能电表、低压断路器、无功补偿装置、电动汽车充电桩、分布式电源并网等装置、水、气、热能计量装置及用户智能家居等数据与县域能源大数据平台互联互通，实现配电变压器状态全面感知、低压故障主动研判、分布式光伏“孤岛”预警、电动汽车有序充电及用户用能监测、负荷辨识等应用。

3.3　数据管理层

在数据管理方面，现阶段县域能源数据在其集成、存储、计算、安全等方面尚缺乏一套标准完善数据管理体系，为此，本节从县域能源数据体系数据集成、数据存储、数据计算、数据安全等方面展开，为县域能源数据管理层未来建设提供参考借鉴。

3.3.1　数据集成

在数据集成方面，在通过数据采集层实现能源数据的初步收集后，需进一步把不同来源、格式、特点性质的数据在逻辑上或物理上有机地集中，从而为企业提供全面的数据共享。可基于国家电网有限公司企业公共数据模型进行数据集成管理工作，该模型可实现各类能源业务应用系统间的数据共享，形成统一的企业信息视图并提供给各个业务应用系统进行使用，并支撑系统数据进行全面的数据质量控制，最终实现模型统一化、接口标准化、管控规范化、应用持续化。在国家电网有限公司企业公共数据模型提供的整体模型框架的基础上，通过数据抽取、转换、加载等采集技术，融合分布式高速、高可靠数据爬取或采集等新型采集技术，完成电网数据中心数据、各能源企业系统业务数据、终端数据等海量多样化数据的抽取加载、清洗关联及评价转换等环节对数据源层的数据进行模型统一，实现不同来源、格式、特性的数据在逻辑上或物理上的有机集中，为各业务系统提供全面的数据共享。

3.3.2 数据存储

针对县域能源数据体系设计能源数据种类多、数据量大等特点，需辅以相应的数据存储技术进行有效支撑。结合业界成熟的分布式文件系统、去冗余等高效低成本的存储技术，改进传统的关系数据库、数据仓库存储技术，实现海量多类型数据的存储，建立相应的关联索引，进行管理和调用服务；结构化数据采用行式数据库进行存储，非结构化数据采用 HDFS 进行存储，半结构化数据采用列式数据库或键值数据库进行存储，实时性高、计算性能要求高的数据采用内存数据库或实时数据库进行存储。存储涉及的关键技术如下。

（1）面向电力大数据的存储系统自配置自优化技术。Hadoop 分布式文件系统配置灵活，系统性能随参数设置的变化有较大变化，而电力信息系统数据结果复杂、形态丰富，需结合以上 2 点深入分析，通过自适应动态采样算法以及分布式存储跨层配置降维机制，优化多节点协同配置，进一步提高存储系统性能。

（2）数据副本动态调节技术。电力行业信息系统如营销应用、用电信息采集、运营监测等系统数据采集频率高、数据量可达到数十 TB，同时要求数据的长期持久化存储。使用数据副本动态调节算法，可实现新增数据节点的快速部署和自动存储均衡。

（3）命名数据网络（named data networking，NDN）存储及路由机制。命名数据网络路由器模型（NDN Node）用来管理网络的路由与数据的存储，采用基于 NDN 网络存储平台的数据命名机制，可用有限的状态路由无限的命名空间；采用基于网络路由算法的命名部署机制及多路径转发策略；采用 NDN 的路由器数据缓存策略和存储管理，提升数据分发获取效率；针对 NDN 网络文件系统配置灵活多样，采用路由与元数据的统一映射机制；采用安全的网络路由算法，保证数据传输及存储的安全性。

（4）基于 NDN 存储网络的数据可靠性及扩展性技术。针对电力系统非结构化数据的快速增长，原有文件系统在可容纳的文件、目录以及对象数量、可扩展性及可靠性方面受到限制，基于名字的网络代替现有的 IP 网络能更好地支持网络数据移动性。采用基于 NDN 的网络存储平台中块数据存储的动态可扩展功能，减小大数据的迁移范围，提高大数据的可恢复性。采用文件、块数据及内容的集成管理技术，使网络存储平台具备弹性功能，减少大数据重建的单点故障。采用基于命名机制的网络存储系统的数据冗余存储配置策略，实现突发情况下的数据快速恢复。

3.3.3　数据计算

在数据计算方面，县域能源大数据研究的核心是解决能源数据源分布广泛，采集频率高，数据分析量大且处理时延和传输质量要求高的问题，并在此基础上进一步对存储的海量数据进行整合和计算以发挥出县域能源数据的价值。为实现上述目的，数据计算模块首先需利用多种数据计算技术提供基础数据处理能力；其次需要利用多种数据分析算法来进一步挖掘数据的潜在价值。常用数据计算技术和数据分析算法介绍如下。

（1）数据计算技术。

1）分布式并行计算。对于大数据挖掘，其数据在几十 TB 以上，计算能力要求巨大，单台计算机难以胜任，促使人们研究分布式并行计算方法，其中最广泛应用的分布式计算框架为 Hadoop 的 Map /Reduce，通过并行方法，目前许多单机难以完成的任务能够在可接受的时间内完成。

2）流数据计算。在因特网中，许多任务会不断产生新数据，并且需要进行连续不断的处理，传统的数据处理框架无法胜任。由此，流计算的概念被提了出来。流计算一般具有以下特点：数据实时到达但无法保证顺序，数据只需进行一次性处理，随到随处理，数据使用后无需或只需要部分存储。著名的流计算框架包括 Yahoo! S4，Facebook Data Free-way and Puma，Twitter Storm 等。

3）内存计算。为了提高数据的处理速度，有人提出将数据全部驻留在内存中运行，即 CPU 直接从内存读取数据而非硬盘。因为内存的数据读写速度远大于硬盘，有利于与 CPU 交互，计算性能会有较大提高。通过内存计算和流式处理的结合，可以大大提高实时系统的性能。

（2）数据分析算法。

1）分布式数据挖掘技术。分布式数据挖掘与并行化密切相关，大数据挖掘算法大多采用并行化思想。①关联分析与 FP-growth 算法：关联分析是挖掘数据库中两个或多个变量之间存在的关系，该问题由 Agrawal 等于 1993 年首先提出。经典的关联算法为 Apriori 算法，该算法需要对频繁项集进行迭代生成和扫描。针对 Apriori 算法的固有缺陷，有学者提出了不产生候选挖掘频繁项集的方法：FP-growth 算法，通过建立 FP-tree，该算法解决了 Apriori 算法中的长频繁项搜索子项数量巨大的问题。实验表明，FP-growth 对不同长度的规则都有很好的适应性，同时在效率上较之 Apriori 算法有巨大的提高。②分布式聚类算法：为了发现设备故障和状态异常，可以对状态数据进行聚类，将正常状态和故障状态区分出来。通过聚类，可以将数据划分为不同的簇，其簇间差异较大，而簇内差异较小。聚类以样本间的相似度为基础，可以通过不同的距离计算方式达到不同的分类效果，如曼哈顿距离、欧氏距离、汉明距离或夹角余弦等。在能源互联网中数据采集量巨大，聚类需要分布式运行，整个聚类任务被当作一个 Hadoop 任务来并行运行，通过将分布式计算与迭代计算相结合，大大减少了计算时间。③分布式分类算法：在形成具体的分类标准或准则后，可以采用分类算法进行分类。分类包括训练和分类两个过程，并可以不断循环实现增量学习。与聚类相比，分类具有更明确的目标。面对能源互联网海量数据，分类算法同样需要并行化实现，如 Mahout 相关分类算法。当训练样本的数量相对较小时，与 Mahout 分类算法相比，传统数据挖掘方法的性能会较好；但随着样本数量增加，传统不可扩展的分类算法所需要的处理时间快速增加，此时 Mahout 的可伸缩和并行算法的优势就变得明显。

2）深度学习方法。深度学习本质上是一个层数更多的人工神经网络，是对普通人工神经网络的推广和提升，通过模拟人脑的结构来实现智能判断和决策。国内外学者证实了人类神经系统和大脑的工作其实是不断将低级抽象传导为高级抽象的过程。高层特征是低层特征的组合，越到高层特征就越抽象；同时，很多训练任务的特征具有天然的层次结构。想要从原始输入直接跨越到高层特征无疑是困难的，需要通过有效的特征提取，一步步地将基本元素抽象成更高级的特征。以图像识别为例，图像的原始输入是像素，相邻像素组成线条，多个线条组成纹理，进一步形成图案，图案构成了物体的局部，直至整个物体的样子。

深度神经网络（deep neural networks，DNN）模型复杂，训练数据多，计算量大。一方面，DNN 需要模拟人脑的计算能力，而人脑包含 100 多亿个神经细胞，这要求 DNN 中神经元多，神经元间的连接数量也相当惊人，其中有大量需要计算的参数。在语音识别和图像识别应用中，神经元达数万个，参数数千万，模型复杂导致计算量大；另一方面，为了避免过拟合，DNN 需要大量数据才能训练出高准确率的模型。以语音识别为例，目前业界通常使用样本量达数十亿，进行一次训练通常需要几天时间，因此深度学习需要大数据的支持。为了减少训练时间，当前深度学习的加速主要有 GPU 加速、数据并行和计算并行等三种技术。

深度学习的最新应用集中在语音识别（尤其是自然复杂环境下的语音识别）、手写体字符识别、人脸识别、图像识别和检索、自然语言处理和检索等多个领域，但应用于能源领域中还鲜有提出。而电网中已有运用神经网络进行机器智能学习（如故障定位）的先例，作为更能模拟人类智能的深度学习，随着技术的逐渐完善，在能源数据计算中将会有广泛的应用。

3）超大规模神经网络。随着研究人员对大脑智能的研究和模拟的不断深入，以及计算机性能的提高，人们开始建立和研究超大规模神经网络。在超大规模神经网络中，神经网络的节点数和相关参数可以达到百万甚至上亿的数量级。基于如此高的性能参数，人造神经网络可以无监督地实现对动态非线性复杂系统的有效模拟，特别是以数理形式模拟生物脑的运作，指导机械学习人类的思考模式，使其具有分辨事物（语言、物品等）和智能决策的能力。超大规模神经网络训练时需要的样本数据巨大，属于大数据中的一种新兴技术。

神经网络概念虽然早已提出并进行了几十年的研究，但其性能并不理想，原因在于巨大的计算量使得人工神经网络只能包含少许隐层，从而限制了其性能，而借助先进的计算机技术，大规模神经网络突破了这一限制。有研究表明，在可获得足够训练数据的条件下，神经网络规模越大，结果的精确性越高。基于深度学习和超大规模神经网络以及大数据的结合，机器学习的性能将得到极大的提升。

目前对超大规模神经网络的研究尚处于起步阶段，偏重基本理论研究，预计应用方向包括智能决策、语音识别和图像辨识等。由于县域能源网络的高复杂性，其运行决策需要智能化、实时化的操作，所需操作数据量巨大，单靠人工无法完成，而普通的机器学习算法也难以胜任。在此情况下，利用计算机实现对人脑的模拟是一种可行途径，这确立了超大规模神经网络技术在能源分析系统中的地位。超大规模神经网络的研究成果预计会有效应用于县域能源大数据分析中，对在线实时电网运行与调度的提升和改进产生重大、积极的影响。县域能源大数据需要进行海量数据处理，必然要应用大数据分析处理技术，而且只有大数据分析处理的并行化结构才能保证相关结果的实时性，实现对系统及时、有效控制的目的。

3.3.4 数据安全

由于在县域能源数据采集、数据分析过程中涉及相关能源企业各业务的核心数据以及居民用户个人信息等隐私数据，防止数据泄露、控制访问权限等数据安全管理措施在县域大数据应用中尤为关键，为此，从数据全生命周期安全、运维管理安全、基础安全三方面设计县域能源大数据平台安全架构，县域能源数据安全技术体系框架示意图如图 3-2 所示。

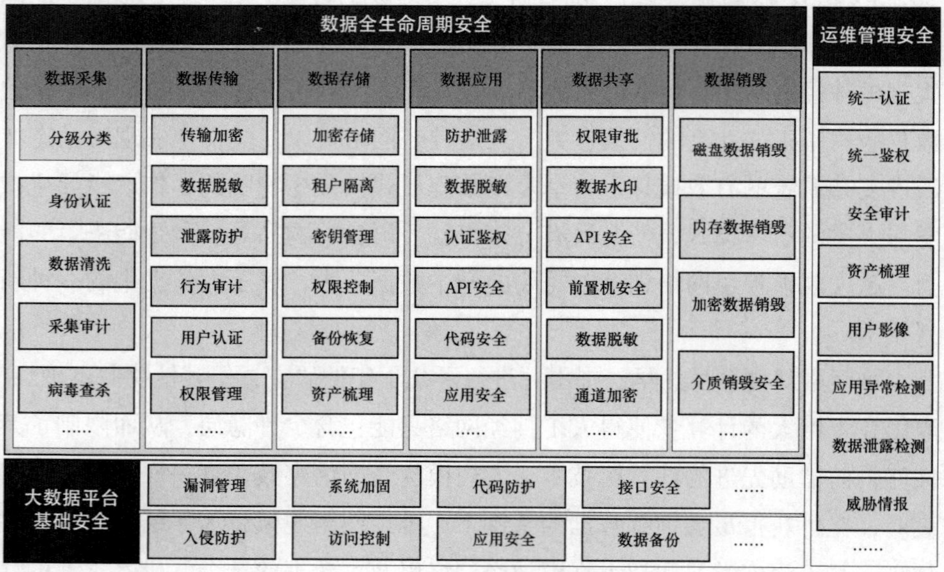

图 3-2 县域能源数据安全技术体系框架示意图

1. 基础安全

基础安全是指采用入侵防御、访问控制、漏洞扫描、系统加固等技术手段保障县域能源数据基础平台安全。

（1）入侵防护。入侵防护指在大数据平台区域边界部署入侵防御系统，通过对访问流量的深度分析及时发现并阻断非法入侵和攻击。

（2）访问控制。访问控制指合理划分安全区域，实现区域隔离。对业务操作、运维管理等访问进行分类，严格识别访问者身份，控制审查区域间互访，把可能出现的风险控制在预定区域处理。

（3）应用安全。应用安全指通过在县域能源数据边界区域部署网关杀毒、应用层高性能防火墙、Web 应用防护、沙箱虚拟系统等技术手段，严格对经过区域边界的网络流量进行检测防护，加强县域能源数据应用安全。

（4）基线加固。基线加固指按照信息系统等级保护标准设置县域能源数据平台使用的操作系统、中间件、数据库及其他开源组件的安全基线，有针对性地实施县域能源数据平台的基线核查。基线加固重点发现大数据平台常用组件［如海杜普（Hadoop）及其相关组件］在身份认证、默认权限、日志审计等方面的问题并针对漏洞进行修补加固。

（5）漏洞扫描。漏洞扫描指采用漏洞扫描系统对县域能源数据平台及其使用的组件进行周期性漏洞扫描，深度探测端口和遍历目录结构并配合源代码分析发现漏洞、并根据报告制定漏洞修补方案。

（6）数据备份。数据备份指实现数据本地 / 异地备份，采用网络存储技术（Network Storage Technologies）、磁带库等备份软件将数据备份到外部系统，通过 Hlog 实时复制、BackupAdmin 异步复制等方式实现数据跨数据中心灾备。

2. 数据全生命周期安全

数据的收集，传输，存储，共享，应用和销毁是数据生命周期的不同环节，县域能源数据平台的安全稳定运行要保障上述各个环节安全，确保整体环节安全可靠，不能让任何一个环节出现安全短板，单纯加强其中一个或几个环节，都达不到整体加固的效果。

（1）数据采集环节安全。数据采集环节安全指从数据采集终端和采集数据识别两方面加强数据采集环节的安全防护。对数据采集系统的账号和权限实施统一管理，集中制定用户账号访问策略；加强网络访问策略的控制管理，实施用户访问强制认证，识别非法访问并及时阻断；加强敏感数据的发现、识别、分类及定级管理，对敏感数据进行脱敏或加密处理。

（2）数据传输环节安全。数据传输环节安全指数据传输环节同样要注意传输双方身份验证，严格验证和控制访问权限，避免未授权用户或者非法用户访问；同时应部署数据防泄漏系统，通过机器学习、数据指纹等技术识别发现敏感数据；采用高级加密标准（Advanced Encryption Standard）等算法对传输数据进行加密的方式避免敏感数据在传输过程中被窃取；采用签名验证技术防止数据被恶意篡改。

（3）数据存储环节安全。数据存储环节安全指在县域能源数据平台的基础设施层采用Raid/OS写缓存保护、Raid等技术保证数据可靠性，结合存储产品技术支撑能力快速发现故障硬盘，降低MTTR，提高数据可靠性；同时采用数据加密、权限管理等手段保障县域能源数据平台和数据库存储数据的安全；部署密钥管理系统实现海杜普（Hadoop）分布式文件系统和Oracle、MySQL等关系型数据库等加密，保障数据存储环节安全。

（4）数据应用环节安全。数据应用环节安全指针对实际业务访问需求开发专门的应用系统、应用程序接口（application programming interface）或Web服务（Web service）并做好相关安全防护，要求用户终端通过合法应用访问数据，同时部署数据库防火墙，识别非法应用并阻断访问，防止数据泄露，同时做好敏感数据的识别并做加密或脱敏处理。

（5）数据共享环节安全。数据共享环节安全指数据共享环节也应针对共享交换的业务需求开发业务系统或者交换接口，通过专门的系统或接口完成共享工作，并在交换过程中做好身份权限验证与接口的监控和审计工作；敏感数据的共享时应该结合实际情况做好数据脱敏工作，数据脱敏应支持协议解析、网络流量审计监听、SQL重写、数据识别等方面功能；使用数字水印技术对共享交换的结构化数据和非结构化数据植入水印，一旦交换的数据泄露，可以通过数字水印进行溯源，提升溯源能力。

（6）数据销毁环节安全。数据销毁环节安全指为保障县域能源数据平台数据的安全，应注意数据销毁环节的安全保护，如为用户分配共享内存或者数据卷时，应销毁所分配的共享内存或数据卷中原有数据，避免用户或恶意程序通过内存恢复、数据恢复等技术手段窃取原存储数据；如需删除加密数据时应注意一并销毁加密密钥，同时按照相关规定处理好承载的存储设备；对存储数据的物理介质应实施统一管理，当需销毁数据的物理存储介质时应按照相关要求履行申请、审批、登记的手续，并采用消磁等多种手段进行处理。

3. 运维管理安全

运维管理安全主要做好数据的运维管理和数据安全态势分析两方面。一方面在运维管理过程中要严格管理外部系统的接入，认证访问者身份，验证其访问授权，规范运维安全审计系统；另一方面，通过收集数据所处网络的流量及访问日志，对用户行为进行分析和挖掘，识别阻断数据泄露、篡改等异常行为等方式，做好安全态势分析。

3.4　数据应用层

在数据应用方面，现阶段县域能源数据尚未形成一套较为完善的应用体系，亟需针对各类应用对象设计典型应用服务，从而为县域数据价值的最终实现提供参考借鉴。因此，在数据采集层、数据管理层对电力、燃气、地热、成品油等全品类能源供应数据以及冷、热、电、气等全品类能源消费数据进行分类归集的基础上，数据应用层针对政府、企业、公众等类型服务对象，分场景研究如何通过数据应用辅助政府能源决策、支撑企业精益化管理、服务公众便捷用能。本节分别对各类用户的典型应用场景进行概述，各个典型应用场景的详细介绍将在第五章进行展开。

（1）服务政府。针对政府，协助政府完成能源数据在线收集、动态监控、实时研判，为各级相关政府部门提供城市能效统计分析、经济分析、用能监测、环境监测、能源大数据分析和应用等服务，应用于政府能源政策制定、社会经济发展研判、环境污染治理等多个领域。

（2）服务企业。针对能源生产型企业，通过选址定容、功率输出功率预测、精准运维等一系列服务助推能源生产型企业能源服务开展，最终实现在不断优化企业用能环境的同时，有效降低企业能效和生产成本支出，提升企业整体用能产能体验的目标；针对能源消费型企业，通过提供能源诊断监测、用能画像、企业用能报告等服务，帮助企业找出与行业、企业能效领跑者差距，为企业高能效低碳化绿色发展提出定制化的能源优化方案。

（3）服务公众。针对县域居民社区，立足于打造智慧社区、居民绿色出行目标，为县域社区居民、社区物业、未来社区管理提供能源管理和应用、充电服务在线辅助服务以及各类民生安全应用等功能。

3.5　本章小结

本章首先基于数据全寿命生命周期，从数据采集、数据集成、数据存储、数据计算、数据应用等阶段提出一套架构为“三大层级＋一大体系”的县域能源数据体系总体架构；在县域能源数据总体架构的基础上，分别对“三大层级”中的数据采集层、数据管理层、数据应用层以及“一大体系”中的县域能源数据统计体系的关键环节进行展开说明，从而为未来县域能源数据全流程管理工作提供参考借鉴。

第 4 章　县域能源数据统计体系设计

本章在参考《中国统计年鉴》《中国能源统计年鉴》以及相关县域能源统计文献的基础上，结合统计指标选取的全面客观、科学可比等原则，设计县域能源数据统计体系，主要包括社会经济资源环境统计数据、全品类能源全链条统计数据以及各类用户能源统计数据三个维度。社会经济资源环境统计数据由县域生产总值、居民收入等社会经济数据和资源储量、资源开发量等资源环境数据构成，以反映县域经济发展及资源禀赋情况；全品类能源全链条统计数据由横向的能源资源禀赋－生产－传输－消费全链条以及纵向的电、热、气、油全品类能源构成，以实现县域能源数据全品类、全链条接入；各类用户能源统计数据则从能源生产/消费企业、居民用户、商业用户等多维度主体的角度分不同对象来进行统计收集，以实现能源生产－消费环节中各类主体的能源信息采集。县域能源数据统计体系如图 4–1 所示。

4.1　社会经济及能源资源统计数据

首先，从社会经济、能源资源两方面设计县域能源数据统计体系宏观数据，以理清县域经济发展及能源资源禀赋，为县域能源数据的开发利用奠定基础。

4.1.1　社会经济统计数据

在社会经济统计数据方面，主要包括县域概况、生产总值、固定资产投资、单位 GDP 能耗等几大类数据，各大类数据的具体数据指标、更新频率及接入方式见表 4–1。

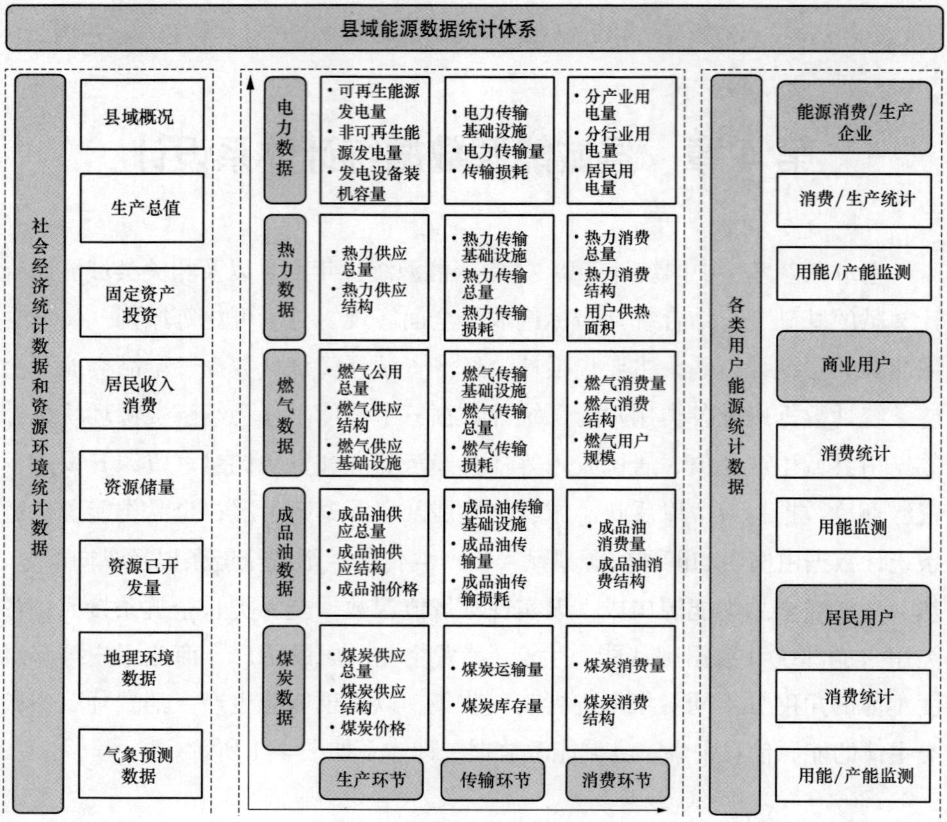

图 4-1　县域能源数据统计体系

表 4-1　　　　社会经济统计数据

序号	数据类型	数据指标	更新频度	接入方式
1	县域概况	行政区域	一次性录入	系统录入
2		地理面积		
3		人口总数	按年	
4	生产总值	生产总值	按年	系统录入
5		生产总值增速		
6		第一产业生产总值		
7		第一产业生产总值增速		
8		第二产业生产总值		
9		第二产业生产总值增速		
10		第三产业生产总值		

续表

序号	数据类型	数据指标	更新频度	接入方式
11	生产总值	第三产业生产总值增速	按年	系统录入
12		人均生产总值		
13	固定资产投资	固定资产投资总额	按年	系统录入
14		固定资产投资增速		
15		工业固定资产投资		
16		工业固定资产投资增速		
17		基础设施固定资产投资		
18		基础设施固定资产投资增速		
19		民间固定资产投资		
20		民间固定资产投资增速		
21		农村农户固定资产投资		
22		农村农户固定资产投资增速		
23	居民收入及消费	人均可支配收入	按年	系统录入
24		人均消费支出		

由表 4–1 可知，在县域概述数据类型方面，主要涵盖行政区域、地理面积、人口总数、人均可支配收入等指标。其中，行政区域和地理面积分别用于反映县域所在的政府管辖区域划分以及所占地域面积，人口总数则是对所在县域人口规模基本特征的反映；该类静态指标数据可通过县域统计年鉴获取，并以系统录入的方式进行一次性 / 按年录入。

在县域生产总值类数据方面，主要涵盖县域生产总值、生产总值增速、各产业生产总值、各产业生产总值增速、人均生产总值等指标。其中，县域生产总值用于衡量县域所有常住单位在一定时期内生产活动的最终成果，是用于反映其经济状况和发展水平的重要指标；各产业生产总值则按照产业维度对生产总值进行划分，以反映出所在县域各产业之间的经济发展水平及均衡程度；人均生产总值作为发展经济学中衡量经济发展状况的数据，是最重要的宏观经济指标之一，是衡量县域人民生活水平的一个标准；县域生产总值增速及各产业生产总值增速则分别用于反映县域近年总体经济及各产业经济发展水平的变动情况。上述指标均可通过历年公布的县域统计年鉴进行获取，并以年为更新周期进行系统录入。

在固定资产投资类数据方面，主要包括固定资产投资总额、工业固定资产投资、基础设施固定资产投资、基础设施固定资产投资、民间固定资产投资以及各类型固定资产投资增速等数据。其中，固定资产投资是国民经济再生产活动的一个重要部分，以货币形式表现的在一定时期内建造和购置固定资产的工作量以及与此有关的费用总称，是反映固定资产投资规模、结构和发展速度的综合性指标；工业、基础设施、民间及农业农户固定资产投资则是固定资产投资总额在不同领域中的划分，可反映出各领域中固定资产投资的比例结构情况；各类固定资产增速则为本年固定资产净增加额占年初固定资产总额的比率，用以反映固定资产增长的速度和水平。上述指标可通过县域相关统计年鉴进行获取，并以系统录入的方式以年为周期进行录入。

在居民收入及消费类数据方面，包括县域人均可支配收入和县域人均消费支出指标。其中，县域人均可支配收入是县域居民可用于最终消费支出和储蓄的总和，即居民可用于自由支配的收入，该指标被认为是消费开支的最重要的决定性因素，因而常被用来衡量一个区域内居民生活水平的变化情况；县域人均消费支出指居民用于满足家庭日常生活消费的全部支出，包括购买实物支出和服务性消费支出，该指标是拉动经济增长的直接因素，是体现居民生活水平和质量的重要指标。上述指标同样可通过县域统计局发布的统计年鉴中获取，并以年为更新频率进行系统录入。

4.1.2 资源环境统计数据

在县域资源环境数据方面，主要包括资源储量、资源已开发量、地理环境及气象预测等等几大类数据，各大类数据的具体指标、更新频率及接入方式见表 4–2。

表 4–2　资源环境统计数据

序号	数据类型	数据指标	更新频度	接入方式
1	资源储量	煤炭资源储量	一次性录入	系统录入

续表

序号	数据类型	数据指标	更新频度	接入方式
2	资源储量	石油资源储量	一次性录入	系统录入
3		天然气资源储量		
4		太阳能资源储量		
5		风能资源储量		
6		生物质能储量		
7		地热能储量		
8	资源已开发量	煤炭资源已开发量	按年	系统录入
9		石油资源已开发量		
10		天然气资源已开发量		
11		太阳能资源已开发量		
12		风能资源已开发量		
13		生物质能已开发量		
14		地热能已开发量		
15	地理环境	地理位置	按年	系统录入
16		地形特点		
17		气候条件		
18		土壤环境		
19		水源分布		
20	气象预测	风力风速	按小时	系统录入
21		光照强度		
22		温度		
23		降水情况		
24		相对湿度		

在能源资源储量类数据方面，包括煤炭、石油、天然气等常规能源资源

储量以及太阳能、风能量、生物质能、地热能等清洁能源资源储量。资源储量是指技术和经济条件下能够生产取得的能源资源，该类指标是反映县域能源资源禀赋情况的重要指标，可通过县域能源局相关统计数据进行获取，并按照一次性录入的方式进行系统录入。

在能源已开发量数据方面，包括煤炭、石油、天然气等常规能源资源开发利用量以及太阳能、风能量、生物质能、地热能等清洁能源的开发利用量，能源已开发量是指在资源能源储量、现有技术条件以及能源资源可持续利用约束下以及开发利用的能源资源总量。该类指标可反映出县域各类能源资源的开发利用情况，可通过县域能源局相关统计数据进行获取，并按照年度为更新频率进行系统录入。

在地理环境数据方面，包括地理位置、地形特点、气候条件、土壤环境、水源分布等指标。该类指标可反映出县域所处的地理位置以及与此相联系的各种自然条件的总和，如气候、土地、河流、湖泊、山脉、矿藏以及动植物资源等方面，可通过县域统计局发布的相关统计年鉴进行获取，并按照年度为更新频率进行系统录入。

在气象预测数据方面，包括风力风速、光照强度、最高最低温度、降水情况、相对湿度等气象类指标。其中，风力风速、光照强度分别是影响风力发电和光伏发电的重要影响参数；温度、降水、相对湿度等指标则对于有效指导县域人民正常生产生活具有重要的意义，上述可通过县域气象部门处获取，并按照小时为更新频率进行系统录入。

4.2 全品类能源全链条数据

在构建社会经济及能源资源统计数据体系，对县域社会发展及能源资源禀赋利用情况进行梳理的基础上，进一步设计县域全品类能源全链条数据统计体系，实现县域电力、热力、燃气、成品油等各类主要能源生产消费环节数据的采集利用。

4.2.1 电力数据

在电力统计数据方面，包括电力生产统计数据和电力消费统计数据两大类。其中，电力生产统计数据包括总发电量、可再生能源发电量、非可再生能源发电量、装机容量等大类统计指标；电力消费统计数据包括全社会用电量、分产业用电量、分行业用电量、居民用电量等大类统计指标。

（1）电力生产统计数据。电力生产统计数据见表 4–3。

表 4–3　　电力生产统计数据

序号	数据类型	数据指标	更新频度	接入方式
1	总发电量	总发电量	按日	系统对接
2		总发电量增长率		
3	可再生能源发电量	可再生能源发电总量		
4		可再生能源发电总量增长率		
5		可再生能源发电量占县域全社会用电量比重		
6		光伏发电量		
7		光伏发电量增长率		
8		风力发电量		
9		风力发电量增长率		
10		水力发电量		
11		水力发电量增长率		
12		地热能发电量		
13		地热能发电量增长率		
14		垃圾发电量		
15		垃圾发电量增长率		
16		生物质秸秆发电量		
17		生物质秸秆发电量增长率		
18	非可再生能源发电量	非可再生能源发电量（燃煤发电量）		
19		非可再生能源发电量增长率		
20	装机容量	总装机容量	按月	系统录入
21		燃煤发电机组装机容量		

续表

序号	数据类型	数据指标	更新频度	接入方式
22	装机容量	光伏发电装机容量	按月	系统录入
23		风力发电装机容量		
24		水力发电装机容量		
25		地热能发电装机容量		
26		垃圾发电装机容量		
27		生物质秸秆发电装机容量		

电力生产统计数据主要包括总发电量、可再生能源发电量、非可再生能源发电量以及装机容量等大类指标数据。其中，在总发电量类数据方面，包括总发电量、总发电量增长率两个具体指标，总发电量特定时期内所有县域内所有电力生产部门（包括火电、水电、核电、太阳能发电、风电等）生产出的所有电量总和，该指标是对县域特定时期内电力生产总量水平的反映；总发电量增长率指县域某一时期较前一时期新增的发电量，与前一时期县域发电量的比值，速度为正数表示发电量增长，为负数表示发电量降低，可反映出最新时期与上一时期发电量的变化情况。上述指标数据可通过省级电网公司调度中心获取，并在满足数据安全的前提以系统对接的方式按日为单位由调度中心接入数据平台，以实现县域发电量及其变化程度的实时监控。

在可再生能源发电量数据方面，主要包括可再生能源发电总量、可再生能源发电量占县域全社会用电量比重、光伏水力地热能等各类可再生能源发电量以及各类可再生能源发电量的增长率等指标。其中，可再生能源发电总量是指特定时期内县域各类可再生能源发电设备的发电量总和，该指标是对县域可再生能源发电规模的反映；光伏发电量、风力发电量、水力发电量、地热能发电量、垃圾发电量、生物质秸秆发电量等指标则以具体发电方式将县域可再生能源发电总量进行划分，以反映出县域各类可再生能源发电的具体规模情况；可再生能源发电总量增长率及各类可再生能源增长率指县域某一时期较前一时期新增的可再生能源发电量 / 各类可再生能源发电量，与前一时期县域可再生能源发电量 / 各类可再生能源发电量的比值，速度为正数表示可再生能源发电量增长，为负数表示发电量降低，可反应出最新时期与上一时期可再生能源发电量的变化情况。上述指标数据可通过省级电网公司调度中心获取，并在满足数据安全的前提以系统对接的方式按日为单位由调度中心接入数据平台，以实现县域可再生能源发电量及其变化程度的实时监控。

在非可再生能源发电量数据方面，主要包括非可再生能源发电量（燃煤发电量）、非可再生能源发电量增长率等具体指标。其中，非可再生能源发电量指特定时期内县域燃煤火力发电机组的发电量总和，该指标是对县域非可再生能源发电规模的反映；非可再生能源发电量增长率指县域最近时期较前一时期新增的非可再生能源发电量，与前一时期非可再生能源发电量的比值，速度为正数表示非可再生能源发电量增长，为负数表示非可再生能源发电量降低。上述指标数据与可再生能源发电量数据相同，可通过省级电网公司调度中心获取，并在满足数据安全的前提以系统对接的方式按日为单位由调度中心接入数据平台，以实现县域非可再生能源发电量及其变化程度的实时监控。

在装机容量类数据方面，主要包括县域总装机容量、燃煤发电机组装机容量以及风力光伏等各类可再生能源发电机组装机容量等具体指标。其中，县域总装机容量是指县域实际安装的各类发电机组额定有效功率的总和，该指标是表征县域电站建设规模和电力生产能力的重要指标；燃煤发电机组装机容量、光伏发电装机容量、风力发电装机容量、水力发电装机容量等指标则进一步按照发电方式的不同对县域总装机容量进行划分，从而更为具体地测度出各类发电设备所具备的电力生产建设规模。上述指标可通过县域发展改革委等相关部门获取，并在满足数据安全的前提以系统录入的方式按月度为单位录入县域数据平台，以实现县域整体及各类发电装机规模及其变化的定期监控。

（2）电力传输统计数据。在电力传输统计数据方面，主要包括电力传输基础设施、电力传输量以及输送损耗三大类数据，各大类数据的具体指标、更新频率及接入方式见表 4–4。

表 4–4　电力传输统计数据

序号	数据类型	数据指标	更新频度	接入方式
1	电力传输基础设施	输配电线路总长度	按年	系统对接

续表

序号	数据类型	数据指标	更新频度	接入方式
2	电力传输基础设施	各电压等级输配电线路长度	按年	系统对接
3		变电站数量		
4		配电站数量		
5		充电桩数量		
6	电力传输量	上网电量	按日	系统对接
7	输送损耗	线损量	按月	系统对接
8		线损率		
9		变损量		
10		变损率		

在电力传输基础设施统计指标方面，主要包括县域输配电线路总长度、各电压等级输配电线路长度、变电站数量、配电站数量、充电桩数量等具体指标。该类指标是对县域电力传输过程中涉及的主要设备规模的统计，可通过县域电网公司获取，并以系统对接的方式按年度为单位接入县域能源大数据平台，以实现县域电力传输基础设施建设规模的定期监测。

在电力传输量统计指标方面，主要采集县域上网电量的相关数据，上网电量是指发电厂在上网电量计量点向电力传输网络输入的电量，即发电厂向电网企业出售的电量。该指标可通过省级电网公司调度部门处获取，并以系统对接的方式按日为单位接入县域能源大数据平台，以实现对县域电力传输情况的每日监测。

在输送损耗类统计指标方面，主要包括线损量、线损率、主变压器损量、变损率等具体指标。其中，线损量是指电能输送到用户的过程中，由于输电、变电、配电设备存在着电阻以及一部分客观存在的管理损耗而构成的电网线损电量；线损率则指电力网络中损耗的电能（线路损失负荷）占向电力网络供应电能（供电负荷）的百分数，该指标是用来考核电力系统运行的经济性的重要指标；变损量及变损率则用于衡量电力在传输至变压器这一节点时所发生的能量损耗量以及损耗量占比。上述指标均是用于反映电能从生产侧传输至消费侧的过程中能量损耗程度的重要指标，可通过县域电网公司相关部门获取，并在满足数据安全的前提以系统对接的方式按月度为单位接入县域能源大数据平台，以实现县域电能传输损耗的定期监测。

（3）电力消费统计数据。在电力消费统计数据方面，主要包括全社会用电量、分产业用电量、分行业用电量、居民用电量等几大类数据，各大类数据的具体指标、更新频率及接入方式见表 4–5。

表 4–5　　电力消费统计数据

序号	数据类型	数据指标	更新频度	接入方式
1	全社会用电量	全社会用电量	按月	系统对接
2		全社会用电量增长率		
3		最大用电负荷		
4		电能占终端消费比重		
5	分产业用电量	第一产业用电量	按月	系统对接
6		第一产业用电量增长率		
7		第二产业用电量		
8		第二产业用电量增长率		
9		第三产业用电量		
10		第三产业用电量增长率		
11	分行业用电量	农、林、牧、渔业用电量	按月	系统对接
12		农、林、牧、渔业用电量增长率		
13		工业用电量		
14		工业用电量增长率		
15		建筑业用电量		
16		建筑业用电量增长率		
17		交通运输、仓储和邮政业用电量		
18		交通运输、仓储和邮政业用电量增长率		
19		信息传输、软件和信息技术服务业用电量		

续表

序号	数据类型	数据指标	更新频度	接入方式
20	分行业用电量	信息传输、软件和信息技术服务业用电量增长率	按月	系统对接
21		批发和零售业用电量		
22		批发和零售业用电量增长率		
23		商业、住宿和餐饮业用电量		
24		商业、住宿和餐饮业用电量增长率		
25		金融业用电量		
26		金融业用电量增长率		
27		房地产业用电量		
28		房地产业用电量增长率		
29		公共事业及管理组织用电量		
30		公共事业及管理组织用电量增长率		
31		租赁和商务服务业用电量		
32		租赁和商务服务业用电量增长率		
33	居民用电量	城镇居民用电量	按月	系统对接
34		城镇居民用电量增长率		
35		城镇人均用电量		
36		城镇人均用电量增长率		
37		乡村居民用电量		
38		乡村居民用电量增长率		
39		乡村人均用电量		
40		乡村人均用电量增长率		

由表 4–5 可知，在全社会用电量类统计数据方面，主要包括全社会用电量、全社会用电量增长率、最大用电负荷、电力消费量占县域能源消费量占

比等具体指标。其中，全社会用电量指县域第一、二、三产业等所有用电领域的电能消耗总量，包括工业用电、农业用电、商业用电、居民用电、公共设施用电以及其他用电等，该指标是反映一定时期内县域电力消费及经济发展情况的重要指标；全社会用电量增长率则为本时期全社会用电量增加额占上一时期全社会用电量的比率，用以反映一定时期内全社会用电量增长的速度和水平；最大用电负荷是指一定时期内县域各类电能用户的用电设备在某一时刻向电力系统取用的电功率总和的最大值，该指标是对社会尖峰负荷的反映，对县域电网规划及运行调度有着重要的指导作用；电能占终端消费比重是指县域一定时期内电力消费量与各类能源消费总量的比例，该指标是对所在县域电气化及电能替代水平的重要体现指标。上述指标可通过县域供电公司等相关部门获取，并在满足数据安全的前提以系统对接的方式按月度为单位接入县域能源大数据平台，以实现县域整体社会维度电力消费水平的定期监测。

在分产业用电量类统计数据方面，主要包括第一、第二、第三产业用电量以及各产业用电量的增长率。其中，第一、第二、第三产业用电量将全社会用电量按产业维度进行划分，反映一定时期内县域不同产业间的用电水平；各产业用电量增长率则指县域某一时期较前一时期各产业新增的发电量，与前一时期各产业用电量的比值，速度为正数表示该产业电量增长，为负数表示该产业电量降低，可反映出最新时期与上一时期不同产业用电量的变化情况。上述指标可通过县域供电公司等相关部门获取，并在满足数据安全的前提以系统对接的方式按月度为单位接入县域能源大数据平台，以实现县域各产业维度电力消费水平的定期监测。

在分行业电量统计数据方面，主要包括农林牧渔业、工业、建筑业、交通运输仓储邮政业、信息传输软件信息技术服务业等各行业用电量以及各行业用电量的增长率。其中，农林牧渔业、工业、建筑业、交通运输仓储邮政业、信息传输软件信息技术服务业等各行业用电量将全社会用电量按行业维度进行划分，反映一定时期内县域不同行业间的用电水平；各行业用电量增长率则指县域某一时期较前一时期各行业新增的发电量，与前一时期各行业用电量的比值，速度为正数表示该行业电量增长，为负数表示该行业电量降低，可反映出最新时期与上一时期不同行业用电量的变化情况。上述指标可通过县域供电公司等相关部门获取，并在满足数据安全的前提以系统对接的方式按月度为单位接入县域能源大数据平台，以实现县域各行业维度电力消费水平的定期监测。

在居民用电量统计数据方面，主要包括城乡居民用电量、城乡居民人均用电量以及上述指标的增长率。其中，城乡居民用电量指一定时期内县域城镇/乡村居民用户消耗有功电能的数量，以千瓦时为计量单位；城乡居民人均用电量是指一定时期内县域城镇/乡村居民用户平均消耗的电量；城乡居民用电量增长率及城乡居民人均用电量增长率则可在一定程度上反映城乡居民用电水平的变化情况。上述指标可以在一定程度上反映县域经济发展水平和人民生活水平，可通过县域供电公司等相关部门获取，并在满足数据安全的前提以系统对接的方式按月度为单位接入县域能源大数据平台，以实现县域整体社会维度电力消费水平的定期监测。

4.2.2 热力数据

在热力统计数据方面，包括热力供应统计数据和热力消费统计数据两大类，其中热力供应统计数据包括热力供应总量、热力供应结构等大类指标；热力消费统计数据包括热力消费总量、热力消费结构、用户供热面积等大类指标。

（1）热力供应统计数据。热力供应统计数据见表4-6。

表4-6　　热力供应统计数据

序号	数据类型	数据指标	更新频度	接入方式
1	热力供应总量	热力供应总量	按日	系统对接
2		热力供应增长率		
3	热力供应结构	天然气供热量		
4		天然气供热量增长率		
5		电力供热量		
6		电力供热量增长率		
7		秸秆电厂供热量		
8		秸秆电厂供热量增长率		
9		地热供热量		

续表

序号	数据类型	数据指标	更新频度	接入方式
10	热力供应结构	地热供热量增长率	按日	系统对接
11		燃煤供热量		
12		燃煤供热量增长率		

热力供应统计数据主要包括热力供应总量及热力供应结构两大类指标数据。其中，在热力供应总量统计数据方面，包括热力供应总量、热力供应增长率两个具体指标，热力供应总量指特定时期内县域内所有热力生产部门（包括天然气、电力、生物质、地热、燃煤等等）供应的所有热力总和，该指标是对县域特定时期内热力生产供应总量水平的反映；热力供应增长率指县域某一时期较前一时期新增的热力供应总量，与前一时期县域热力供应总量的比值，速度为正数表示县域该时期热力供应增长，为负数表示热力供应降低，可反映出最新时期与上一时期热力供应水平的变化情况。上述指标数据可通过县域热力公司获取，并在满足数据安全的前提以系统对接的方式按日为单位由热力公司数据统计部门接入数据平台，以实现县域热力供应量及其变化程度的实时监控。

在热力供应结构统计数据方面，包括天然气、电力、生物质、地热等供热量及其与之相对应的供热量增长率统计指标。其中，天然气、电力、生物质、地热等供热量将县域一定时期内的热力供应总量按供热方式维度进行划分，反映一定时期内县域不同供热方式的具体供热水平；各类供热方式供热增长率指县域某一时期各类供热方式较前一时期新增的供热量与前一时期县域各类供热方式供热量的比值，速度为正数表示该类供热方式供热量增长，为负数表示该类供热方式供热量降低，可反映出最新时期与上一时期各类供热方式供热量的变化情况。上述指标数据可通过县域热力公司获取，并在满足数据安全的前提以系统对接的方式按日为单位由热力公司数据统计部门接入县域能源大数据平台，以实现县域各类供热方式热力供应量及其变化程度的实时监控。

（2）热力传输统计数据。在热力传输统计数据方面，主要包括热力传输基础设施热力传输量、输送损耗三大类数据，各大类数据的具体指标、更新频率及接入方式见表 4–7。

表 4–7　　热力传输统计数据

序号	数据类型	数据指标	更新频度	接入方式
1	热力传输基础设施	热力管网总长度	按年	系统对接
2		各类热力管网长度（供热介质 / 敷设方式 / 管径 / 材质 / 使用年限）		
3		上年度完成更新改造的管网长度		
4		热力站数量		
5	热力传输量	管网传热量	按日	系统对接
6	输送损耗	热力传输管网热损耗量	按月	系统对接
7		热力传输管网热损耗率		

在热力传输基础设施统计指标方面，主要包括热力管网总长度、各类热力管网长度（供热介质 / 敷设方式 / 管径 / 材质 / 使用年限）、上年度完成更新改造的管网长度、热力站数量等具体指标。该类指标是对县域热力传输过程中涉及的主要设备规模及其分类情况的统计，可通过县域热力公司资产管理部门获取，并以系统对接的方式按年度为单位接入县域能源大数据平台，以实现县域热力传输基础设施建设规模的定期监测。

在热力传输量统计指标方面，主要采集县域管网传热量的相关数据，管网传热量是指热力厂向供热管网系统输入的热量。该指标可通过热力公司生产计划部门获取，并以系统对接的方式按日为单位接入县域能源大数据平台，以实现对县域热力传输情况的每日监测。

在输送损耗类统计指标方面，主要包括热力传输管网热损耗量、热力传输管网热损耗率等具体指标。热力传输管网热损耗量是指供热企业生产的热能在管道运输中所造成的热量损失；热力传输管网热损耗率则指热力网络中损耗的热能占向热力网络供应热能的百分数。上述指标均是用于反映热能从生产侧传输至消费侧的过程中能量损耗程度的重要指标，可通过县域热力公司相关部门获取，并以系统对接的方式按月度为单位接入县域能源大数据平台，以实现县域热能传输损耗的定期监测。

（3）热力消费统计数据。在热力消费统计数据方面，包括热力消费总量统计数据、热力消费结构统计数据及供热面积统计数据等几大类数据，各大类数据的具体指标、更新频率及接入方式见表 4–8。

表 4–8　　热力消费统计数据

序号	数据类型	数据指标	更新频度	接入方式
1	热力消费总量	热力消费总量	按月	系统对接
2		热力消费增长率		
3		热力消费占全县能源消费占比		
4	热力消费结构	居民用户供热量	按月	系统对接
5		居民用户供热增长率		
6		商业用户供热量		
7		商业用户供热增长率		
8		工业用户供热量		
9		工业用户供热增长率		
10	用户供热面积	总供热面积	按月	系统对接
11		居民用户供热面积		
12		商业用户供热面积		
13		工业用户供热面积		

在热力消费总量统计数据方面，主要包括热力消费总量、热力消费增长率、热力消费占全县能源消费占比等具体指标。其中，热力消费总量指县域所有热力用户一定时期内的热能消耗总量，包括居民用户用热量、商业用户用热量、工业用户用热量等。热力消费总量是反映一定时期内县域热力消费情况的重要指标；热力消费增长率则为本时期县域全社会用热量增加额占上一时期全社会用热量的比率，用以反映一定时期内全社会热力消费增长的速度水平；热力消费占全县能源消费占比是指县域一定时期内热力消费量与各类能源消费总量的比例，是对所在县域热力能源使用总体结构水平的重要量化指标。上述指标具体数据可通过县域热力公司等相关部门获取，并在满足数据安全的前提以系统对接的方式按月度为单位接入县域能源大数据平台，

以实现县域整体热力消费水平的定期监测。

在热力消费结构统计数据方面，主要包括居民用户供热量、商业用户供热量、工业用户供热量及其对应的增长率具体指标。其中，各类用户将全社会热力消费量按用户维度进行划分，反映一定时期内县域不同用户间的用热水平；各用户用热量增长率则指县域某一时期较前一时期各用户新增的用热量，与前一时期各用户用热量的比值，速度为正数表示该类用户用热量增长，为负数表示该用户用热量降低，可反映出最新时期与上一时期不同用户用热量的变化情况。上述指标可通过县域热力公司等相关部门获取，并在满足数据安全的前提以系统对接的方式按月度为单位接入县域能源大数据平台，以实现县域各类用户维度热力消费水平的定期监测。

在供热面积统计数据方面，主要包括县域总供热面积、居民用户供热面积、商业用户供热面积、工业用户供热面积等具体统计指标。总供热面积是指一定时期内符合集中供热标准的供热单位向县域各类用户房屋建筑物、构筑物及其他设施供热的建筑面积，该指标是影响县域供热规模的重要指标之一；居民用户供热面积、商业用户供热面积、工业用户供热面积等指标则按照用户类型对县域总体供热面积进行细分，用于反映不同用户供热面积之间的差异水平。上述指标可通过县域热力公司等相关部门获取，并在满足数据安全的前提以系统对接的方式按月度为单位接入县域能源大数据平台，以实现县域各用户维度供热面积的定期监测。

4.2.3 燃气数据

在燃气统计数据方面，包括燃气供应统计数据和燃气消费统计数据两大类，其中燃气供应统计数据包括燃气供应总量、燃气供应结构、燃气供应基础设备等大类统计指标；燃气消费统计数据包括燃气消费量、燃气消费结构、燃气用户规模等大类指标。各类数据统计体系的具体指标、更新频率及接入方式见表 4–9 ～表 4–11。

（1）燃气供应统计数据。燃气供应统计数据见表 4–9。

表 4–9　　燃气供应统计数据

序号	数据类型	数据指标	更新频度	接入方式
1	燃气供应总量	燃气供应总量	按月	系统对接

续表

序号	数据类型	数据指标	更新频度	接入方式
2	燃气供应总量	燃气供应增长率	按月	系统对接
3	燃气供应结构	天然气供气量		
4		天然气供气量增长率		
5		人工燃气供气量		
6		人工燃气供气量增长率		
7		液化石油气供气量		
8		液化石油气供气量增长率		
9		生物质气供气量		
10		生物质气供气量增长率		
11	燃气供应基础设备	燃气管道数量		
12		燃气管道长度增长率		
13		加气站数量		

燃气供应统计数据主要包括燃气供应总量、燃气供应结构以及燃气供应基础设备三大类指标数据。其中，在燃气供应总量统计数据方面，包括燃气供应总量、燃气供应增长率两个具体指标，燃气供应总量指特定时期内县域内主要种类燃气（包括天然气、人工燃气、液化石油气和生物质气等）的生产供应量总和，该指标是对县域特定时期内燃气生产供应总量水平的反映；燃气供应增长率指县域某一时期较前一时期新增的燃气供应总量，与前一时期县域燃气供应总量的比值，速度为正数表示县域该时期燃气供应增长，为负数表示燃气供应降低，可反映出最新时期与上一时期燃气供应水平的变化情况。上述指标数据可通过县域燃气公司获取，并在满足数据安全的前提以系统对接的方式按日为单位由燃气公司数据统计部门接入数据平台，以实现县域燃气供应量及其变化程度的实时监控。

在燃气供应结构统计数据方面，包括天然气、人工燃气、液化石油气和生物质气等各类燃气种类的供气量及其与之相对应的供气量增长率统计指标。其中，天然气、人工燃气、液化石油气和生物质气供气量将县域一定时期内燃气供应总量按燃气来源维度进行划分，反映一定时期内县域各类燃气的具体供气水平；各类供气方式供气增长率指县域某一时期各类供气方式较前一时期新增的供气量，与前一时期县域各类供气方式供气量的比值，速度为正数表示该类供气方式供气量增长，为负数表示该类供气方式供气量降低，可反映出最新时期与上一时期各类供气方式供气量的变化情况。上述指标数据可通过县域燃气公司获取，并在满足数据安全的前提以系统对接的方式按月为单位由燃气公司数据统计部门接入县域能源大数据平台，以实现县域各类供气方式燃气供应量及其变化程度的定期监控。

在燃气供应基础设施统计数据方面，包括燃气管道长度、燃气管道长度增长率、加气站数量等具体指标。该类指标能在一定程度上反映县域燃气输送能力及终端消费渠道的建设情况，是县域燃气供消过程中的重要影响指标。该类指标数据可通过县域燃气公司获取，并在满足数据安全的前提以系统对接的方式按月为单位由燃气公司数据统计部门接入县域能源大数据平台，以实现县在燃气供应基础设施建设情况的定期监控。

（2）燃气传输统计数据。在燃气传输统计数据方面，主要包括燃气传输基础设施、燃气传输量、输送损耗三大类数据，各大类数据的具体指标、更新频率及接入方式见表 4–10。

表 4–10　燃气传输统计数据

序号	数据类型	数据指标	更新频度	接入方式
1	燃气传输基础设施	输气管网总长度	按年	系统对接
2		各类输气管网长度（输气类型 / 敷设方式 / 管径 / 材质 / 使用年限）		
3		加气站数量		
4	燃气传输量	管网输气量	按日	系统对接
5	输送损耗	燃气管网输送损耗量	按月	系统对接
6		燃气管网输送损耗率		

在燃气传输基础设施统计指标方面，主要包括燃气管网总长度、各类燃气管网长度、加气站数量等具体指标。该类指标是对县域燃气传输过程中涉

及的主要设备规模及其分类情况的统计，可通过县域燃气公司资产管理部门获取，并以系统对接的方式按年度为单位接入县域能源大数据平台，以实现县域燃气传输基础设施建设规模的定期监测。

在燃气传输量统计指标方面，主要采集县域管网输气量的相关数据，管网输气量是指燃气厂向输气管网系统输入的燃气量。该指标可通过燃气公司生产计划部门获取，并以系统对接的方式按日为单位接入县域能源大数据平台，以实现对县域燃气传输情况的每日监测。

在输送损耗类统计指标方面，主要包括燃气传输管网热损耗量、燃气传输管网热损耗率等具体指标。燃气传输管网热损耗量是指供气企业生产的燃气在管道运输中所造成的损耗；燃气传输管网热损耗率则指燃气网络中损耗的燃气占向燃气管网输气量的百分数。上述指标均是用于反映燃气从生产侧传输至消费侧的过程中损耗程度的重要指标，可通过县域燃气公司相关部门获取，并以系统对接的方式按月度为单位接入县域能源大数据平台，以实现县域燃气传输损耗程度的定期监测。

（3）燃气消费统计数据。在燃气消费统计数据方面，包括燃气消费总量统计数据、燃气消费结构统计数据及燃气用户规模等几大类数据，各大类数据的具体指标、更新频率及接入方式见表 4–11。

表 4–11　　　　　　　　　　燃气消费统计数据

序号	数据类型	数据指标	更新频度	接入方式
1	燃气消费量	燃气消费总量	按月	系统录入
2		燃气消费增长率		
3		燃气消费占全县能源消费占比		
4	燃气消费结构	工业燃气消费量	按月	系统录入
5		工业燃气消费量增长率		
6		商业燃气消费量		
7		商业燃气消费量增长率		
8		居民燃气消费量		
9		居民燃气消费量增长率		

续表

序号	数据类型	数据指标	更新频度	接入方式
10	燃气用户规模	工业用气用户数量	按月	系统录入
11		工业用气用户数量增长率		
12		商业用气用户数量		
13		商业用气用户数量增长率		
14		居民用气用户数量		
15		居民用气用户数量增长率		

在燃气消费总量统计数据方面，主要包括燃气消费总量、燃气消费增长率、燃气消费占全县能源消费占比等具体指标。其中，燃气消费总量指县域所有燃气用户一定时期内的燃气消耗总量，包括居民用户用气量、商业用户用气量、工业用户用气量等，是反映一定时期内县域燃气消费情况的重要指标；燃气消费增长率则为本时期县域全社会用气量增加额占上一时期全社会用气量的比率，用以反映一定时期内全社会燃气消费增长的速度水平；燃气消费占全县能源消费占比是指县域一定时期内燃气消费量与各类能源消费总量的比例，是对所在县域燃气能源使用总体结构水平的重要量化指标。上述指标具体数据可通过县域燃气公司等相关部门获取，并在满足数据安全的前提以系统录入的方式按月度为单位接入县域能源大数据平台，以实现县域整体燃气消费水平的定期监测。

在燃气消费结构统计数据方面，主要包括居民用户供气量、商业用户供气量、工业用户供气量及其对应的增长率具体指标。其中，各类用户将全社会燃气消费量按用户维度进行划分，反映一定时期内县域不同用户间的用气水平；各用户用气量增长率则指县域某一时期较前一时期各用户新增的用气量，与前一时期各用户用气量的比值，速度为正数表示该类用户用气量增长，为负数表示该用户用气量降低，可反映出最新时期与上一时期不同用户用气量的变化情况。上述指标可通过县域燃气公司等相关部门获取，并在满足数据安全的前提以系统录入的方式按月度为单位接入县域能源大数据平台，以实现县域各类用户维度燃气消费水平的定期监测。

在燃气用户规模方面，主要包括县域工业用气用户数量、商业用气用户数量、居民用气用户数量以及上述指标的增长率等具体统计指标。上述指标可在一定程度上反映出县域各类用气用户的规模及其变动情况，对于指导县域燃气行业未来规划建设具有一定参考意义。上述指标可通过县域燃气公司等相关部门获取，并在满足数据安全的前提以系统录入的方式按月度为单位接入县域能源大数据平台，以实现县域各用户维度供气面积的定期监测。

4.2.4　成品油数据

成品油统计数据包括成品油供应统计数据、成品油传输统计数据和成品油消费统计数据三大类。其中成品油供应统计数据包括成品油供应总量、成品油供应结构等大类指标；成品油传输统计数据包括成品油传输基础设施、成品油传输量、输送损耗等大类指标；成品油消费统计数据包括成品油消费量、成品油消费结构等大类指标。各类数据统计体系的具体指标、更新频率及接入方式见表 4–12 ～表 4–14。

（1）成品油供应统计数据。成品油供应统计数据表 4–12。

表 4–12　成品油供应统计数据

序号	数据类型	数据指标	更新频度	接入方式
1	成品油供应总量	成品油供应总量	按日	系统对接
2		成品油供应增长率		
3	成品油供应结构	汽油供应量		
4		汽油供应量增长率		
5		煤油供应量		
6		煤油供应量增长率		
7		柴油供应量		
8		柴油供应量增长率		

成品油供应统计数据主要包括成品油供应总量以及成品油供应结构两大类指标数据。其中，在成品油供应总量统计数据方面，包括成品油供应总量、成品油供应增长率两个具体指标，成品油供应总量指特定时期内县域内主要种类的成品油（包括汽油、煤油、柴油等）的生产供应量总和，是对县域特

定时期内成品油生产供应总量水平的反映；成品油供应增长率指县域某一时期较前一时期新增的成品油供应总量，与前一时期县域成品油供应总量的比值，速度为正数表示县域该时期成品油供应增长，为负数表示成品油供应降低，可反映出最新时期与上一时期成品油供应水平的变化情况。上述指标数据可通过县域成品油公司获取，并在满足数据安全的前提以系统对接的方式按日为单位由成品油公司数据统计部门接入数据平台，以实现县域成品油供应量及其变化程度的实时监控。

在成品油供应结构统计数据方面，包括汽油、煤油、柴油等各类成品油种类的供油量及其与之相对应的供油量增长率统计指标。其中，汽油、煤油、柴油将县域一定时期内成品油供应总量按其主要种类进行划分，反映一定时期内县域各类成品油的具体供应水平；各类成品油供应量增长率指县域某一时期各类成品油较前一时期新增的供油量，与前一时期县域各类成品油供油量的比值，速度为正数表示该类成品油供油量增长，为负数表示该类成品油供油量降低，可反映出最新时期与上一时期各类成品油供油量的变化情况。上述指标数据可通过县域成品油公司获取，并在满足数据安全的前提以系统对接的方式按月为单位由成品油公司数据统计部门接入县域能源大数据平台，以实现县域各类主要成品油供应量及其变化程度的定期监控。

（2）成品油传输统计数据。在成品油传输统计数据方面，主要包括成品油传输基础设施、成品油传输量、输送损耗三大类数据，各大类数据的具体指标、更新频率及接入方式见表 4-13。

表 4-13　　成品油传输统计数据

序号	数据类型	数据指标	更新频度	接入方式
1	成品油传输基础设施	输油管网总长度	按年	系统对接
2		各类输油管网长度（输油类型 / 敷设方式 / 管径 / 材质 / 使用年限）		
3		加油站数量		
4	成品油传输量	管网输油量	按日	系统对接

续表

序号	数据类型	数据指标	更新频度	接入方式
5	输送损耗	成品油管网输送损耗量	按月	系统对接
6		成品油管网输送损耗率		

在成品油传输基础设施统计指标方面，主要包括成品油管网总长度、各类成品油管网长度、加油站数量等具体指标。该类指标是对县域成品油传输过程中涉及的主要设备规模及其分类情况的统计，可通过县域成品油公司资产管理部门获取，并以系统对接的方式按年度为单位接入县域能源大数据平台，以实现县域成品油传输基础设施建设规模的定期监测。

在成品油传输量统计指标方面，主要采集县域管网输油量的相关数据，管网输油量是指成品油厂向输油管网系统输入的成品油量。该指标可通过成品油公司生产计划部门获取，并以系统对接的方式按日为单位接入县域能源大数据平台，以实现对县域成品油传输情况的每日监测。

在输送损耗类统计指标方面，主要包括成品油管网输送损耗量、成品油管网输送损耗率等具体指标。成品油管网输送损耗量是指供油企业生产的成品油在管道运输中所造成的损耗；成品油管网输送损耗率则指管道运输过程中损耗的成品油占向成品油管网输油量的百分数。上述指标均是用于反映成品油从生产侧传输至消费侧的过程中损耗程度的重要指标，可通过县域成品油公司相关部门获取，并以系统对接的方式按月度为单位接入县域能源大数据平台，以实现县域成品油传输损耗程度的定期监测。

（3）成品油消费统计数据。在成品油消费统计数据方面，包括成品油消费总量统计数据和成品油消费结构统计数据两大类数据，各大类数据的具体指标、更新频率及接入方式见表 4–14。

表 4–14　　成品油消费统计数据

序号	数据类型	数据指标	更新频度	接入方式
1	成品油消费量	成品油消费总量	按月	系统录入
2		成品油消费增长率		
3		成品油消费占全县能源消费占比		

续表

序号	数据类型	数据指标	更新频度	接入方式
4	成品油消费结构	汽油消费量	按月	系统录入
5		汽油消费量增长率		
6		煤油消费量		
7		煤油消费量增长率		
8		柴油消费量		
9		柴油消费量增长率		

在成品油消费总量统计数据方面，主要包括成品油消费总量、成品油消费增长率、成品油消费占全县能源消费占比等具体指标。其中，成品油消费总量指县域一定时期内的各类成品油消耗总量，主要包括汽油消费量、煤油消费量、柴油消费量等，是反映一定时期内县域成品油消费情况的重要指标；成品油消费增长率则为本时期县域全社会成品油消费量增加额占上一时期全社会成品油消费量的比率，用以反映一定时期内全社会成品油消费增长的速度水平；成品油消费占全县能源消费占比是指县域一定时期内成品油消费量与各类能源消费总量的比例，是对所在县域成品油能源使用总体结构水平的重要量化指标。上述指标具体数据可通过县域成品油公司等相关部门获取，并在满足数据安全的前提以系统对接的方式按月度为单位接入县域能源大数据平台，以实现县域整体成品油消费水平的定期监测。

在成品油消费结构统计数据方面，主要包括汽油消费量、煤油消费量、柴油消费量及其对应的增长率指标。其中，汽油消费量、煤油消费量、柴油消费量将全社会成品油消费量按成品油种类进行划分，反映一定时期内县域不同成品油种类的消费水平；各类成品油消费量增长率则指县域某一时期较前一时期各类成品油新增的消费量，与前一时期各类成品油消费量的比值，速度为正数表示该类成品油消费量增长，为负数表示该类成品油消费量增降低，可反映出最新时期与上一时期不同类型成品油消费的变化情况。上述指标可通过县域成品油公司等相关部门获取，并在满足数据安全的前提以系统对接的方式按月度为单位接入县域能源大数据平台，以实现县域各类用户维度成品油消费水平的定期监测。

4.2.5　煤炭数据

煤炭统计数据包括煤炭供应统计数据、煤炭运输统计数据和煤炭消费统计数据两大类。其中煤炭供应统计数据包括煤炭供应总量、煤炭供应结构等指标；煤炭运输统计数据包括煤炭运输基础设施、煤炭运输量、输送损耗等指标；煤炭消费统计数据包括煤炭消费量、煤炭消费结构等指标。各类数据统计体系的具体指标、更新频率及接入方式见表 4–15 ～表 4–17。

（1）煤炭供应统计数据。煤炭供应统计数据见表 4–15。

表 4–15　　煤炭供应统计数据

序号	数据类型	数据指标	更新频度	接入方式
1	煤炭供应总量	煤炭供应总量	按日	系统对接
2		煤炭供应增长率		
3	煤炭供应结构	无烟煤供应量		
4		无烟煤供应量增长率		
5		贫煤供应量		
6		贫煤供应量增长率		
7		瘦煤供应量		
8		瘦煤供应量增长率		
9		焦煤供应量		
10		焦煤供应量增长率		
11		肥煤供应量		
12		肥煤供应量增长率		
13		气煤供应量		
14		气煤供应量增长率		
15		弱黏结煤供应量		
16		弱黏结煤供应量增长率		
17		不黏结煤供应量		
18		不黏结煤供应量增长率		

续表

序号	数据类型	数据指标	更新频度	接入方式
19	煤炭供应结构	长焰煤供应量	按日	系统对接
20		长焰煤供应量增长率		
21		褐煤供应量		
22		褐煤供应量增长率		

煤炭供应统计数据主要包括煤炭供应总量以及煤炭供应结构两大类指标数据。其中，在煤炭供应总量统计数据方面，包括煤炭供应总量、煤炭供应增长率两个具体指标，煤炭供应总量指特定时期内县域内主要种类的煤炭（包括瘦煤、焦煤、贫煤等）的供应量总和，是对县域特定时期内煤炭生产供应总量水平的反映；煤炭供应增长率指县域某一时期较前一时期新增的煤炭供应总量，与前一时期县域煤炭供应总量的比值，速度为正数表示县域该时期煤炭供应增长，为负数表示煤炭供应降低，可反映出最新时期与上一时期煤炭供应水平的变化情况。上述指标数据可通过县域煤炭公司获取，并在满足数据安全的前提以系统对接的方式按日为单位由煤炭公司数据统计部门接入数据平台，以实现县域煤炭供应量及其变化程度的实时监控。

在煤炭供应结构统计数据方面，包括无烟煤、贫煤、瘦煤、焦煤、肥煤、气煤、弱黏结煤、不黏结煤、长焰煤、褐煤各类煤炭种类的供油量及其与之相对应的供油量增长率统计指标。其中，各类型煤炭种类划分主要依据中华人民共和国科学技术委员会发布的《中国煤炭分类方案》，将我国煤炭分为瘦煤、焦煤、肥煤、气煤、弱黏结、不黏结、长焰煤、贫煤等大类，其中将瘦煤、焦煤、肥煤、气煤、弱黏结、不黏结、长焰煤等统称为烟煤；贫煤称为半无烟煤；挥发分大于 40% 的称为褐煤。无烟煤供应量、贫煤供应量、瘦煤供应量等指标将县域一定时期内煤炭供应总量按其主要种类进行划分，反映一定时期内县域各类煤炭的具体供应水平；各类煤炭供应量增长率指县域某一时期各类煤炭较前一时期新增的供油量，与前一时期县域各类煤炭供油量的比值，速度为正数表示该类煤炭供油量增长，为负数表示该类煤炭供油量降低，可反映出最新时期与上一时期各类煤炭供油量的变化情况。上述指标数据可通过县域煤炭公司获取，并在满足数据安全的前提以系统对接的方式按月为单位由煤炭公司数据统计部门接入县域能源大数据平台，以实现县域各类主要煤炭供应量及其变化程度的定期监控。

（2）煤炭运输统计数据。在煤炭运输统计数据方面，包括煤炭运输基础设施、煤炭运输量、输送损耗三大类数据，各类数据的具体指标、更新频率及接入方式见表 4–16。

表 4–16　煤炭运输统计数据

序号	数据类型	数据指标	更新频度	接入方式
1	煤炭运输基础设施	运煤铁路长度	按年	系统对接
2		运煤公路长度		
3		输煤管网长度		
4	煤炭运输量	铁路运煤量	按日	系统对接
5		水路运煤量		
6		公路运煤量		
7		管道运煤量		
8	输送损耗	铁路运煤损耗量	按月	系统对接
9		铁路运煤损耗率		
10		水路运煤损耗量		
11		水路运煤损耗率		
12		公路运煤损耗量		
13		公路运煤损耗率		
14		管道运煤损耗量		
15		管道运煤损耗率		

在煤炭运输基础设施统计指标方面，主要包括运煤铁路长度、运煤公路长度、输煤管网长度等具体指标。该类指标是对县域煤炭运输过程中涉及的主要基础设施分类情况的统计，可通过县域煤炭公司处获取，并以系统对接的方式按年度为单位接入县域能源大数据平台，以实现县域煤炭运输基础设施建设规模的定期监测。

在煤炭运输量统计指标方面，主要采集县域铁路、水路、公路、管道等主要煤炭运输方式运煤量的相关数据。该类指标可通过煤炭公司相关部门获取，并以系统对接的方式按日为单位接入县域能源大数据平台，以实现对县域煤炭运输情况的每日监测。

在输送损耗类统计指标方面，主要包括各类煤炭运输方式的输送损耗量、煤炭输送损耗率等具体指标。煤炭输送损耗量是指煤炭经开采后依靠铁路、公路、沿海和内河水运等方式将合格煤炭输送至目的地（包括港口、发电厂及锅炉房等）运输过程中所造成的损耗；煤炭输送损耗率则指煤炭运输过程中损耗的煤炭占煤炭运输总量的百分数。上述指标均是用于反映煤炭从生产侧运输至消费侧的过程中损耗程度的重要指标，可通过县域煤炭公司相关部门获取，并以系统对接的方式按月度为单位接入县域能源大数据平台，以实现县域煤炭运输损耗程度的定期监测。

（3）煤炭消费统计数据。在煤炭消费统计数据方面，包括煤炭消费总量统计数据和煤炭消费结构统计数据，各大类数据的具体指标、更新频率及接入方式见表 4–17。

表 4–17 煤炭消费统计数据

序号	数据类型	数据指标	更新频度	接入方式
1	煤炭消费量	煤炭消费总量	按月	系统录入
2		煤炭消费增长率		
3		煤炭消费占全县能源消费占比		
4	煤炭消费结构	无烟煤消费量		
5		无烟煤消费量增长率		
6		贫煤消费量		
7		贫煤消费量增长率		
8		瘦煤消费量		
9		瘦煤消费量增长率		
10		焦煤消费量		
11		焦煤消费量增长率		
12		肥煤消费量		

续表

序号	数据类型	数据指标	更新频度	接入方式
13	煤炭消费结构	肥煤消费量增长率	按月	系统录入
14		气煤消费量		
15		气煤消费量增长率		
16		弱黏结煤消费量		
17		弱黏结煤消费量增长率		
18		不黏结煤消费量		
19		不黏结煤消费量增长率		
20		长焰煤消费量		
21		长焰煤消费量增长率		
22		褐煤消费量		
23		褐煤消费量增长率		

在煤炭消费总量统计数据方面，主要包括煤炭消费总量、煤炭消费增长率、煤炭消费占全县能源消费占比等具体指标。其中，煤炭消费总量指县域一定时期内的各类煤炭消耗总量，主要包括汽油消费量、煤油消费量、柴油消费量等，是反映一定时期内县域煤炭消费情况的重要指标；煤炭消费增长率则为本时期县域全社会煤炭消费量增加额占上一时期全社会煤炭消费量的比率，用以反映一定时期内全社会煤炭消费增长的速度水平；煤炭消费占全县能源消费占比是指县域一定时期内煤炭消费量与各类能源消费总量的比例，是对所在县域煤炭能源使用总体结构水平的重要量化指标。上述指标具体数据可通过县域煤炭公司等相关部门获取，并在满足数据安全的前提以系统对接的方式按月度为单位接入县域能源大数据平台，以实现县域整体煤炭消费水平的定期监测。

在煤炭消费结构统计数据方面，主要包括无烟煤消费量、贫煤消费量、焦煤消费量、褐煤消费量及其对应的增长率指标。其中，无烟煤消费量、贫煤消费量、焦煤消费量、褐煤消费量将全社会煤炭消费量按煤炭种类进行划分，反映一定时期内县域不同煤炭种类的消费水平；各类煤炭消费量增长率则指县域某一时期较前一时期各类煤炭新增的消费量，与前一时期各类煤炭消费量的比值，速度为正数表示该类煤炭消费量增长，为负数表示该类煤炭消费量增降低，可反映出最新时期与上一时期不同类型煤炭消费的变化情况。上述指标可通过县域煤炭公司等相关部门获取，并在满足数据安全的前提以系统对接的方式按月度为单位接入县域能源大数据平台，以实现县域各类用户维度煤炭消费水平的定期监测。

4.2.6 非商品能源数据

非商品能源是指薪柴、秸秆等农业废料和人畜粪便等就地利用的能源。非商品能源在农村地区的能源供应消费中占有较大的比重，此处参考《全国农村可再生能源统计调查制度》，从沼气工程、秸秆资源、生物质能源工程、太阳能热利用等方面建立农村非商品能源统计指标如下。

（1）沼气工程统计数据。沼气工程指采用厌氧消化技术处理各类有机废弃物（水），并制取沼气的系统工程设施。沼气工程应同时满足厌氧消化装置总体容积不小于 $20m^3$、日产沼气量不少于 $5m^3$；并且满足厌氧消化装置单体容积不少于 $20m^3$，或者工程配套有发酵原料剂量、进出料系统、增温保温、沼气净化系统、沼气储存系统、沼气输配和利用系统、计量设备、安全保护系统、沼渣 / 沼液综合利用系统。这里统计的沼气工程，包括以处理秸秆为主要原料的沼气工程，不包括以处理工业废弃物为主要原料的沼气工程。见表 4–18。

表 4–18　沼气工程统计数据

序号	数据类型	数据指标	更新频度	接入方式
1	小型和中型沼气工程	年初数	按年	系统录入
2		本年新增		
3		本年报废		
4		年末累计		
5		总池容		
6		供气户数		
7		装机容量		

续表

序号	数据类型	数据指标	更新频度	接入方式
8	大型和特大型沼气工程	年初数	按年	系统录入
9		本年新增		
10		本年报废		
11		年末累计		
12		总池容		
13		年产气量		
14		供气户数		
15		装机容量		
16	生物天然气工程	年初数		
17		本年新增		
18		本年报废		
19		年末累计		
20		总池容		
21		年产生物天然气量		
22		进管网生物天然气量		
23		进加气站生物天然气量		
24	原料消耗量和沼肥利用	原料消耗量合计		
25		畜禽粪污消耗量		
26		农作物秸秆消耗量		
27		其他有机废弃物消耗量		
28		沼肥用量		

在沼气工程统计指标方面，依据沼气工程规模分类标准 NY/T 667—2011《沼气工程规模分类》将其划分为小型和中型沼气工程、大型和特大型沼气工程、生物天然气工程、原料消耗量和沼肥利用等几类指标数据。其中，生物

天然气工程指以各类有机废弃物为原料生产的沼气，进行提纯压缩后热值达到天然气标准的沼气工程，这里统计的生物天然气工程，包括以处理秸秆为主要原料的生物天然气工程，不包括以处理工业废弃物为主要原料的生物天然气工程；年初数指截至去年末工程存量；本年新增指当年完成竣工手续的工程数量；本年报废指当年完成报废手续的工程数量；年末累计表示截至年末工程存量；总池容指沼气工程厌氧发酵装置的容积之和；供气户数指沼气工程产生的沼气供给的农户数；装机容量表示沼气工程安装的沼气发电机的功率；进管网量表示生物天然气工程生产的生物天然气进入燃气管网的标准状态下的体积；进加气站量表示生物天然气工程生产的生物天然气进入加气站的标准状态下的体积；畜禽粪污沼表示气工程处理的畜禽排泄物和养殖污水；其他有机废弃物表示沼气工程处理的除畜禽粪污外的其他有机废弃物和污水；沼肥用量表示沼气工程发酵剩余物作为种植业肥料的利用量。上述指标数据可从县域农业农村部获取，并在满足数据安全的前提以系统录入的方式按年为单位由县域农业农村部数据统计部门接入数据平台，以实现县域沼气工程情况的定期监测。

（2）秸秆资源统计数据。在秸秆资源统计数据方面，包括秸秆产生量统计数据、秸秆可收集量统计数据、秸秆综合利用量三大类数据，各大类数据的具体指标、更新频率及接入方式见表 4-19。

表 4-19 秸秆资源统计数据

序号	数据类型	数据指标	更新频度	接入方式
1	秸秆产生量	秸秆总产生量	按年	系统录入
2		水稻秸秆产生量		
3		小麦秸秆产生量		
4		玉米秸秆产生量		
5		油菜秸秆产生量		
6		棉花秸秆产生量		
7		马铃薯秸秆产生量		
8		甘薯秸秆产生量		

续表

序号	数据类型	数据指标	更新频度	接入方式
9	秸秆产生量	木薯秸秆产生量	按年	系统录入
10		花生秸秆产生量		
11		大豆秸秆产生量		
12		甘蔗秸秆产生量		
13		其他秸秆产生量		
14	秸秆可收集量	秸秆可收集总量		
15		水稻秸秆可收集量		
16		小麦秸秆可收集量		
17		玉米秸秆可收集量		
18		油菜秸秆可收集量		
19		棉花秸秆可收集量		
20		马铃薯秸秆可收集量		
21		甘薯秸秆可收集量		
22		木薯秸秆可收集量		
23		花生秸秆可收集量		
24		大豆秸秆可收集量		
25		甘蔗秸秆可收集量		
26		其他秸秆可收集量		
27	秸秆综合利用量	肥料化利用量		
28		饲料化利用量		
29		燃料化利用量		
30		基料化利用量		
31		原料化利用量		

在秸秆产生量统计数据方面，主要包括秸秆总产生量、水稻秸秆产生量、

小麦秸秆产生量、玉米秸秆产生量、其他秸秆产生量等具体指标。其中，秸秆总产生量指某一区域不同农作物秸秆资源总量，根据作物产量和草谷比计算得到；水稻、小麦、玉米、油菜、棉花、马铃薯、甘薯秸秆产生量则将秸秆总产量按照不用农作物进行划分，以反映出各类农作物的秸秆产生情况。上述指标数据可从县域农业农村部获取，并在满足数据安全的前提以系统录入的方式按年为单位由县域农业农村部数据统计部门接入数据平台，以实现县域秸秆产生量的定期监测。

在秸秆可收集量统计数据方面，主要包括秸秆可收集总量、水稻秸秆可收集量、小麦秸秆可收集量、玉米秸秆可收集量、其他秸秆产生量等具体指标。其中，秸秆可收集总量指某一区域利用现有收集方式，获得可供实际利用的农作物秸秆总量，根据秸秆产生量和可收集系数计算得到；水稻、小麦、玉米、油菜、棉花、马铃薯、甘薯秸秆可收集量则将秸秆可收集总量按照不用农作物进行划分，以反映出各类农作物的秸秆可收集量情况。上述指标数据可从县域农业农村部获取，并在满足数据安全的前提以系统录入的方式按年为单位由县域农业农村部数据统计部门接入数据平台，以实现县域秸秆可收集量的定期监测。

在秸秆综合利用量统计数据方面，主要包括肥料化利用量、饲料化利用量 、燃料化利用量、基料化利用量 、原料化利用量等具体指标。其中，肥料化利用量主要指通过秸秆直接还田、腐熟还田、堆沤还田、秸秆生物反应堆、秸秆生产有机肥技术途径消纳利用的秸秆量；饲料化利用量主要指通过青（黄）贮技术、碱化 / 氨化技术、压块饲料（包括颗粒饲料）加工技术、揉搓丝化加工技术、蒸汽爆破技术途径发展秸秆养畜消纳利用的秸秆量；燃料化利用量主要指通过秸秆固化成型技术、秸秆炭化技术、秸秆热解气化技术、秸秆沼气生产技术、秸秆直燃发电技术、秸秆纤维素乙醇生产技术途径及农户生活用能消纳利用的秸秆量；基料化利用量主要指通过秸秆生产食用菌基质、育苗基质和其他栽培基质消纳的秸秆量；原料化利用量主要指通过秸秆人造板材生产、秸秆复合材料生产、秸秆清洁制浆、秸秆木糖醇生产、秸秆可降解包装材料、秸秆墙体材料、秸秆盆钵、秸秆造纸等技术途径消纳的秸秆量。上述指标数据可从县域农业农村部获取，并在满足数据安全的前提以系统录入的方式按年为单位由县域农业农村部数据统计部门接入数据平台，以实现县域秸秆综合利用情况的定期监测。

（3）生物质能源工程统计数据。在生物质能源工程统计数据方面，包括打捆直燃集中供暖、固化成型、热解气化、炭化四大类数据，各大类数据的具体指标、更新频率及接入方式见表 4–20。

表 4–20　　　　生物质能源工程统计数据

序号	数据类型	数据指标	更新频度	接入方式
1	打捆直燃集中供暖	数量	按年	系统录入
2		供暖户数		
3		供暖面积		
4	固化成型	数量		
5		年产量		
6	热解气化	数量		
7		运行数量		
8		供气户数		
9	炭化	数量		
10		年产量		

打捆直燃集中供暖指将打成捆的农林废弃物等生物质原料，在新型专用锅炉内直接燃烧，锅炉一般分连续进料和序批进料两种类型，可为乡镇机关单位、社区、学校等集中供暖。这里统计的数量指年末存量，不包含秸秆发电热电联产项目。

固化成型指用生物质成型机将农林废弃物等生物质原料，在一定的压力作用下制成棒状、粒状或块状等固体成型燃料，密度可达 0.8 ～ 1.4 t/m^3，燃烧特性明显改善，火力持久，炉膛温度高，而且便于运输和贮存。这里统计的数量指年末存量。

热解气化指以农林废弃物等生物质原料，通过气化站在高温条件下发生热化学反应，产生可燃气通过管网向农户供应，用于炊事等用途，或者利用可燃气置换的热量，通过管网向农户供暖；通常以自然村为单元，系统规模为数十户至数百户。这里统计的数量，指年末存量。这里统计的运行数量，指当年曾经或正在使用的工程数量。这里统计的供气户数，指当年曾经或正在使用的工程数量的实际供气户数。

炭化指将固化成型燃料等在生物质炭化炉中隔绝空气加热，生产生物炭等产品。这里统计的数量指年末存量。上述指标数据可从县域农业农村部获取，并以系统录入的方式按年为单位由县域农业农村部数据统计部门接入数据平台，以实现县域生物质能源工程的定期监测。

（4）太阳能热利用统计数据。在太阳能热利用统计数据方面，包括太阳能热水器、太阳灶、太阳房三大类数据，各大类数据的具体指标、更新频率及接入方式见表 4–21。

表 4–21　　太阳能热利用统计数据

序号	数据类型	数据指标	更新频度	接入方式
1	太阳能热水器	数量	按年	系统录入
2		面积		
3	太阳灶	数量		
4	太阳房	数量		
5		面积		

太阳能热水器指利用太阳辐射能转换成热能，提供生活、生产用热水的装置。目前在农村地区推广应用的绝大部分采用平板集热器和真空管集热器两种形式。这里统计的数量指年末存量，不包括城市和县城城市居民使用的情况。

太阳房指利用太阳辐射能进行采暖或降温的房子，通常情况下，在房屋的南面加装双层隔热玻璃、蓄热墙或阳光间，在房屋的墙体、屋顶和门窗增加保温措施，从而实现冬暖夏凉。太阳房主要应用于冬季需要采暖的北方和高寒地区，多应用于农村民宅、中小学校、乡镇办公楼、敬老院、卫生所等。这里统计的数量指年末存量。

太阳灶指能够把太阳辐射能通过反射聚光的方式直接转换为热能，供人们从事炊事活动的灶具，这里统计的数量指年末存量。上述指标数据可从县域农业农村部获取，并以系统录入的方式按年为单位由县域农业农村部数据统计部门接入数据平台，以实现县域太阳能热利用的定期监测。

4.3　各类主体能源统计数据

能源作为重要的资源，其生产消费特点在能源生产企业、能源消费企业、居民用户、商业用户等不同主体之间具有较大差异。因此相应的能源统计数据监测应从能源生产 / 消费企业、居民用户、商业用户等多维度主体的角度分不同对象来进行统计收集。

4.3.1　能源生产型企业统计数据

能源生产型统计数据主要面向县域范围内光伏电站、风力发电站、垃圾电站、生物质电站、地热能电站等从事电力生产型企业，各类能源生产型企业数据统计体系的具体指标、更新频率及接入方式如表 4–22~ 表 4–28 所示。

（1）风力发电站。在风力发电站统计数据方面，包括风力发电站基本信息、风力发电站能源生产静态数据、风力发电站能源生产动态数据和单台风机运行数据四大类，各大类数据统计体系的具体指标、更新频率及接入方式见表 4–22。

表 4–22　　风力发电站统计数据

序号	数据类型	数据指标	更新频度	接入方式
1	基本信息	单位名称	一次性录入	系统录入
2		单位类型		
3		所属乡镇		
4		位置信息		
5		法定代表人		
6		注册资本		
7		成立日期		
8		营业期限		
9		经营范围		
10		占用面积		
11	能源生产静态数据	装机容量	按年	系统录入

续表

序号	数据类型	数据指标	更新频度	接入方式
12	能源生产静态数据	并网电压等级	按年	系统录入
13		并网线路		
14		并网变电站		
15		上网电价		
16	能源生产动态数据	发电量	5min	系统对接
17		上网电量		
18		功率有功功率		
19		功率无功功率		
20		电压		
21		电流		
22		频率		
23	单台风机运行数据	风速	5min	终端采集
24		预测功率		
25		功率有功功率		
26		功率无功功率		
27		电压		
28		电流		
29		上网电量		

在基本信息类统计数据方面，主要包括风力发电能源生产企业的单位名称、单位类型、所属乡镇、位置信息、法定代表人、注册资本、成立日期、营业期限、经营范围、占用面积等具体指标。该类数据是对能源生产企业从业基本状况的概述，可通过县域工商管理局或能源生产企业官方网址等途径获取，并以系统录入的方式一次性录入县域能源数据平台。

在能源生产静态统计数据方面，主要包括风力发电企业的装机容量、并网电压等级、并网线路、并网变电站、上网电价等具体指标。其中装机容量指风力发电企业正式安装完毕投入使用的发电设备能力，包括正常运转容量、事故备用容量和检修备用容量；并网电压等级、并网线路、并网变电站指标则是用于反映风力发电企业并网特征情况的具体指标；上网电价指电网购买风力发电企业的电量，在发电企业接入主网架时的计量价格。由于上述静态指标在较长的一段时间内不会发生变化，因此可以按年为更新频率通过县域电网公司获取，并以系统录入的方式进行更新录入，以实现对风力发电企业能源生产过程中静态数据的收集。

在能源生产动态统计数据方面，主要包括风力发电企业的发电量、上网电量、功率有功功率、功率无功功率、电压、电流、频率等具体指标，其中发电量特定时期内风力发电企业所有电力生产机组生产出的所有电量总和，是对县域特定时期内风力发电企业电力生产总量水平的反映；上网电量指风力发电厂在上网电量计量点向电网输入的电量，即发电厂向供电企业出售的电量；有功 / 功率无功功率、电压、电流、频率等指标则是用于反映风力发电厂机组发电功率及稳定性的重要参数指标；该类统计指标是对风力发电企业能源生产动态过程的重要监测指标，可通过风力发电企业生产管理系统处获取，并以系统对接的方式以分钟为单位上传至县域能源大数据平台，以实现对风力发电企业能源生产动态指标的监测。

在单台风机运行统计数据方面，主要包括风速、预测功率、功率有功功率、功率无功功率、电压、电流、上网电量，上述统计指标均是风力发电企业单台风机电力生产过程中的重要参数，可通过风力发电企业风机上安装的实时数据采集设备进行获取，以终端采集的方式将数据实时上传至县域能源大数据平台，以实现对风力发电企业单台风机设备生产运行状态的实时监控。

（2）光伏发电站。在光伏发电站统计数据方面，包括光伏发电站基本信息、光伏发电站能源生产静态数据、光伏发电站能源生产动态数据和单台风机运行数据四大类，各大类数据统计体系的具体指标、更新频率及接入方式见表 4–23。

表 4–23　　　　光伏发电站统计数据

序号	数据类型	数据指标	更新频度	接入方式
1	基本信息	单位名称	一次性录入	系统录入
2		单位类型		

续表

序号	数据类型	数据指标	更新频度	接入方式
3	基本信息	所属乡镇	一次性录入	系统录入
4		位置信息		
5		法定代表人		
6		注册资本		
7		成立日期		
8		营业期限		
9		经营范围		
10		占用面积		
11	能源生产静态数据	装机容量	按年	系统录入
12		并网电压等级		
13		并网线路		
14		并网变电站		
15		上网电价		
16	能源生产动态数据	光照强度	5min	系统对接
17		发电量		
18		上网电量		
19		功率有功功率		
20		功率无功功率		
21		电压		
22		电流		
23		频率		

在基本信息类统计数据方面，主要包括光伏发电能源生产企业的单位名称、单位类型、所属乡镇、位置信息、法定代表人、注册资本、成立日期、营业期限、经营范围、占用面积等具体指标。该类数据是对光伏电站从业基

本状况的概述，可通过县域工商管理局或能源生产企业官方网址等途径获取，并以系统录入的方式一次性录入县域能源数据平台。

在能源生产静态统计数据方面，主要包括光伏发电企业的装机容量、并网电压等级、并网线路、并网变电站、上网电价等具体指标。其中装机容量指光伏发电企业正式安装完毕投入使用的发电设备能力，包括正常运转容量、事故备用容量和检修备用容量；并网电压等级、并网线路、并网变电站指标则是用于反映光伏发电企业并网特征情况的具体指标；上网电价指电网购买光伏发电企业的电量，在发电企业接入主网架时的计量价格。由于上述静态指标在较长的一段时间内不会发生变化，因此可以按年为更新频率通过县域供电公司获取，并以系统录入的方式进行更新录入，以实现对光伏发电企业能源生产过程中静态数据的收集。

在能源生产动态统计数据方面，主要包括光伏发电企业的光照强度、发电量、上网电量、有功功率功率、无功功率功率、电压、电流、频率等具体指标。其中，光照强度指单位面积上所接受可见光的光通量，是影响光伏发电企业发电水平的重要影响指标；发电量特定时期内光伏发电企业所有电力生产机组生产出的所有电量总和，是对县域特定时期内光伏发电企业电力生产总量水平的反映；上网电量指光伏发电厂在上网电量计量点向电网输入的电量，即发电厂向供电企业出售的电量；有功 / 功率无功功率、电压、电流、频率等指标则是用于反映光伏发电厂机组发电功率及稳定性的重要参数指标；该类统计指标是对光伏发电企业能源生产动态过程的重要监测指标，可通过光伏发电企业生产管理系统处获取，并以系统对接的方式以分钟为单位上传至县域能源大数据平台，以实现对光伏发电企业能源生产动态指标的监测。

（3）垃圾电站。在垃圾电站统计数据方面，包括垃圾电站基本信息、垃圾电站能源生产静态数据、垃圾电站能源生产动态数据和垃圾电站运行数据四大类，各大类数据统计体系的具体指标、更新频率及接入方式见表 4–24。

表 4–24　　垃圾电站统计数据

序号	数据类型	数据指标	更新频度	接入方式
1	基本信息	单位名称	一次性录入	系统录入
2		单位类型		

续表

序号	数据类型	数据指标	更新频度	接入方式
3	基本信息	所属乡镇	一次性录入	系统录入
4		位置信息		
5		法定代表人		
6		注册资本		
7		成立日期		
8		营业期限		
9		经营范围		
10		占用面积		
11	能源生产静态数据	装机容量	按年	系统录入
12		并网电压等级		
13		并网线路		
14		并网变电站		
15		上网电价		
16	能源生产动态信息	发电量	5min	系统对接
17		上网电量		
18		功率有功功率		
19		功率无功功率		
20		电压		
21		电流		
22		频率		
23	垃圾电站运行数据	垃圾处理量	每天	系统对接
24		垃圾收集点数量		
25		垃圾收集点名称		
26		垃圾收集点位置		
27		收集点垃圾供应量		

续表

序号	数据类型	数据指标	更新频度	接入方式
28	垃圾电站运行数据	入厂垃圾量	每天	系统对接
29		入炉垃圾量		
30		锅炉运行时间		
31		吨垃圾发电量		
32		入炉吨垃圾发电量		
33		吨垃圾上网电量		
34		入炉吨垃圾上网电量		
35		颗粒		
36		氯化氢		
37		氮氧化合物		
38		一氧化碳		
39		二氧化硫		
40		炉渣产生量		
41		飞灰产生量		
42		生产污水排放量		
43		炉渣率		
44		飞灰率		

在基本信息类统计数据方面，主要包括垃圾电站的单位名称、单位类型、所属乡镇、位置信息、法定代表人、注册资本、成立日期、营业期限、经营范围、占用面积等具体指标。该类数据是对垃圾电站能源生产企业从业基本状况的概述，可通过县域工商管理局或能源生产企业官方网址等途径获取，并以系统录入的方式一次性录入县域能源数据平台。

在能源生产静态统计数据方面，主要包括垃圾电站的装机容量、并网电压等级、并网线路、并网变电站、上网电价等具体指标。其中，装机容量指垃圾电站正式安装完毕投入使用的发电设备能力，包括正常运转容量、事故备用容量和检修备用容量；并网电压等级、并网线路、并网变电站指标则是用于反映垃圾电站并网特征情况的具体指标；上网电价指电网购买垃圾电站的电量，在发电企业接入主网架时的计量价格。由于上述静态指标在较长的一段时间内不会发生变化，因此可以按年为更新频率通过县域电网公司获取，并以系统录入的方式进行更新录入，以实现对垃圾电站能源生产过程中静态数据的收集。

在能源生产动态统计数据方面，主要包括垃圾电站的发电量、上网电量、功率有功功率、功率无功功率、电压、电流、频率等具体指标。其中，发电量特定时期内垃圾电站所有电力生产机组生产出的所有电量总和，是对县域特定时期内垃圾电站电力生产总量水平的反映；上网电量指风力发电厂在上网电量计量点向电网输入的电量，即发电厂向供电企业出售的电量；有功/功率无功功率、电压、电流、频率等指标则是用于反映垃圾电站机组发电功率及稳定性的重要参数指标；该类统计指标是对垃圾电站能源生产动态过程的重要监测指标，可通过垃圾电站生产管理系统处获取，并以系统对接的方式以分钟为单位上传至县域能源大数据平台，以实现对垃圾电站能源生产动态指标的监测。

在垃圾电站运行统计数据方面，主要包括垃圾处理量、垃圾收集点数量、垃圾收集点名称、垃圾收集点位置、收集点垃圾供应量、入厂垃圾量、入炉垃圾量、锅炉运行时间、吨垃圾发电量、入炉吨垃圾发电量、垃圾上网电量、入炉吨垃圾上网电量、颗粒、氯化氢、氮氧化合物、一氧化碳、二氧化硫、炉渣产生量、飞灰产生量、生产污水排放量、炉渣率、飞灰率，上述统计指标均是垃圾电站电力生产过程中的重要参数，可通过垃圾电站生产管理系统处进行获取，以系统对接的方式将数据实时上传至县域能源大数据平台，以实现对垃圾电站设备生产运行状态的实时监控。

（4）生物质秸秆电站。在生物质秸秆电站统计数据方面，包括生物质秸秆电站基本信息、能源生产静态数据、能源生产动态数据和运行数据四大类，各大类数据统计体系的具体指标、更新频率及接入方式见表4-25。

表4-25　　生物质秸秆电站统计数据

序号	数据类型	数据指标	更新频度	接入方式
1	基本信息	单位名称	一次性录入	系统录入

续表

序号	数据类型	数据指标	更新频度	接入方式
2	基本信息	单位类型	一次性录入	系统录入
3		所属乡镇		
4		位置信息		
5		法定代表人		
6		注册资本		
7		成立日期		
8		营业期限		
9		经营范围		
10		占用面积		
11	能源生产静态数据	装机容量		
12		并网电压等级		
13		并网线路		
14		并网变电站		
15		上网电价		
16	能源生产动态信息	发电量	5min	系统对接
17		上网电量		
18		功率有功功率		
19		功率无功功率		
20		电压		
21		电流		
22		频率		
23	生物质秸秆电站运行数据	秸秆日处理量	每秒	系统录入
24		入厂秸秆量		
25		入炉秸秆量		
26		锅炉运行时间		

续表

序号	数据类型	数据指标	更新频度	接入方式
27	生物质秸秆电站运行数据	吨秸秆发电量	每秒	系统录入
28		入炉吨秸秆发电量		
29		吨秸秆上网电量		
30		入炉吨秸秆上网电量		
31		颗粒		
32		氯化氢		
33		氮氧化合物		
34		一氧化碳		
35		二氧化硫		
36		产灰质量		

在基本信息类统计数据方面，主要包括生物质秸秆电站的单位名称、单位类型、所属乡镇、位置信息、法定代表人、注册资本、成立日期、营业期限、经营范围、占用面积等具体指标。该类数据是对生物质秸秆电站能源生产企业从业基本状况的概述，可通过县域工商管理局或能源生产企业官方网址等途径获取，以系统录入的方式一次性录入县域能源数据平台。

在能源生产静态统计数据方面，主要包括生物质秸秆电站的装机容量、并网电压等级、并网线路、并网变电站、上网电价等具体指标。其中，装机容量指生物质秸秆电站正式安装完毕投入使用的发电设备能力，包括正常运转容量、事故备用容量和检修备用容量；并网电压等级、并网线路、并网变电站指标则是用于反映生物质秸秆电站并网特征情况的具体指标；上网电价指电网购买生物质秸秆电站的电量，在发电企业接入主网架时的计量价格。由于上述静态指标在较长的一段时间内不会发生变化，因此可以按年为更新频率通过县域电网公司获取，并以系统录入的方式进行更新录入，以实现对生物质秸秆电站能源生产过程中静态数据的收集。

在能源生产动态统计数据方面，主要包括生物质秸秆电站的发电量、上网电量、功率有功功率、功率无功功率、电压、电流、频率等具体指标。其中，发电量特定时期内生物质秸秆电站所有电力生产机组生产出的所有电量总和，是对县域特定时期内生物质秸秆电站电力生产总量水平的反映；上网电量指风力发电厂在上网电量计量点向电网输入的电量，即发电厂向供电企业出售的电量；有功 / 功率无功功率、电压、电流、频率等指标则是用于反映生物质秸秆电站机组发电功率及稳定性的重要参数指标；该类统计指标是对生物质秸秆电站能源生产动态过程的重要监测指标，可通过生物质秸秆电站生产管理系统处获取，并以系统对接的方式以分钟为单位上传至县域能源大数据平台，以实现对生物质秸秆电站能源生产动态指标的监测。

在生物质秸秆电站运行统计数据方面，主要包括秸秆日处理量、入厂秸秆量、入炉秸秆量、锅炉运行时间、吨秸秆发电量、入炉吨秸秆发电量、吨秸秆上网电量、入炉吨秸秆上网电量、颗粒、氯化氢、氮氧化合物、一氧化碳、二氧化硫、产灰质量，上述统计指标均是生物质秸秆电站的电力生产过程中的重要参数，可通过生物质秸秆电站生产管理系统处进行获取，以系统对接的方式将数据实时上传至县域能源大数据平台，以实现对生物质秸秆电站设备生产运行状态的实时监控。

（5）地热电站。在地热电站统计数据方面，包括地热电站基本信息、能源生产静态数据、能源生产动态数据和运行数据四大类，各大类数据统计体系的具体指标、更新频率及接入方式见表 4–26。

表 4–26　　地热电站统计数据

序号	数据类型	数据指标	更新频度	接入方式
1	基本信息	单位名称	一次性录入	系统录入
2		单位类型		
3		所属乡镇		
4		位置信息		
5		法定代表人		
6		注册资本		
7		成立日期		
8		营业期限		

续表

序号	数据类型	数据指标	更新频度	接入方式
9	基本信息	经营范围	一次性录入	系统录入
10		占用面积		
11	能源生产静态数据	热力管道长度	按年	系统录入
12		地热井口数量		
13		供热范围		
14		供热面积		
15		居民用户供热面积		
16		商业用户供热面积		
17		工业用户供热面积		
18		地热站供热户数		
19	能源生产动态信息	发电量	每小时	系统对接
20		供热量		
21		供热负荷		
22		供热最大负荷		
23	地热电站运行数据	地热井温度		
24		地热井压力		
25		地热井流量		

在基本信息类统计数据方面，主要包括地热电站的单位名称、单位类型、所属乡镇、位置信息、法定代表人、注册资本、成立日期、营业期限、经营范围、占用面积等具体指标。该类数据是对地热电站能源生产企业从业基本状况的概述，可通过县域工商管理局或能源生产企业官方网址等途径获取，并以系统录入的方式一次性录入县域能源数据平台。

在能源生产静态统计数据方面，主要包括地热电站的热力管道长度、地热井口数量、供热范围、供热面积、居民/商业/工业用户供热面积、地热站供热户数等具体指标。由于上述静态指标在较长的一段时间内不会发生变化，因此可以按年为更新频率通过县域电网 / 热力公司获取，并以系统录入的方式进行更新录入，以实现对地热电站能源生产静态数据的收集。

在能源生产动态统计数据方面，主要包括地热电站的发电量、供热量、供热负荷、供热最大负荷等具体指标。其中，发电量是特定时期内地热电站所有发电设备生产出的电量总和，是对县域特定时期内地热电站电力生产总量水平的反映；供热量是特定时期内地热电站所有供热设备向各类用户输送的热量总和，可反映特定时期内地热电站热力生产供应总量水平；供热负荷、供热最大负荷则是地热电站为用户提供热量能力的度量，是衡量地热电站提供热量的能力的重要指标。该类统计指标是对地热电站能源生产动态过程的重要监测指标，可通过地热电站生产管理系统处获取，并以系统对接的方式以分钟为单位上传至县域能源大数据平台，以实现对地热电站能源生产动态指标的监测。

在地热电站运行统计数据方面，主要包括地热井温度、地热井压力、地热井流量等具体指标。上述统计指标均是地热电站生产运行过程中的重要参数，可通过地热电站生产管理系统处进行获取，以系统对接的方式将数据实时上传至县域能源大数据平台，以实现对地热电站设备生产运行状态的实时监控。

（6）水力发电站。水力发电站主要涉及县域地区 5 万 kW 及以下的农村小水电。在水力发电站统计指标方面，包括水力发电站基本信息、水力发电站能源生产静态数据、水力发电站能源生产动态数据和水电站生产技术指标四大类。各大类数据统计体系的具体指标、更新频率及接入方式见表 4–27。

表 4–27　　　　水力发电站统计数据

序号	数据类型	数据指标	更新频度	接入方式
1	基本信息	单位名称	一次性录入	系统录入
2		单位类型		
3		所属乡镇		
4		位置信息		
5		法定代表人		
6		注册资本		

续表

序号	数据类型	数据指标	更新频度	接入方式
7	基本信息	成立日期	一次性录入	系统录入
8		营业期限		
9		经营范围		
10		占用面积		
11	能源生产静态数据	装机容量	按年	系统录入
12		并网电压等级		
13		并网线路		
14		并网变电站		
15		上网电价		
16	能源生产动态数据	发电量	5min	系统对接
17		上网电量		
18		功率有功功率		
19		功率无功功率		
20		电压		
21		电流		
22		频率		
23	水电站生产技术数据	保证功率	一次性录入	系统对接
24		设计保证率	一次性录入	
25		发电最大水头	一次性录入	
26		发电量最小水头	一次性录入	
27		水电站多年平均功率	按年	
28		多年平均年发电量	按年	
29		平均水头	按年	
30		实时水头	5min	

续表

序号	数据类型	数据指标	更新频度	接入方式
31	水电站生产技术数据	水库蓄能	5min	系统对接
32		预想功率	5min	

在基本信息类统计数据方面，主要包括水力发电能源生产企业的单位名称、单位类型、所属乡镇、位置信息、法定代表人、注册资本、成立日期、营业期限、经营范围、占用面积等具体指标。该类数据是对水力发电企业从业基本状况的概述，可通过县域工商管理局或水力发电企业官方网址等途径获取，并以系统录入的方式一次性录入县域能源数据平台。

在能源生产静态统计数据方面，主要包括水力发电企业的装机容量、并网电压等级、并网线路、并网变电站、上网电价等具体指标。其中，装机容量指水力发电企业正式安装完毕投入使用的发电设备能力，包括正常运转容量、事故备用容量和检修备用容量；并网电压等级、并网线路、并网变电站指标则是用于反映水力发电企业并网特征情况的具体指标；上网电价指电网购买水力发电企业的电量，在发电企业接入主网架时的计量价格。由于上述静态指标在较长的一段时间内不会发生变化，因此可以按年为更新频率通过县域电网公司获取，并以系统录入的方式进行更新录入，以实现对水力发电企业能源生产过程中静态数据的收集。

在能源生产动态统计数据方面，主要包括水力发电企业的发电量、上网电量、功率有功功率、功率无功功率、电压、电流、频率等具体指标。其中，发电量特定时期内水力发电企业所有电力生产机组生产出的所有电量总和，是对县域特定时期内水力发电企业电力生产总量水平的反映；上网电量指水力发电厂在上网电量计量点向电网输入的电量，即发电厂向供电企业出售的电量；有功 / 功率无功功率、电压、电流、频率等指标则是用于反映水力发电厂机组发电功率及稳定性的重要参数指标；该类统计指标是对水力发电企业能源生产动态过程的重要监测指标，可通过水力发电企业生产管理系统处获取，并以系统对接的方式以分钟为单位上传至县域能源大数据平台，以实现对水力发电企业能源生产动态指标的监测。

在水电站生产技术统计指标方面，主要包括保证功率、设计保证率、发电最大水头、发电量最小水头、水电站多年平均功率、多年平均年发电量、平均水头、实时水头、水库蓄能、预想功率等具体统计指标。上述统计指标均是影响水力发电站生产运行的重要技术参数，可通过与水力发电企业生产信息化系统进行对接的方式，按照统计指标的特性以一次性录入、按年录入或实时录入的更新频率接入县域能源大数据平台，以实现对水力发电企业生产运行技术指标的数据采集。

（7）储能电站。储能电站主要涉及县域地区进行电能存储、转换及释放的电站，在储能电站统计指标方面，包括储能电站基本信息、储能电站能源电量指标、储能电站能效指标和储能电站可靠性指标四大类，各大类数据统计体系的具体指标、更新频率及接入方式见表 4–28。

表 4–28　储能电站统计数据

序号	数据类型	数据指标	更新频度	接入方式
1	基本信息	单位名称	一次性录入	系统录入
2		单位类型		
3		所属乡镇		
4		位置信息		
5		法定代表人		
6		注册资本		
7		成立日期		
8		营业期限		
9		经营范围		
10		占用面积		
11	电量指标	上网电量	按年	系统录入
12		下网电量		
13		站用电量		
14		运行小时数		
15		等效利用系数		

续表

序号	数据类型	数据指标	更新频度	接入方式
16	能效指标	电站综合效率	5min	系统对接
17		储能损耗率		
18		站用电率		
19		粘损率		
20	可靠性指标	电站利用系数	一次性录入	系统对接
21		计划停运系数	一次性录入	
22		非计划停运系数	一次性录入	

在基本信息类统计数据方面，主要包括储能电站的单位名称、单位类型、所属乡镇、位置信息、法定代表人、注册资本、成立日期、营业期限、经营范围、占用面积等具体指标。该类数据是对储能电站从业基本状况的概述，可通过县域工商管理局或储能电站企业官方网址等途径获取，并以系统录入的方式一次性录入县域能源数据平台。

在储能电站电量统计指标方面，主要包括储能电站的上网电量、下网电量、站用电量、运行小时数、等效利用系数等具体指标。其中，上网电量是在评价周期内储能电站向电网输送的电量的总和，下网电量是在评价周期内储能电站从电网接受的电量的总和，上网电量和下网电量可从储能电站与电网之间的关口计量表计取；站用电量是评价周期内维持储能电站运行的储能监控系统、电池管理系统、照明动力及暖通空调等所耗的电量总和，可通过监控系统从站用电回路中的计量表计取；储能电站运行小时数应分别统计评价周期内各储能单元的运行时间，再按照各储能单元的额定功率加权平均；储能电站等效利用系数应分别统计评价周期内各储能单元的等效利用系数，再按照额定功率加权平均。上述指标可以按小时或天为更新频率通过储能电站业务系统中获取，并以系统对接的方式进行更新录入，以实现对储能电站电量类指标数据的统计收集。

在储能电站能效统计指标方面，主要包括储能电站的电站综合效率、储能损耗率、站用电率、粘损率等具体指标。其中，储能电站综合效率是评价周期内，电储能电站生产运行过程中上网电量与下网电量的比值；储能损耗率是储能电站在评价周期内，各电储能单元充放电过程总的电能损耗与下网电量的比值；储能电站的站用电率是评价周期内，站用电量占下网电量的百分比；储能电站的粘损率是评价周期内电储能电站中为储能系统配套的输变电设备在运行过程中的电能损耗占下网电量的百分比。该类统计指标是对储能电站运行效率的重要监测指标，可通过储能电站业务系统中获取，并以系统对接的方式以月为单位上传至县域能源大数据平台，以实现对储能电站能效指标情况的统计监测。

在储能电站可靠性统计指标方面，主要电站利用系数、计划停运系数、非计划停运系数等具体统计指标。其中，储能电站利用系数是指评价周期内储能电站运行小时数与统计时间的比值；储能电站计划停运系数是指在评价周期内储能电站计划停运时间与统计时间的比值；储能电站非计划停运系数是指在评价周期内储能电站非计划停运时间与统计时间的比值。上述统计指标均是影响储能电站运行可靠程度的重要技术参数，可通过与储能电站业务信息系统进行对接的方式，以月度为更新频率接入县域能源大数据平台，以实现对储能电站生产运行可靠性指标的统计采集。

4.3.2 能源消费型企业统计数据

能源消费型企业统计数据主要面向县域范围内从事一定规模生产制造活动的工业用户，其统计数据包括企业基本信息、电价信息、能源消费、用能监测等几类数据类型，各类数据统计体系的具体指标、更新频率及接入方式见表 4–29。

表 4–29　　能源消费型企业统计数据

序号	数据类型	数据指标	更新频度	接入方式
1	基本信息	单位名称	一次性录入	系统录入
2		单位类型		
3		所属乡镇		
4		位置信息		
5		法定代表人		

续表

序号	数据类型	数据指标	更新频度	接入方式
6	基本信息	注册资本	一次性录入	系统录入
7		成立日期		
8		营业期限		
9		经营范围		
10		占用面积		
11	电价信息	执行电价类别	按月	系统录入
12		变压器容量		
13		最大需量		
14	能源消费	用电量	按日	系统对接
15		用电量增长率		
16		电费		
17		电费增长率		
18		电费占总费用占比		
19		峰时段用电量		
20		峰时段电费		
21		平时段用电量		
22		平时段电费		
23		谷时段用电量		
24		谷时段电费		
25		用热 / 气 / 油量	按日	系统对接
26		用热 / 气 / 油量增长率		
27		热 / 气 / 油费		
28		热 / 气 / 油费占总费用占比		
29	用能监测	重点用能设备功率	每 15min	终端采集
30		重点用能设备功率因数		
31		重点用能设备用电量		

在企业基本信息类统计数据方面，主要包括能源消费企业的单位名称、单位类型、所属乡镇、位置信息、法定代表人、注册资本、成立日期、营业期限、经营范围、占用面积等具体指标。该类数据是对能源生产企业从业基本状况的概述，可通过县域工商管理局或能源企业官方网址等途径获取，并以系统录入的方式进行一次性录入。

在电价信息类统计数据方式，主要包括执行电价类别、变压器容量、最大需量等具体指标。其中，执行电价类别对工业用户两部制 / 单一制电价执行情况进行统计；变压器容量是工业用户变压器在规定的正常使用寿命期间，所能连续输出最大容量；最大需量是指计量在一定结算期内（一般为一个月）某一段时间（我国现执行 15min）工业用户用电的平均功率，保留其最大一次指示值作为这一结算期的最大需量；变压器容量和最大需量统计指标均是用于计算工业用户基本电费的重要影响参数。上述指标数据可通过县域供电公司获取，并以系统录入的方式按月度进行更新录入，以实现对工业用户电价基本信息的定期收集。

在能源消费类统计数据方面，主要包括用电量、用电量增长率、电费、电费增长率、电费占总费用占比、峰平谷时段用电量、峰平谷时段电费以及热 / 汽 / 油等其他能源的上述消费数据。其中，用电量、电费指一定时期内工业用户从事日常生产制造经营活动所消耗的电能总量及其对应的成本，是反映工业用户生产经营过程中重要的能源消费指标；用电量 / 电费增长率指能源消费企业某一时期较前一时期新增的用电量 / 电费，与前一时期用电量 / 电费的比值，速度为正数表示用电量 / 电费增长，为负数表示用电量 / 电费降低，可反映出最新时期与上一时期发电量 / 电费的变化情况；电费占总发费用占比是指县域一定时期内电能成本占总成本的比例，该指标是反映能源消费型企业能源成本结构的重要量化指标；峰平谷时段用电量 / 电费则按照用电峰平谷时段将能源消费企业用电量 / 电费进行划分，该类指标数据对于指导能源消费企业合理规划用电时间、助力电力部门优化配置电力资源具有重要的基础指导性作用；油 / 热 / 气等其他各类能源统计指标与电能相关指标相似，分别反映各类能源使用规模、使用费用、成本结构等情况。上述指标数据可通过电力公司、热力公司等能源供应型企业处获取，并在条件允许的情况下以系统对接的方式按日为单位接入县域能源大数据平台，以实现能源生产型企业用能情况的分析诊断。

在用能监测类数据方面，主要包括重点用能设备功率、重点用能设备功率因数及重点用能设备用电量等具体指标。其中，重点设备功率主要指能源生产企业主要设备的输出功率和输出功率，通过衡量重点设备输出功率与输入功率的比值，可实现该类设备使用效率的测度；重点用能设备功率因数指交流电路有功功率对视在功率的比值，该指标是电力系统的一个重要的技术数据，是衡量电气设备效率高低的一个系数，用户电器设备在一定电压和功率下，该值越高效益越好，发电设备越能充分利用；重点用能设备用电量则指一定时期内能源消费企业主要设备的耗电情况。上述统计指标的数据可通过安装智能化信息采集设备的方式进行终端获取，并以较快的更新频率将数据上传至县域能源大数据平台，以实现能源消费企业终端用能设备能源使用效率的实时精准监测。

4.3.3　居民用户统计数据

在居民用户统计数据方面，包括居民用户基本信息、用能消费数据以及家用电器用能监测数据三大类统计指标，各类数据统计体系的具体指标、更新频率及接入方式见表 4–30。

表 4–30　　居民用户统计数据

序号	数据类型	数据指标	更新频度	接入方式
1	基本信息	户主姓名	一次性录入	系统录入
2		所属乡镇		
3		家庭人口数量		
4		家庭成员年龄结构		
5	用能消费	用电量	按月	系统对接
6		用电量增长率		
7		电费		
8		电费增长率		
9		电费占总用能消费占比		
10		第一阶梯用电量		

续表

序号	数据类型	数据指标	更新频度	接入方式
11	用能消费	第一阶梯电费	按月	系统对接
12		第二阶梯用电量		
13		第二阶梯电费		
14		第三阶梯用电量		
15		第三阶梯电费		
16		用热 / 气 / 油量	按月	系统录入
17		用热 / 气 / 油量增长率		
18		热 / 气 / 油费		
19		热 / 气 / 油费占总费用占比		
20	家用电器用能监测	家用电器用电量	每 15min	终端采集
21		家用电器用电时间		

在居民用户基本信息类统计数据方面，主要包括家庭居民用户的户主姓名、所属乡镇、家庭人口数量、家庭成员年龄结构等具体指标。该类数据是对以家庭为单位的县域居民用户家庭人口及年龄特征等基本情况的概况，应在各居民用户授权的前提下以系统录入的方式一次性录入县域能源大数据平台，以实现对各居民用户基本信息的统计收集。

在用能消费类统计数据方面，主要包括县域各居民用户用电量、用电量增长率、电费、电费增长率、电费占总用能消费占比、各阶梯电价用电量、各阶梯电价电费以及热 / 气 / 油等其他能源的上述消费数据。其中，用电量、电费指一定时期内居民用户家庭日常生活中所消耗的电能总量及其对应的成本，是反映各家庭用户电能使用消费情况的重要指标；用电量 / 电费增长率指县域居民用户某一时期较前一时期新增的用电量 / 电费，与前一时期用电量 / 电费的比值，速度为正数表示用电量 / 电费增长，为负数表示用电量 / 电费降低，可反映出最新时期与上一时期发电量 / 电费的变化情况；电费占总用能消费占比是指居民用户一定时期内电能成本占家庭总用能成本的比例，是反映家庭用户能源成本支出结构的重要量化指标；各阶梯电价用电量 / 电费则按照不同等级阶梯电价将居民用户用电量 / 电费进行分类统计，该类指标数据对于促进居民用户节约用电具有重指导性作用；油 / 热 / 气等其他各类能源统计指标与电能相关指标相似，分别反映县域居民用户各类能源使用规模、使用费用、成本结构等情况。上述指标数据可通过供电公司、热力公司等能源供应型企业处获取，并在条件允许的情况下以系统对接的方式按月为单位接入县域能源大数据平台，以实现居民用户用能情况的诊断分析。

在家用电器用能监测类数据方面，主要包括家用电器用电量、家用电器用电时间等具体指标，该类指标可对居民用户各类家用电器的能源消耗量及使用情况进行统计，从而帮助居民用户优化用能方式并进一步节约电器用能成本。上述统计指标的数据可通过安装智能家庭网关、智能交互终端、智能插座、智能家电等居民用户能效管理关键设备进行终端数据采集，通过互联网实现各类电器用能数据的实时上传，从而达到县域居民用户终端用能设备能源使用情况的实时精准监测。

4.3.4　商业用户统计数据

商业用户企业统计数据主要面向县域范围内从事商品交换和为客户提供商业性、金融性、服务性有偿服务的用户，其统计数据包括企业基本信息、能源消费、用能监测等几类数据类型，各类数据统计体系的具体指标、更新频率及接入方式见表 4–31。

表 4–31　　商业用户统计数据

序号	数据类型	数据指标	更新频度	接入方式
1	基本信息	单位名称	一次性录入	系统录入
2		单位类型		
3		所属乡镇		
4		位置信息		
5		法定代表人		
6		注册资本		
7		成立日期		
8		营业期限		
9		经营范围		

续表

序号	数据类型	数据指标	更新频度	接入方式
10	基本信息	总建筑面积	一次性录入	系统录入
11		建筑层数		
12	能源消费	用电量	按日	系统对接
13		用电量增长率		
14		电费		
15		电费增长率		
16		电费占总费用占比		
17		峰时段用电量		
18		峰时段电费		
19		平时段用电量		
20		平时段电费		
21		谷时段用电量		
22		谷时段电费		
23		用热 / 气 / 油量		
24		用热 / 气 / 油量增长率		
25		热 / 气 / 油费		
26		热 / 气 / 油费占总费用占比		
27	用能监测	暖通空调用电量	每 15min	终端采集
28		照明设备用电量		
29		动力设备用电量		

在企业基本信息类统计数据方面，主要包括商业用户的单位名称、单位类型、所属乡镇、位置信息、法定代表人、注册资本、成立日期、营业期限、经营范围、总建筑面积、建筑层数等具体指标，该类数据是对县域商业用户基本状况的概述，可通过县域工商管理局或商业用户官方网址等途径获取，并以系统录入的方式进行一次性录入。

在能源消费类统计数据方面，主要包括用电量、用电量增长率、电费、电费增长率、电费占总费用占比、峰平谷时段用电量、峰平谷时段电费以及热 / 汽 / 油等其他能源的上述消费数据。其中，用电量、电费指一定时期内工业用户从事日常生产制造经营活动所消耗的电能总量及其对应的成本，是反映工业用户生产经营过程中重要的能源消费指标；用电量 / 电费增长率指商业用户某一时期较前一时期新增的用电量 / 电费，与前一时期用电量 / 电费的比值，速度为正数表示用电量 / 电费增长，为负数表示用电量 / 电费降低，可反映出最新时期与上一时期发电量 / 电费的变化情况；电费占总发费用占比是指县域一定时期内电能成本占总成本的比例，是反映能源消费型企业能源成本结构的重要量化指标；峰平谷时段用电量 / 电费则按照用电峰平谷时段将商业用户用电量 / 电费进行划分，该类指标数据对于指导商业用户合理规划用电时间、助力电力部门优化配置电力资源具有重要的基础指导性作用；油 / 热 / 气等其他各类能源统计指标与电能相关指标相似，分别反映各类能源使用规模、使用费用、成本结构等情况。上述指标数据可通过供电公司、热力公司等能源供应型企业处获取，并在条件允许的情况下以系统对接的方式按日为单位接入县域能源大数据平台，以实现能源生产型企业用能情况的分析诊断。

在用能监测类数据方面，由于酒店、商场（办公楼）等商业用户的大部分用电量由空调设备、照明设备和动力设备所产生，因此本节从空调、照明、动力设备维度进行商业用户用电水平的监测。其中，空调设备包括暖通空调系统的主机、机组等设备用电（不包含由照明供电的末端小功率用电设备）；照明设备主要包含照明、插座以及风机盘管等末端小功率用电设备；动力设备主要包括电梯、给排水系统等。该类统计指标的数据可通过在相应的商业用能设备处安装用电计量对其具体能耗进行实时监测，然后将采集到数据实施上传至县域能源大数据平台相应数据分析模块，以实现对商业用户主要用能设备能耗情况及其特征的分析监测。

4.4　本章小结

本章从社会经济及能源资源统计数据、全品类能源全链条统计数据、各类主体能源统计数据三大维度设计县域能源数据统计体系：社会经济资源环境统计数据由县域生产总值、居民收入等社会经济数据和资源储量、资源开发量等资源环境数据构成，以反映县域经济发展及资源禀赋情况；全品类能源全链条统计数据由横向的能源资源禀赋－生产－传输－消费全链条以及纵向的电热气油煤全品类能源构成，以实现县域能源数据全品类、全链条接入；各类用户能源统计数据则从能源生产/消费企业、居民用户、商业用户等多维度主体的角度分不同对象来进行统计收集，以实现能源生产－消费环节中各类主体的能源信息采集。

第 5 章　县域能源数据应用场景设计

2014 年，大数据首次写入政府工作报告，大数据逐渐成为各级政府关注的热点，2015 年 9 月，中华人民共和国国务院发布《促进大数据发展的行动纲要》，大数据正式上升至国家战略层面，十九大报告提出要推动大数据与实体经济的深度融合。2021 年 3 月发布的“十四五”规划中，大数据标准体系的完善成为发展重点。政府数据开放共享、数据流通与交易、利用大数据保障和改善民生等概念深入人心，此后国家相关部门出台了一系列政策，鼓励大数据应用发展。大数据价值创造的关键在于大数据的应用，随着 5G、云计算、人工智能等新一代信息技术快速发展，大数据应用已经融入各行各业，大数据应用产业正快速发展成为新一代信息技术和服务业态。

中国农村小水电、低速风能和太阳能资源分布广阔，农村能源呈现分散化、点状分布的特征。随着我国经济发展，国家愈来愈重视农村能源的开发利用，对农村能源数据的标准化管理、数字化建设等方面都提出了新要求。充分利用好县域能源大数据，需要基于能源大数据平台，实现能源大数据的多场景应用，推进能源行业数据资源开发共享，打破数据资源壁垒，逐步覆盖电、煤、油、气等能源领域及气象、经济、交通等多维场景领域。目前，能源大数据应用在电力、新能源、油气等企业内部已经广泛开展，全国及部分省份先期探索开展了能源大数据应用场景建设。然而，在县域大数据应用方面，现阶段县域能源数据尚未形成一套较为完善的应用场景体系，亟需针对各类应用对象设计典型应用服务，为县域数据价值的最终实现提供参考借鉴。因此，本章针对政府、企业、公众等类型服务对象进行县域能源数据应用场景设计，根据不同场景研究如何通过数据应用辅助政府能源决策，支撑企业精益化管理，服务公众便捷用能。

5.1　县域能源数据应用场景整体架构

在县域能源数据体系架构以及县域能源数据统计体系构建的基础上，针对政府、能源生产型企业、能源消费型企业、社会公众等不同类型服务对象，进一步设计县域能源数据体系典型应用场景，根据不同场景通过各项数据应用增值产品辅助政府能源决策、支撑企业精益化管理、服务公众便捷用能，为未来县域能源数据的有效应用及价值实现提供参考借鉴。

县域能源数据应用场景整体框架如图5–1所示，在数据采集层和数据管理层对县域社会经济能源资源数据、电力燃气热力成品油等全品类能源数据以及能源生产消费企业及居民用户数据进行分类归集存储计算的基础上，数据应用层针对政府、能源生产/消费企业、公众等不同类型服务对象，根据不同场景开发各项数据应用增值产品，辅助政府实现能源领域数据聚集，满足政府对能源规划、运行态势等行业管理与监督需求，助力能源转型；推动能源企业提高运营效益，实现精益化管理，助力工业企业提高用能效率；服务公众方便、快捷用能需求，推动公众降低用能成本。

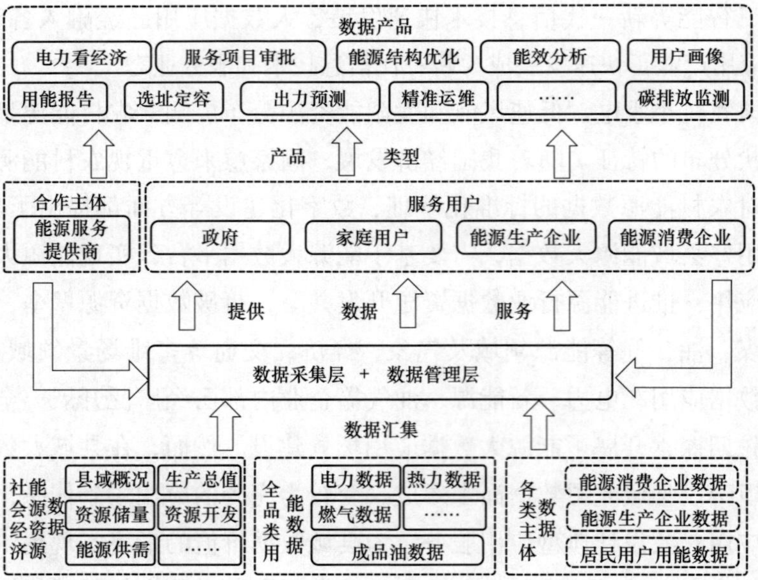

图5–1 县域能源数据应用场景整体架构

5.2 面向政府数字化治理典型应用场景

近年来，以大数据为核心的新一代信息技术对政府治理产生越来越重要的变革性影响。可以预见，大数据发展和应用将掀起政府治理创新的又一轮浪潮，并带来政府治理模式的重大转型。通过建立能源大数据平台，协助政府完成能源数据在线收集、动态监控、实时研判，为各级相关政府部门提供城市能效统计分析、经济分析、用能监测、能源大数据分析和应用等服务，为政府政策制定、社会经济发展研判、社会治理等多个领域提供有力支撑。县域能源数据政府应用场景如图 5–2 所示。

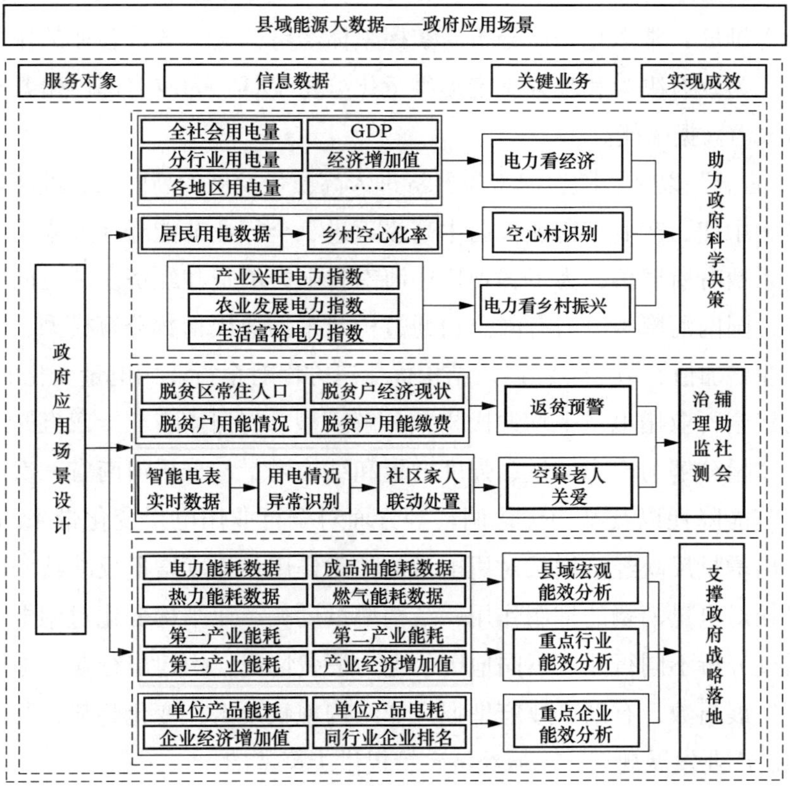

图 5–2　县域能源数据政府应用场景

5.2.1　助力政府科学决策

（1）电力看经济。电力作为一种重要生产要素，电力消费数据可以较好地反映出我国经济总体以及分产业、分行业运行情况，是反映国民经济运行与发展的“晴雨表”。同时，电力是国民经济的重要基础产业，也是工业行业中资产规模最大的一个行业，电力行业的高质量发展是经济高质量发展的重要领域，电力需求与经济社会发展密不可分。电力大数据具有动态实时、准确客观的独特优势，可在一定程度上实时反映经济社会运作情况。电力看经济主要依据县域各类用户用电情况来反映县域宏观经济运行状况，通过采集县域近年来全社会用电量、分行业用电量、各地区用电量等电力消费数据以及 GDP、经济增加值、工业增加值等县域经济发展数据，构建电力消费数据与经济发展数据的相关性分析模型，深入分析电力与经济运行的联动性，洞察出电力数据与宏观经济波动的一致性或先行的变化趋势，并进一步分区县、分行业等维度，常态化开展分析，掌握整体经济社会、各行各业的用电与经济规律，为政府决策和政策制定提供量化分析工具，为政府部门研判经济形势进行电力数据赋能。

“十三五”以来，随着河南省经济进入高质量发展的新阶段，经济增长由高速转为中速、产业结构加快向中高级迈进、全行业节能降耗效果明显，电力弹性系数有所回落，为了客观描述河南省电力消费和经济发展之间新的发展态势，国网河南省电力有限公司通过构建平均迪氏指数分解模型，分析河南省产业增加值、节能降耗以及结构优化三方面对全行业用电量变化的影响。通过构建全行业用电量平均迪氏指数分解模型，将河南省“十三五”全行业用电量增量分解为产出增量、强度增量和结构增量，分析河南省三次产业增加值、节能降耗以及结构优化调整等方面对全行业用电量变化带来的影响，其中产出增量反映经济增长对用电量的拉动作用；强度增量反映技术进步和节能降耗对电量消费的抑制作用；结构增量反映产业结构变化对用电量的影响。通过分析不同行业、不同地区的电力消费情况，构建出行业－地区层面的经济发展指数，有助于政府把握产业结构现状及潜在变化趋势，为下一步精准制定产业发展规划、区域经济政策提供决策基础。

（2）电力看乡村振兴。乡村振兴，电力先行，电力作为农村覆盖最广、服务体系最全的能源，与农业生产、农民生活紧密相关。电力大数据能较为全面地感知居民活动状态、透视产业经营活动，具有准确、实时、客观的特征属性，是量化分析乡村振兴发展水平的良好切入点。

随着脱贫攻坚战取得全面胜利，河南省作为乡村振兴战略实施主战场，正全力打造农业大省乡村振兴典范。秉持“乡村振兴，电力先行”发展理念，国网河南省电力有限公司在做好电网建设的同时，积极拓展电力大数据服务河南乡村振兴的新模式。立足河南农业农村大省定位，聚焦电力大数据价值挖掘应用，围绕乡村产业、农村生活、农业生产三大方面，构建了产业兴旺、生活富裕、农业发展三个分项电力指数，对标人均 GDP、人均可支配收入，研究提出基于“欧拉距离”的乡村振兴电力指数权重优选方法，确定分项指数按照 4：4：2 合成“乡村振兴电力综合指数”，深化乡村用电大数据分析应用，为乡村振兴决策提供参考。

产业兴旺电力指数，辅助优化产业布局。“产业兴旺电力指数”选取与乡村产业发展相关的采矿业、制造业、旅游业 3 大类 39 个行业电量，利用高耗能产业调整系数修正（以河南省县域为例，经科学测算取值 0.25），计算乡村产业发展用电量占全社会用电量的比重，通过其与标杆值（选取河南“十三五”期间各县最大值）的对比，直观表征乡村展业发展水平，为合理配置资源，优化产业布局提供决策辅助。得分较高的地区，应强化创新引领，突出集群成链，优先布局资金、技术密集型产业；得分低的地区，应聚集资源要素，聚焦特色产业，培育发展新动能，推动产业高质量发展。

生活富裕电力指数，加快城乡融合发展。“生活富裕电力指数”利用城乡居民户均生活用电量与相应标杆值的比值，表征农村生活电气化水平。考虑农村空心化对户均用电量影响，构建基于用电大数据的农村空心化测度模型，对空心户进行识别，修正居民用电户数，进一步提升户均用电量的合理性。通过户均用电量表征农民共享社会发展成果的水平，为科学有序统筹安排农村、城镇等功能空间，分步提升乡村基础设施提供导向，有利于逐步建成全民覆盖、普惠共享、城乡一体的基本公共服务体系，推动城镇和乡村融合发展。

农业发展电力指数，推动农业高质高效。“农业发展电力指数”选取与农业发展相关的农林种植、畜牧渔养殖用电量，利用亩均农业发展用电量与相应标杆值的比值，表征农业发展现代化水平。“农业发展电力指数”较低的地区，应结合当地资源禀赋，加大力度建设现代农业园区、特色农产品优势区，提高设施农业、畜牧业、渔业和农产品初加工的装备水平，出台政策支持农田排灌、电气化大棚建设等，推动农业高质高效发展。

开展运用乡村振兴电力综合指数研究成果试点，实现以月、季、年为周期，以县、乡为单位的乡村振兴程度量化分析，支撑横向差异评估、纵向成效对比。河南省对 107 个县（区）2018—2020 年乡村振兴电力指数进行测算，绘制全省指数分布地图，并对在农业发展、产业兴旺、农民富裕等方面具有典型代表性的 10 个县进行专题分析，提出发展建议。以河南省开封市兰考县为试点，应用电力指数剖析乡镇层级振兴发展程度，建议城镇依托可耕地资源优势，大力推动高标准农田建设，建议许河乡、东坝头镇分别依托畜牧养殖培育、黄河旅游风景区建设等政策扶持，培育发展特色优势产业，拓宽农民增收渠道。

（3）空心村识别。随着工业化、城镇化快速发展，大量农村人口尤其是青壮年劳力不断“外流”，农村常住人口逐渐减少，很多村庄出现了“人走房空”现象。农村空心化是对我国农村转型过程中出现的一些现象的概括，主要表现为：农业生产缺乏吸引力；农村生活缺乏活力；村庄格局缺乏协调性；乡土文化缺乏延续性及由此导致的农村劳动力非农化、资金非农化和土地非农化。

国网河南省电力有限公司基于居民用电大数据，以农村住宅为单位，提出农村“空心化率”来测度农村空心化程度。以年度为周期进行空心化评价，可实现县域级、乡镇级乃至乡村级空心化率测算，并在河南省开封市兰考县率先应用。为实地验证农村空心化测算模型的精准性，组织兰考供电公司营销队伍开展入户调查。在河南省开封市兰考县许河乡、孟寨乡、考城镇、坝头乡、谷营乡、仪封乡按照疑似空置户测算结果数的5%比例抽样，挑选12个村庄503户进行调查，校验测算结果准确性，综合识别准确率97.14%；利用基于电力数据的农村空心化测度模型，可对各县、各乡镇空心化水平进行评估，评估结果可为农网规划、农村电网改造投资提供参考，为政府精准制订政策、优化资源配置、研判振兴成效提供依据。

5.2.2 辅助社会治理日常监测

（1）返贫预警。2021年，脱贫攻坚战取得了全面胜利，中国完成了消除绝对贫困的艰巨任务。脱贫摘帽不是终点，让脱贫基础更加稳固、成效更可持续，实现全面脱贫与乡村振兴有效衔接，要加快建立防止返贫监测和帮扶机制，就需要对易返贫致贫人口加强监测。

湖南省应用阿里云大数据开发平台，与乡村振兴局、电力公司营销部门对接，获取当地脱贫户、脱贫县市区、脱贫行政村、各村常住人口等档案；对脱贫户、脱贫县市区、脱贫行政村各村常住人口开展调研，分析其用电行为，研究构建返贫预警监测，形成模型数据需求清单。确认扶贫档案管理、电力返贫监测看板、构建分析模型、构建扶贫画像、预警模型管理、预警信息推送等六项功能需求。采用Edas中间件、RDS数据库，对脱贫户的用电缴费等数据进行数据清洗及挖掘，形成脱贫户多个维度的用电行为数据分析模型；对脱贫户现状进行数据采样及分析，以“分类监测、分级预警”为原则形成“红、黄、蓝”三级预警，实现全面的脱贫户数据画像，系统地对数据结果进行分析研究，完成脱贫户监测的全流程闭环；助推政府巩固扶贫攻坚成果，深化扶贫监测机制的改革和创新，初步探索出一条运用电力大数据巩固脱贫攻坚成果的新路子。

（2）空巢老人关爱。中国社会人口老龄化趋势日益加重，大量县域孤寡老人面临着独居在家的问题，这部分群体的安全引起社会广泛关注。电力大数据的应用，为解决这一问题提供了新的思路，结合电力数据构建的“独居指数”，可以对这部分老龄群体进行重点监测，实时判断其生活状况。这一应用为民政部门、社区服务中心提供了远程监护孤寡老人的“关爱之眼”。

国网江苏省电力有限公司南京供电分公司快速响应，与公安部门、街道办事处合作共享有关信息，经过多轮调试，于 2021 年 7 月 13 日上线能源互联网营销服务系统数据服务平台。该平台每隔 15min 可自动采集老人家中的用电数据，并结合近 5 年历史数据建立老人用电行为习惯模型，再借助大数据技术形成“一人一策略、一户一模型”动态监测模式。一旦老年住户发生长时间未用电、习惯的用电高峰未用电等异常情况，平台会及时告警，供电员工和社区工作者可及时获取告警信息。同时，该平台的后台系统接入了地图信息，将老人所在地址与周边医疗设施在地图上突出标记，以便社区工作者在异常情况发生后能快速前往老人家中并给予救助。南京市秦淮区洪武路街道马府街社区有 30 位老人成为首批获益者。能源互联网营销服务系统数据服务平台共有蓝色、黄色、橙色、红色 4 个告警级别，蓝色为 1h 异常未用电告警；红色为 4h 异常未用电告警；接到黄色以上告警信息后，社区网格员就会前往老人家中核查情况。目前，该平台已覆盖马府街社区等 4 个社区的 104 位独居高龄老人。能源互联网营销服务系统数据服务平台自上线以来共发出报警信息 460 条。

5.2.3　支撑政府战略落地实施

为落实“四个革命、一个合作”能源安全新战略，立足新发展阶段，贯彻新发展理念，构建新发展格局，实现“碳中和、碳达峰”行动目标，需要推动能源大数据产业高质量快速发展。通过对县域宏观能效、县域重点行业能效、县域重点企业能效等方面数据的采集分析，从多维度多层次实现对县域能源使用效率的优化提升：

（1）对县域宏观能效指标进行评估。结合县域特点，基于电、油、热、气等能源大数据，构建涵盖区域层、行业层、用户层、设备层的县域综合能效评价分析体系，开发指标算法和评价模型，统计展示县域能耗指标数据，计算结果应形成市、县（区、市）、乡（镇、街道）等不同口径的图表展示，形成全市能源管控“一张图”，指导政府能效评价管控工作。

（2）分析县域重点行业能效情况。通过对县域大类行业的单位增加值能耗和电耗数据的分析，跟踪县域大类行业整体能效水平及其变化趋势，包括第一产业、第二产业、第三产业的单位增加值能耗和电耗，以及人均生活用能量和用电量，并对各区县进行对比排序。通过对县域细分行业的单位增加值能耗和电耗数据的分析，跟踪县域细分行业能效水平及其变化趋势（包括纺织、造纸、化工、建材、数字经济、智能制造等重点行业的单位增加值能耗和电耗），以实现对县域重点行业能效情况的诊断优化。

（3）分析县域重点企业能效情况。通过对县域重点企业单位产品能耗和电耗等指标数据进行追踪，分析吨钢综合电耗、铝锭综合交流电耗、玻璃综合能耗、电石单耗等单耗指标，并对同行业企业进行对比排名，以有效指导县域重点企业能源效率的优化提升。

（4）在典型案例方面，国网嘉兴供电公司于2020年建成了浙江省首家地市级能源大数据中心，上线的嘉兴市能源大数据平台由监测大厅、用能企业、能耗总量、能耗进度、能耗强度、数据管理、设备管理7大模块组成。通过汇聚电、水、气、热、煤、油、清洁能源等能源数据，大数据中心搭建多类能源分析模型，实现了分行业、分区域、分用户采集和统计能耗，该平台还提供万元产值能耗和万元增加值能耗分析。在能源大数据中心的大屏幕上，在线监测企业数、具体企业今年累计用能、同比增速等信息一目了然，对优化能源消费结构、智慧能源建设等起到积极促进作用，为助力政府精准管控能源利用形势提供了有力支撑。

5.3 企业应用场景设计

企业在能源控制、能源消费、能源结构转型及相关技术升级过程中会产生各种各样的数据，能源大数据的容量是PB量级的。基于海量综合能源数据，利用大数据分析技术深挖数据价值，建立县域能源大数据平台，通过提供能源诊断监测、用能画像、企业用能报告等服务，帮助企业找出与行业、企业能效领跑者差距，为企业高能效低碳化绿色发展提出定制化的能源优化方案，提升能源利用率，促进企业发展和转型升级。县域能源数据能源消费型企业应用场景如图 5–3 所示。

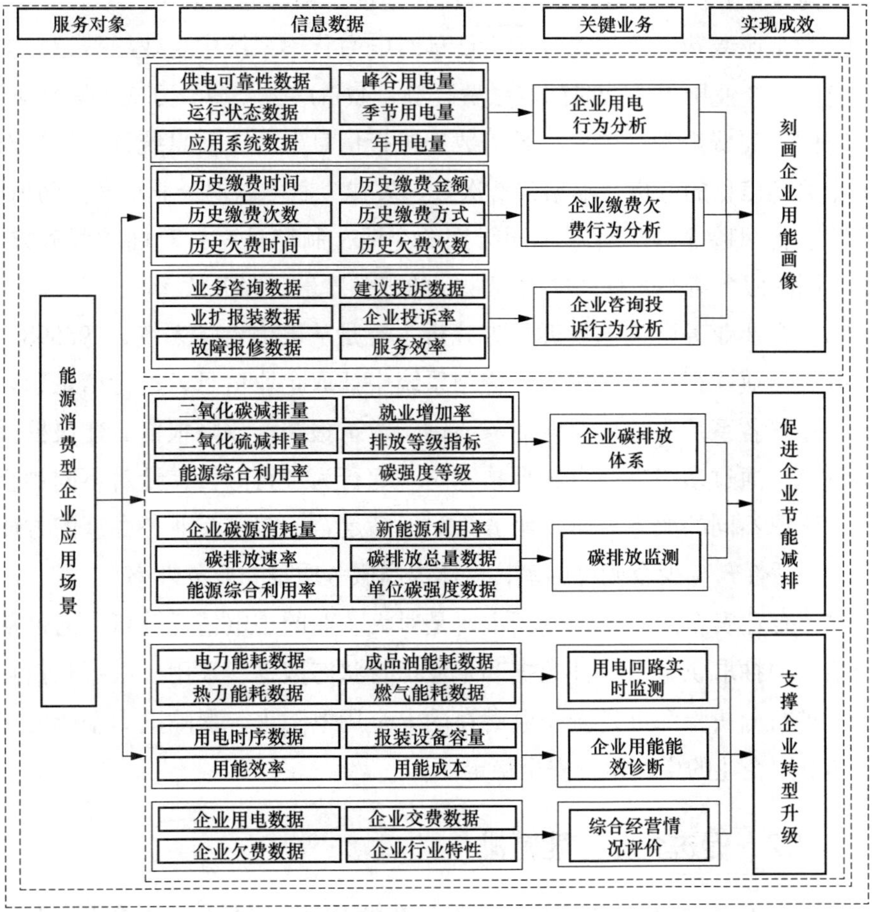

图 5–3　县域能源数据能源消费型企业应用场景

5.3.1　企业用能画像

基于大数据平台对企业用能行为进行分析，通过多维度、多层次、多方位、精细化的数据处理和分析，刻画企业用能画像，为企业提供具有针对性、个性化、特色化的服务方案，满足企业需求。企业用能行为分析主要包括：企业用电行为分析、企业缴费欠费行为分析、企业业务咨询、投诉行为分析和企业安全用电行为分析。

（1）企业用电行为分析主要是指对企业的用电情况进行研究，从电力营销系统、电力营业厅智能服务机器人应用系统中抽取企业信息，进行信息融合分析峰谷用电情况、季节用电情况、年用电情况，进一步根据企业的用电习惯，为企业分析节能效果，为企业提供节能、增容等方案建议。

（2）企业缴费欠费行为分析主要是对电力营销系统中企业缴费记录的分析研究，对企业历史缴费时间、缴费金额、缴费次数、缴费方式、缴费渠道、欠费时间、欠费金额、欠费次数等数据进行信息融合、信息统计，通过对以上企业关键信息的分析，根据欠费次数、欠费金额可以把企业定义为高风险、中风险、低风险企业。针对不同级别的企业，制定具有针对性的服务方案，采取不同的服务策略，提高电力营业厅的服务质量、服务效率。

（3）企业业务咨询、投诉行为分析主要是从电力营销系统、“95598”系统、电力营业厅智能服务机器人应用系统中抽取企业信息，进行信息融合分析，通过从各系统中抽取企业业务咨询、业扩报装、故障报修、建议投诉等数据信息，通过多模态信息融合技术对企业行为进行分析，针对不同的企业诉求，采取不同的服务方案、服务策略，满足企业需求及业务办理的方便快捷性、舒适性，减少企业投诉率，整体提高服务质量和服务效率。

（4）企业安全用电行为分析主要是对大企业的用电情况分析，通过从配电网系统中抽取供电可靠性数据和企业运行状态数据，采用大数据和信息融合技术进行分析，深度挖掘企业潜在的安全用电隐患，保障电力企业的用电安全和电网企业的生产运行安全稳定。

5.3.2 促进企业节能减排

2020 年 9 月 22 日，国家主席习近平在第七十五届联合国大会上宣布，中国力争 2030 年前二氧化碳排放达到峰值，努力争取 2060 年前实现碳中和目标。在“3060”双碳目标背景下，如何基于能源大数据有效监测能源消费型企业在生产运营全流程中的碳排放情况，对于有效指导能源消费企业节能减排，助力企业绿色转型及早日实现“3060”双碳目标具有重要的意义。

在上述背景下，浙江省衢州市生态环境局、农业农村局、发展改革委等政府部门联合国网浙江省电力有限公司衢州供电公司等相关企业，积极对接“双碳”目标，利用“大云物移智链”等先进技术，建立“碳账户”，其中工业碳账户主要依托衢州市双碳数字化产品“绿能码”平台构建，将企业单位碳排放强度与行业碳排放强度标准进行关联对比，确定排放等级，进而形成工业企业碳排放体系。目前国网衢州供电公司已经完成 39 家企业的碳排放核算和单位碳强度等级认定，为低碳效企业提供定制化能效服务，指导相关企业开展高耗能设备更换改造、电能替代等工作，积极引导产业绿色转型，促进形成生态工业绿色发展新方式。通过发挥引领带动作用，促进产业链上下游、能源与金融等领域之间的深度合作，为相关企业提供更多平台服务和“碳金融”业务，实现互利共赢。例如，针对高碳、低碳效企业分别提供全额低息、节能改造专项优惠贷款，累计放款超过 260 万元。在实践中，根据碳源数据及国家碳排放系数标准与可再生能源消纳责任权重，对企业碳源消耗与清洁能源消纳的各项指标进行碳排放总量计算，逐步构建碳排放大数据管理体系，协同推进能源、工业、建筑、交通等各领域节能减排工作。

5.3.3　支撑企业转型升级

随着我国工业化、城镇化进程的推进，资源短缺和环境污染对经济发展的约束日益凸显。我国提出 2020 年单位国内生产总值二氧化碳排放比 2005 年减少 40% ～ 45%，这就要求能源企业必须在低碳清洁发展，促进节能减排中发挥积极作用。在此环境下，能源企业亟须依靠科技创新，应用互联网、大数据、人工智能等技术，支撑能源企业转型升级，推动传统行业与能源大数据的深度融合。

国网宁夏电力有限公司信息通信公司依托能源大数据中心建立能源大数据平台，通过对工业企业的冷、热、电、气负荷进行监测与统计，为企业提供综合能源服务，实现对企业各用电回路实时监测、智能分析用电安全、用电故障实时预警，保障能源化工企业科学、智能化节能降耗、用能监测报表查询、企业能效对标展示等服务；通过分析电价数据、用电规律，进行企业用能能效诊断，提供智慧用能分析报告，指导并设计用能优化建议，包括用电时序、报装设备容量建议等，从而降低工商业用能成本、提高用能效率、改善用能体验。选取宁夏宁东大工业园区 227 家企业，整合企业用电、交费、欠费、行业特性等数据，利用大数据分析，掌握企业运营特征，对高耗能企业的综合经营情况给出科学评价；针对其中一家企业的用电能效进行诊断分析和现场调研，发现企业使用的空气压缩机型号老旧，与新的节能型空压机在功率、能效利用方面都存在较大差距，并且该企业存在蒸汽大量流失的情况，流失率达 45% ～ 55%；针对此种情况，建议对该用户的设备空气压缩机进行改造，同时对空压机产生的余热进行再利用；预计该企业通过节能设备改造后年度节约电能约 812700kWh，年度节省电费约 40.6 万元；余热回收利用年增加收益 5.3 万元。

5.4 公众应用场景设计

近年来，以大数据为核心的新一代信息技术对政府治理产生越来越重要的变革性影响。大数据广泛而深度地应用，对经济社会和人类生活的各个方面产生的巨大影响正越发凸显。在公共服务领域，大数据也显现出重要作用。通过对不同区域、不同人群在接受公共服务和进行其他活动中产生的能源大数据的分析，可以快速识别出较为真实的公众需求。整合较为共同的需求，及时予以回应，迅速形成公共决策，并且及时调整修正，从而实现公共服务的按需供给。现有能源大数据在服务居民互动用能方面的应用研究主要集中在智慧用能、节能减排等方面。针对县域居民用户，通过提供家庭智慧用能、电瓶车充电管理、光伏扶贫、智慧养殖等服务，为县域居民日常生活、绿色出行、农业生产等各方面提供便捷。县域能源数据居民应用场景如图 5-4 所示。

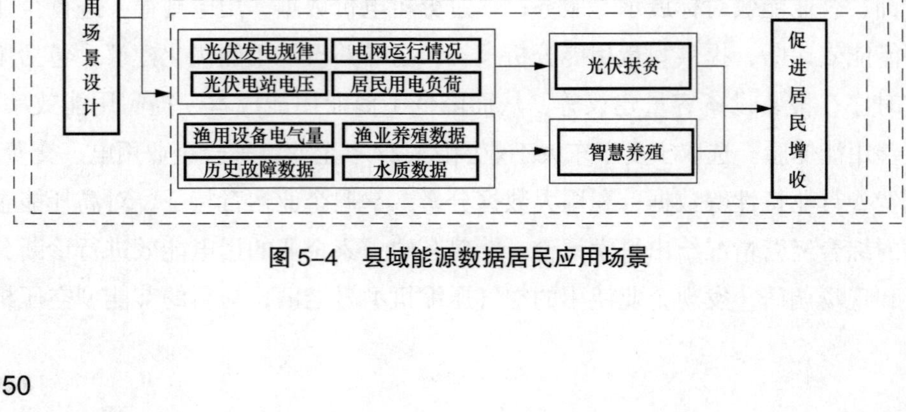

图 5-4 县域能源数据居民应用场景

5.4.1 提供个性化用能服务

（1）家庭智慧用能服务。自 2010 年以来，家庭 Wi-Fi 的普及、云服务器基础的建立使得电力监测与计量数据的输送与处理更加方便快捷，住宅空调、照明等设备将可能直接被用户在智能手机上控制，这种便携性为家庭能源智慧管理服务创造了发展的空间。

在 2019 年 12 月 9 日，在江苏省淮安市金湖县黄庄智慧用能试点台区，江苏省首个居民家庭智慧用能示范工程建成投运。供电员工首次通过用能控制系统调节居民企业家用空调温度、调整热水器加热时间，降低台区用电峰时段总负荷。国网江苏省电力有限公司在示范区内通过安装能源控制器、随器计量家电等系列泛在物联设备，实现居民负荷电器级的深度感知和精准调节，让居民用能与电网需求友好互动。能源控制器通过与云端主站配合，可准确预测台区负荷波动，并在不影响企业生活用能的前提下，有效汇聚和调控企业侧负荷资源，配合电网削峰填谷，还可调节农业排灌、鱼塘增氧机、充电桩、分布式光伏等具备间歇性特征设备的负荷，推动台区源网荷储协同运行，提升农村配电变压器利用效率和清洁能源消纳能力。另外，示范区还应用不停电换表智能表箱、末端电网感知等智能量测新技术及设备，实现低压配电网状态实时感知、停电区域快速锁定、台区拓扑自动识别等功能，支撑停电快速抢修和配电网主动运维，提升优质服务水平。管理人员可通过“智慧用能”App 向居民提供节能诊断、用电安全隐患辨识、电器性能评价等服务，为家庭用户提供智慧用能分析报告，为用户经济合理用电提供优化建议，包括用电时序、重点家电管理、用能转移等，从而降低用能成本、提高用能效率、改善用能体验，实现家电用能数据实时采集与优化控制。

（2）电瓶车充电管理服务。2020 年 3 月，新能源汽车充电桩被列入国家“新基建”七大领域之一，成为国家基础设施建设的重点，随着电动汽车行业的快速发展，如何合理规划电动汽车充电桩布局，有效提升电动汽车充电服务质量水平，成为现阶段电动汽车发展领域的重点和难点。

国网江苏省电力有限公司苏州供电分公司下辖电动汽车分公司承载着为全市电动汽车用户提供优质充电服务、为城市交通提供清洁能源的使命。在持续推进充电硬件基础设施快速发展的同时，积极探索大数据分析基础上，更好地联合上下游企业，加快完善电动汽车市场生态链，科学合理充电桩布点，避免资源浪费和加速电动汽车普及，从根本上解决电动汽车充电难的瓶颈。2019 年 11 月“苏州市新能源汽车及充电设施监测平台”正式上线，该平台由国国网江苏省电力有限公司苏州供电分公司和苏州市工信局联合打造，综合运用移动互联网、大数据和云计算等最新前沿技术，打通各充电运营商、车企及监管平台的数据壁垒，实现互联互通，整合数据信息，构建统一的监管服务平台，为社会公众、充电运营商及政府部门提供差异化的监测管理与服务。苏州市新能源汽车及充电设施由此进入了统一规范监管的新阶段。据统计，苏州市新能源汽车与充电设施监管平台建成后，仅用不到 2 个月时间，就累计接入全市 18 家运营商充电桩 5347 台，为新能源汽车充电大数据分析提供了重要支撑。

5.4.2 促进居民增收

（1）光伏扶贫。光伏扶贫主要是在住房屋顶和农业大棚上铺设太阳能电池板，“自发自用、多余上网”，农民可以自己使用这些电能，并将多余的电量卖给国家电网。通过分布式太阳能发电，每户人家都将成为微型太阳能电站。光伏扶贫作为中华人民共和国国家乡村振兴局 2015 年确定实施的“十大精准扶贫工程”之一，充分利用了贫困地区太阳能资源丰富的优势，通过开发太阳能资源、产生稳定收益，实现了扶贫开发和新能源利用、节能减排相结合，利用光伏发电来帮助贫困人口脱离贫困是非常有效的途径之一。

近年来国网安徽省电力有限公司阜阳市城郊供电公司坚持以国网战略目标为统领，全力服务脱贫攻坚大局，不断完善、创新扶贫工作服务模式，分析辖区扶贫光伏现状和特点，致力为贫困户提供精准化、品质化服务，确保贫困户及时享受“阳光红利”，提升政府及贫困户电力获得感。阜阳市城郊供电公司利用大数据支撑。对 133 个贫困村全面安装电压监测点，实时监测监管贫困村地区电网运行情况，依托用电信息采集、PMS2.0、D5000 等信息系统，结合地区特点，综合分析阜阳地区光伏发电规律，对比分析光伏站日月发电量。建立用光伏集抄群，日集抄反馈光伏运行情况，收集光伏电站电压、电流、台区功率等各类数据，为扶贫电站日常运维提供“大数据”服务。在完成光伏扶贫电站运维数据聚合后，联合营销、运检小队进行专业分析，村级扶贫电站重点分析电压、电流及抄表情况，户级扶贫电站与所属台区线损相结合，根据线损波动准确定位台区下光伏用户是否发电异常，梳理归纳后形成异常电站问题清单。根据诊断情况在大数据平台上发派任务，各小队按照任务清单联合专属企业经理开展现场核查，重点检查光伏板遮挡、损坏及采集装置、台区电压等是否正常。发现问题按分级对接机制执行，简单问题直接处理，复杂问题记录反馈，属于电站内部问题的，及时向区扶贫局汇报，由运维厂家前来处理。联合扶贫局建立扶贫工作月度协调会机制，形成光伏扶贫月报，跟踪通报问题进展，对疑难问题纳入行政督办及考核通报，确保异常问题整改到位。

自推行光伏精准扶贫实践以来，国网阜阳市城郊供电公司光伏消纳及稳定运行能力得到大幅提高，低压光伏扶贫电站平均并网时间缩短至 5 天，高压光伏扶贫电站平均并网时间缩短至 28 天；其中 597 个功率不足光伏扶贫电站全部得到整改，光伏扶贫电站月均每千瓦购电费由 30.45 元提升至 36.49 元；2020 年 1 ～ 10 月份完成扶贫光伏总发电量 7281.95 万 kWh，支付购电费及补贴 7309.25 万元。扶贫工作得到了社会各界的一致认可与高度赞扬，2020 年被阜阳市颍东区政府记集体三等功，并被市区两级评选为“两美两优”优秀帮扶企业。

（2）智慧养殖。渔业作为农业生产的重要组成部分，对人民生活产生了很大的影响，但长期面临管理方式单一、发展模式固定、生产效率低下、产业模式低级、产量质量不可控等一系列问题，通过能源互联网用电力大数据对渔业负荷进行数据分析和论证，解决电力系统在渔业发展中产生的无电、缺电、低电压、停电等多种问题，用智慧渔业系统对渔业养殖进行智能化、可视化管理，开展按需增氧、有序增氧、自动喂食、水质监控、营养监控等现代化管理手段，将电力大数据和渔业大数据深度融合，拓展渔业养殖电气化智能管理模式，形成全自动、无人化、可视化的新型产业发展方式，有效提升渔业养殖的优质高效发展。

国网江苏省电力有限公司常州市金坛区供电分公司运用电力大数据分析地区用电性质、用电负荷、杆线和变压器配置情况、供电半径等相关数据，开展更为高效的区域配电网规划，从而优化公司配电网投资，解决低电压卡脖子问题；通过对停电计划、时间及气候、线路和变压器状况、历史故障数据的分析，预测区域停电原因及时间，更加精准地开展运维。渔业养殖，电力要供得稳，针对停电问题，公司在服务层面做了更多的优化。一是优化计划停电时间。凌晨 4、5 点正是鱼塘含氧量最低的时刻，但恰恰也是计划停电的习惯性时间。为此，公司在计划停电的平衡指标中增加了鱼塘用户参数。二是开展点对点停电告知。传统的计划停电信息发布渠道是报纸和网站，此外，公司还会针对少数不可间断电源等关键用户实施点对点信息告知。考虑到渔业养殖的特殊性，公司也将其纳入了一类关键用户，点对点发送停电事前通告。三是提升故障响应优先级。在发生停电故障时，尽量结合实际，优先对渔民用户所在的线路进行抢修。建立“智慧渔业”养殖管理模式，开启渔业养殖大数据时代；研发电气化智慧渔业终端，利用先进的水质自动监测系统，收集大量渔业养殖数据，通过系统自动分析，智能地决定增氧设备是否需要开启，大幅降低养殖风险，节约大量的电费投入。

国网江苏省电力有限公司采用“渔业 + 电力大数据”的发展方式，渔业智能采集监控系统与江苏能源云网深度融合，打造一体化智慧渔业。一方面，渔业智能采集监控系统设备供应商负责对鱼塘设备进行智能化改造，在采集水质溶氧、pH 值、温度等 8 大类关键指标时，同时采集到渔民用户用电设备的电气量数据，这样，通过传感器和网络就可以实时控制智能设备，实现鱼塘增氧泵的自动停启；另一方面，在“江苏能源云网”平台中，增设“智能渔业养殖”模块，接收并监控上述所有数据信息。依托这个平台，通过实时采集数据，比对分析，迅速发现设备异常，及时提醒用户并提供智能设备的运维服务；借助该平台的“能源云网”手机 App，渔民还可以设定水质参数，并接收来自监控平台的各类信息；监控平台在数据异常时还会通过智能语音电话不断提醒渔民，为渔民争取宝贵的“黄金 30 分钟”。

5.5 新能源及储能应用典型场景设计

自 2005 年以来，中华人民共和国国务院、国家发展改革委、国家能源局等多部门都陆续印发了支持、规范新能源行业的发展政策，内容涉及新能源行业的发展技术路线、产地建设规范、安全运行规范、能源发展机制和标杆上网电价等内容。随着新能源行业的发展，能源大数据在解决能源行业数据处理的问题上具明显优势，充分利用能源大数据来解决能源行业发展的问题，可更好地推动能源革命。通过选址定容、功率预测、精准运维等一系列服务助推新能源企业能源服务开展，最终实现在不断优化企业用能环境的同时，有效降低企业能效和生产成本支出。县域能源数据能源生产型企业应用场景如图 5-5 所示。

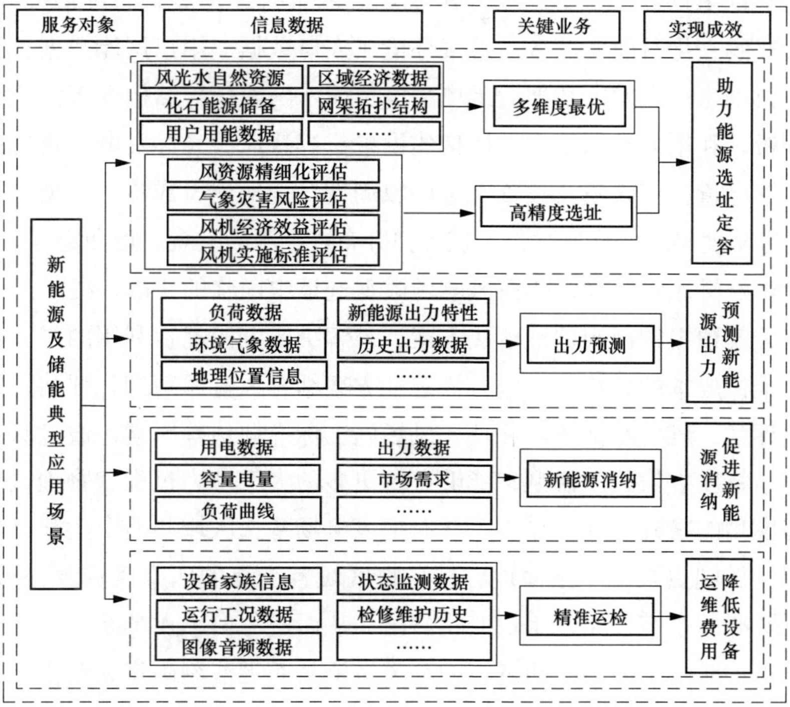

图 5-5　县域能源数据能源生产型企业应用场景

5.5.1　分布式电源选址定容

近年来，风电、光伏等新能源正在世界各地进行大规模的开发利用，然而由于风力发电及光伏发电与环境因素密切相关，其功率输出功率的不确定性、随机性给新能源的有效消纳及网络可靠运行造成了诸多问题，因而使得新能源接入电网后可能发生脱网等事故，且风光资源不能得到合理利用，新能源发电弃电现象较为严重，抑制了可再生能源的消纳和可再生能源产业的发展。另一方面分布式电源具有分散、灵活、环境友好、高效等特点，当其接入配电网后，使得原来系统的潮流分布与运行方式发生变化，对传统配电系统的运行、管理、规划等方面造成了较为深刻的影响，科学合理地选择分布式电源接入配电网的位置和容量，将会对电网的经济性、安全性和稳定性等方面起到非常积极的作用。为了有效提高能源资源的利用效率，充分发挥分布式电源并网对配电网经济性、安全性和稳定性产生的积极作用，必须对分布式电源接入配电网后的影响做出科学的评估，使分布式电源的安装位置与容量与配电网相互协调，实现配电系统的可持续发展。通过将县域风力、水力、气候、化石能源储备、地域环境、人口数据、用户用能数据、区域社会经济数据、历史发电数据、历史用电负荷、网架拓扑结构等多源数据进行整合分析，利用大数据技术，评估建设单位容量风、光等发电设备的投资金额、年发电量、年收益及投资资金回收周期等，从建设成本、环境保护、经济效益等角度寻求最优方案，实现各类分布式电源的宏观选址和定容。

IBM公司针对风电企业在风电场微观选址中面临的挑战，提出基于高精度数值天气预报的微观选址解决方案，来解决风资源捕捉利用的最大化问题和风机维护成本的最小化问题。该选址方案结合风资源精细化评估、气象灾害风险评估、风机经济效益评估、风场施工标准评估等因素，通过基于先进成熟的高精度数值天气模型，能够考虑更多的大气动力过程和物理过程，大幅提高模型的精确度和可靠性，从而把风电场备选区域和整个大气有机耦合在一起，做到更长期、全面地分析备选区域各个点的四维风资源分布情况，以及风资源的季节、年、年代变化情况，从而避免由单点推断整个风电场的资源分布，或由于使用时间过短的测风塔资料而无法刻画年和年代变化所带来的偏差问题。

5.5.2 新能源输出功率功率预测

近年来，世界范围内的能源安全问题与气候变化情况备受人们的关注。同时，随着不可再生能源的存储量急剧减少以及人们环保意识的不断加强，清洁、可再生能源在现代人类日常生活和生产中扮演着越来越重要的角色。由于国家不断的倡导新能源发展，推动智能电网的优化建设，因此使得可再生能源技术得到了迅速的发展，同时，由于中国经济和社会的快速发展，对电力资源的需求也在不断上升。保证供电的可靠性、安全性以及供电的电能质量，同时提高电网的经济运行水平是满足电能需求不断增长中的重要因素。长期以来新能源发电功率不稳定、预测难度大，为构建以新能源为主体的新型电力系统带来挑战。新能源功率预测的准确性是其中关键因素，通过能源大数据平台采集新能源发电功率历史数据，结合气象、地理位置等其他信息，对未来功率情况进行预测可有效辅助发电企业研判功率变化，制定经营策略，促进电力系统清洁低碳转型。

国网新疆电力有限公司，持续加大科技创新力度，投入 220 万元建设新一代新能源功率预测系统，并将 AI 等技术应用其中，利用人工智能等 10 余种算法进行新能源功率预测。2021 年 9 月 17 日，新疆新一代新能源功率预测系统正式上线，尝试应用 AI 等技术深度挖掘电气运行数据与风光资源数据。应用 AI 等技术以后，新疆风电功率超短期、短期、中期预测准确率分别达到 96%、92%、81%，达到国内领先水平；光伏发电功率各期预测准确率达到 98% 左右。截至 2022 年，新疆已有 618 家新能源场站接入新一代新能源功率预测系统，并应用 AI 等技术进行功率预测。数据显示，风电功率预测准确率达 96%，同比提高 4%；新一代新能源功率预测系统投运以来，多消纳新能源电量 8.6 亿 kWh。通过大数据平台对新能源功率进行预测，不仅为电网发展规划、各类电源发电计划提供准确数据支撑，还科学优化了输变电设备和常规电源的检修计划，扩大了电力市场化交易规模，有效提升了新疆电网新能源消纳水平。

国网浙江省电力有限公司已在大数据体系架构及关键技术等领域开展了技术研究与应用验证，结合电力行业数据特点及业务应用情况，搭建了电力大数据平台。在负荷数据、用电数据的基础上引入地理气象数据、节假日数据、社会经济数据，依托大数据平台，使用数据挖掘算法对居民用电消费和气温之间的关系进行量化，掌握两者的相关性，分析气温变化对居民用电消费的影响，并结合气象预报数据对短期居民用电负荷进行预测，不仅为电力调度、营销等部门辅助决策提供数据支撑，也为电力系统的安全、经济运行提供保障。

5.5.3　新能源消纳

随着光伏、风电等新能源接入电网、充电桩等用电设备不断丰富，未来电网的来源将更加复杂。电网作为连接发电端和用电端的桥梁，在实现“碳达峰、碳中和”的目标中扮演着重要角色。在此背景下，整体电网发展的重点将聚焦智能化、信息化和互联化的方向以及电网构架安全性、稳定性的提升。当前由于新能源弃风、弃光量的不断增加，新能源消纳问题将深度影响我国能源转型与电力行业的可持续发展。大力推动开展新能源的开发能促进我国经济的可持续发展，对能源安全和生态文明的建设有重大意义。

2018 年，国网青海省电力有限公司在国内率先启动国家级工业互联网平台体系建设，经试点推广形成基于青海新能源大数据创新平台电站集中监控工业互联网 App 应用解决方案，通过“云大物移智”新技术，采用动态数据、可视化全景展示等手段，实现从单机、场站到发电集团层次化结构的运行状态在线监控，将远在上千公里之外的发电厂数据实时、直观、细致、可靠地展示在集中监控中心。依托这一工业互联网 App 解决方案，降低了新能源电站的 50% 以上的人工成本。2020 年，“绿电三江源”百日系列活动期间，国网青海省电力有限公司加强大数据平台支撑和区块链等技术应用，依托国内首个新能源领域数字平台和全国首套省级光伏扶贫运营管理系统，推动发电、补贴等信息实时共享、精准处理，降低电站运营成本 40% 以上。

5.5.4 精准运检

精准运检指通过对新能源企业能源再生产转换过程中的各种重点设备全寿命周期大数据（包含运行工况、试验、状态监测、台账在内的结构化数据，检修维护记录、故障详情、设备家族信息在内的半结构化数据以及图像、音频、视频等非结构化数据）进行分类、清洗、挖掘，能够准确评价设备健康状况，实现精准的故障定位、诊断及预测，实现故障点精确定位、故障类型快速判断和检修方案定制推送，进而精准指导能源企业重点设备运维与检修工作，实现能源设施的全寿命周期管理。风电机组运行环境非常恶劣，需要经受雷雨、盐雾、冰雪等因素的影响。基于大数据挖掘技术的风电机组安全经济运行状态综合评估系统监测零部件容易磨损、疲劳等原因引起的状态变化信息，并由此识别和预测风电机组设备或者零部件的故障，提高了机组的运行安全性，避免早发故障导致更为严重的故障破坏，并降低运维费用。目前基于大数据挖掘技术的风电机组安全经济运行状态综合评估系统已应用到多个风电场不同风电机组机型上，效果良好。

大唐洱源凤羽风电责任有限公司的万千瓦风电场，通过加装本系统，节约年运维费用 72 万元以上。随着越来越多在役风电机组陆续出质保期，机组故障出现的频次和概率提高，推广使用本系统实现风电机组全面预知维护可节约巨大的运维成本。本系统通过对大规模风场多种类型风电机组运行产生的长期数据进行在线挖掘，实现风电机组的在线安全和经济运行状态的综合量化评估，对风电机组运行过程中的潜在故障和经济性能下降提前给出预警和优化指导的方向，极大提高现有风电机组的技术运行水平和管理效率，实现风电机组数字化和智能化管理的跨越式发展。

5.6　本章小结

在设计县域能源数据体系架构以及县域能源数据统计体系的基础上，本章进一步进行县域能源数据体系典型应用场景设计，针对政府、能源生产型企业、能源消费型企业、社会公众等不同类型服务对象，分场景通过各项数据应用增值产品辅助政府能源决策、支撑企业精益化管理、服务公众便捷用能，为未来县域能源数据的有效应用及价值实现提供参考借鉴。

第 6 章　县域能源大数据体系建设实践——以兰考县为例

兰考县位于河南省中东部，黄河南岸，全县面积 1116km^2，人口 86 万人，GDP390 亿元。兰考县是焦裕禄精神发源地，是河南首个全国首批“脱贫摘帽”的贫困县，是习近平总书记第二批党的群众路线联系点，习近平总书记视察时要求兰考县要“把强县和富民统一起来，把改革和发展结合起来，把城镇和乡村贯通起来”，2018 年 7 月，国家能源局正式批复兰考成为全国首个农村能源革命试点建设示范县，明确从能源供给革命、消费革命、技术革命、体制革命以及城乡废弃物能源化利用等五个方面开展试点建设。按照河南省发展改革委要求，国网河南省电力有限公司依托兰考县能源互联网综合示范项目，充分发挥驻豫央企责任担当和电力先行官作用，积极参与兰考县农村能源革命试点建设，全面探索农村能源互联网建设，形成了一条推动“四化转型”、奉献“四电服务”的农村能源变革道路，搭建了兰考县能源互联网平台，初步建成了“一库三中心”的总体架构，并不断夯实数据基础，丰富功能体系，提升应用质效，推动平台建设取得新成绩、再上新台阶。

在河南省开封市兰考县的县域能源大数据体系平台建设实践过程中，首先，对兰考县的风、光、生物质、地热等可再生资源以及农林废弃物、畜禽粪污等农村能源资源禀赋进行实地考察和收资调研，探明其具备较好地开展农村能源革命试点的建设基础和条件；其次，通过对兰考县域能源数据现状进行分析，提出了包含数据管理、数据接入、数据服务、数据保密与安全等在内的兰考能源大数据体系设计方案；最后，从建设成果与实施成效出发，围绕能源数据库、能源检测中心、运营指挥中心、公众服务中心等重点建设项目，结合服务政府科学决策、服务社会降本增效、服务公众实际需要等实际成果取得，多层次全方位刻画了兰考县域能源大数据体系平台的建设实践成果。

6.1 兰考县域能源大数据平台建设背景

为更好地贯彻落实习近平总书记对兰考县“三个起来”的总体要求，高标准完成国家任务，把兰考县打造成为全国农村能源革命的典范，兰考县委托中国电建集团中南勘测设计研究院有限公司、中国电建集团西北勘测设计研究院有限公司、河南省能源规划研究中心编制了《兰考县农村能源革命试点建设总体方案（2017—2021）》（以下简称《总体方案》），又按照河南省工程咨询中心专家评审意见进行了修放完善，同时，与中华人民共和国国务院推进畜禽类污资源化利用、国家发展改革委静脉产业发展、中华人民共和国农业农村部推进农村能源革命等政策充分衔接，并按照党的十九大精神、习近平新时代中国特色社会主义思想，进一步修改完善，形成《总体方案》，于 2017 年 12 月上报国家能源局。《总体方案》中提出了着力打造能源互联网平台、加快推进生物天然气开发利用、积极推进清洁供暖、着力推进生物垃圾资源化利用等八项重点任务，推进兰考县农村能源革命试点建设工作。其中，兰考县能源互联网平台是以“智能电网”为基础，有效贯穿其他各项重点任务，致力于打造国内领先的能源县域能源互联网平台，为兰考县农村能源革命试点建设提速增效提供强力支撑。

6.1.1 兰考县地理位置

兰考县位于河南省东北部，介于北纬 34°45′～35°41′，和东经 114°4′1～115°15′间，全县总面积 1116km^2，其中耕地面积 785.8km^2。北部、东部与山东省菏泽市东明县、曹县接壤；东南部、南部与河南省商丘市民权县、河南省开封市杞县相邻；西接河南省开封市，西北隔黄河与河南省新乡市封丘县、长垣县相望。兰考县处于河南省开封市、山东省菏泽市、河南省商丘市三角地带的中心地位。省、县、乡、村公路网络纵横交织，四通八达。

兰考县总人口 86.49 万人，下辖 3 个街道、5 个镇、8 个乡、1 个产业集聚区、1 个商务中心区，共计 450 个行政村。

6.1.2 兰考县发展定位

兰考县作为中国政治大县、精神地标，是河南省直管县、焦裕禄精神的发源地，是全国知名红色文化名城，中原经济区新兴战略支点，陇海产业轴带重要节点，开封地区副中心城市，是泡桐之乡、国家园林县城、国家卫生县城、全国文明城市提名城市、省级生态县、全国双拥模范县、国家新型城镇化试点县、首批国家级生态保护与建设示范区、全国社会信用体系建设综合性示范试点县、全国首个普惠金融改革试验区、省级可持续发展实验区、河南改革发展和加强党的建设综合试验示范县、2019 年全国村庄清洁行动先进县、县城新型城镇化建设示范县。

依托兰考县乡村振兴战略规划，根据《兰考县城市总体规划（2013—2030）》，兰考县将形成“一环、两带、两轴、四区、多中心”的中心城区空间布局结构，建设成历史文化底蕴深厚、城市特色鲜明的郑汴洛工业走廊东部节点城市和开封市域东北部中心城市。

6.1.3　兰考县经济水准

兰考县区位优越，处于陇海城镇产业复合发展轴线上、中原经济区内，经济大通道对兰考的带动作用较为明显，因此，兰考县经济发展迅速。近年来，兰考县认真践行习近平总书记在兰考调研时的重要指示精神，着力产业集聚、项目带动，持续培育壮大品牌家居、绿色畜牧和循环经济三个主导产业和智能制造、文旅培训两个优势产业，在城市建设提质、城乡一体化发展等方面实现了新突破，建立了具有兰考县特色的产业体系、城镇化建设体系和公共服务体系。

2017 年 2 月 27 日，经中华人民共和国国务院扶贫开发领导小组评估并经河南省人民政府批准，兰考县正式退出贫困县序列。2018—2020 年，兰考县生产总值由 303.65 亿元提升至 383.4 亿元，较 2018 年同比增长 26.26%。2020 年第一产业增加值 51.47 亿元，较 2018 年增长 27.72%；2020 年第二产业增加值 168.95 亿元，较 2018 年增长 35.83%；2020 年第三产业增加值 162.82 亿元，较 2018 年增长 17.16%。预计至 2025 年，全县生产总值达到 560 亿元，城镇化率达到 60% 以上；至 2030 年，全县生产总值达到 750 亿元，第一季产业、第二产业、第三产业结构比 10∶50∶40。县域总人口 105 万人，城镇总人口 72.5 万人，城镇化水平 69%。2020 年，规模以上工业增加值增长率为 5.3%；固定资产投资增长率为 6.3%；居民人均可支配收入 1.92 万元，增长率为 5.3%；其中城镇居民人均可支配收入 2.77 万元，增长率为 1.9%；农村居民人均可支配收入 1.39 万元，增长率为 6.5%。兰考县生产总值图如图 6–1

所示。

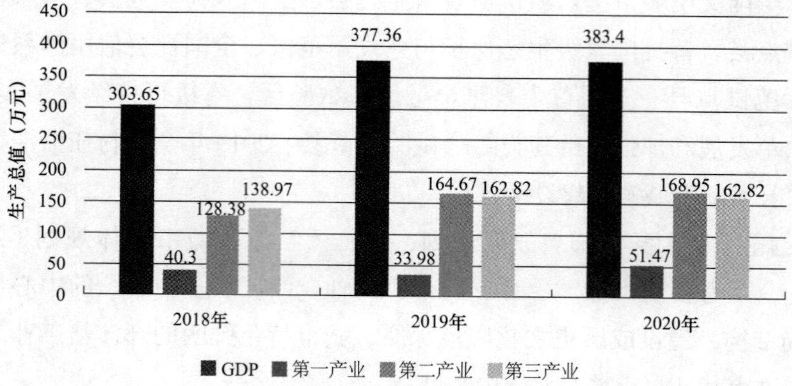

图 6–1　兰考县生产总值图

6.1.4　兰考县能源资源

兰考作为典型的农业大县，生物质、太阳能、地热和风能等能源资源较为丰富，具备可开发价值，在打造农村能源生态体系示范方面具有较好的资源基础和能源条件，增量消费需求基本实现了由本地清洁能源供给。

1. 生物质

农林资源方面，兰考县拥有丰富的农林资源，是著名的“泡桐之乡”；粮食产量近年来基本维持稳定，小麦、玉米等各种农作物秸秆（黄秸秆）总量达 85 万 t，青玉米秸秆年产量约 131 万 t。兰考县有林地面积 23 万亩，新增造林面积 1.5 万亩，木材加工企业年产生物质底料约 3 万 t；畜禽粪便方面，兰考县畜禽养殖规模较大，畜禽粪便年产生量达 144 万 t；生活垃圾方面，根据兰考县人口预测、生活垃圾日产量参数预测及兰考县城镇化率预测，兰考县 2020 年垃圾日产量为 672t。

2. 太阳能

河南省处于太阳能资源Ⅱ类地区。兰考县位于河南省东部，属河南省太阳能资源相对较丰富地区，大部分区域太阳年总辐射量在 4800 ～ 5000MJ/m^3 之间，太阳能资源具有较好的开发前景。太阳能资源理论储量为 1.5 万亿 kWh/ 年，目前经济可开发量为 27 亿 kWh/ 年（折算至装机规模约 2000MW）。根据 Meteonorm 数据统计，兰考县多年平均太阳辐射量为 4719.6MJ/m^3。各月太阳水平辐射量在 226 ～ 590MJ/m^3 之间变化。兰考县太阳能辐射量季节分布特点为：夏季最大，春、秋次之，冬季最少。

3. 风能

根据区域内中尺度再分数据结论，兰考县年平均风速介于 5.8 ～ 5.9ms。风功率密度介于 200 ～ 220W/m^3。县城风能资源分布较为均一，北部略优于南部，其中以谷营镇、东坝头乡一带最优。目前县城内已设立多座测风塔，开展测风工作，为了进一步明确区域风能资源，本阶段暂收集到县城内测风塔实测资料进行分析，兰考县域 120m 高度平均风速为 55 ～ 5.6m/s，风向以东北偏北和西南偏南为主，风功率密度等级为 1 级。按照《全国风能资源评价技术规定》(发改能源〔2004〕865 号)，风能资源总储量等于风功率密度 x 等值线间区域面积，兰考县 120m 高平均风功率密度约为 190W/m^3，县域面积 116km^2，县域风能资源总储量为 2120MW。考虑到黄河滩区（堤外）限制开发，同时风机需避开居民点、道路和高压线路 300m 的要求，得出目前水平下兰考县风电经济可开发量约 1200MW，具备较好的开发价值。

4. 地热能

兰考县城地热类型属沉积盆地传导型。在勘探深度以内，热储类型为“新近系上新统明化镇组层状热储”，热储结构完整，热储层、盖层齐全。热源供给主要为大地热流传导，深部古近系热储层尚存在沿断裂通道对流的热传导形式，且区域上分布稳定，有利于地热资源的富集与储存。地热能开采条件良好。

兰考县城的地温梯度，东部为 3.00 ～ 3.81℃/100m，平均 3.42℃/100m，大于 3.50℃/100m 的范围为条带状，呈南北向展布；西部偏低，为 2.60 ～ 3.60℃/100m，平均 3.19℃/100m，大于 3.50℃/100m 的范围较小，呈东西向展布。兰考县地热资源总量为 270 万亿 kJ，年可开采资源量约为 68 万亿 kJ，已开发的地热井，流量可达到 126m^3/h，出水温度可以达到 72℃，地热能源较丰富。

6.1.5　大数据平台建设目标

能源互联网平台是兰考县农村能源革命试点建设的八大任务之一，实现农村能源革命试点建设各项重点任务的有效衔接，促进兰考县传统能源体系向清洁、可靠、经济、开放的能源新体系转变。

1. 促进能源革命试点建设加速

通过平台建设，提供工程进度监测、新能源运行监测、革命成效监测等多项服务，有助于能源监管部门及时了解各类项目建设进度及建设成效，实现能源革命的可视化管控，快速推进能源革命试点建设相关工作。

2. 促进兰考县能源结构优化

通过平台建设，促进兰考县域能源生产与消费之间优化运行，最大限度消纳清洁能源发电，提高可再生能源开发利用水平，有效挖掘本地可再生资源的能源化利用潜力，实现本地能源供给的清洁化，进而驱动用户能源消费的绿色化、低碳化，为兰考地区能源结构优化升级提供支撑平台。

3. 促进兰考能源利用效率提升

通过平台建设，实现用能数据全面采集，提供实时及历史数据分析、对比功能，对用户的用能能效进行评估及指标分析，通过能效诊断发现用户能源消耗过程和结构中存在的问题，并对用户的用能优化运行方式和用能结构提出诊断建议，优化用能策略，提高用户现有供能设备的效率，实现节能增效、高效用能。

4. 促进兰考用户用能成本降低

通过平台建设，实现兰考能源生产侧输出功率预测和消费侧需求预测，分析兰考地区电力电量供需情况，并结合天气气象情况、用户消费行为，为能源生产企业和用能用户提供参加市场化交易的建议；采用市场手段，引导双方采用理性措施，在交易平台开展交易，降低交易价格，进而实现用能成本的降低。

6.1.6 大数据平台架构

兰考县能源互联网以电为中心、智能电网为物质基础，是促进高比例清洁能源开发利用的能源配置平台；是满足农民清洁、品质、经济用能需求，支撑农村用能模式、业态持续演进的能源创新平台；是具备智慧化和交互性，促进能源生产与消费紧密融合的能源服务平台。通过对各类能源信息的汇集、分析和应用，实现农村能源革命试点建设各项重点任务有效衔接，促进兰考传统能源体系向清洁、可靠、经济、开放的能源新体系转变。兰考县能源互联网平台在农村能源革命试点建设中的定位如图 6-2 所示。

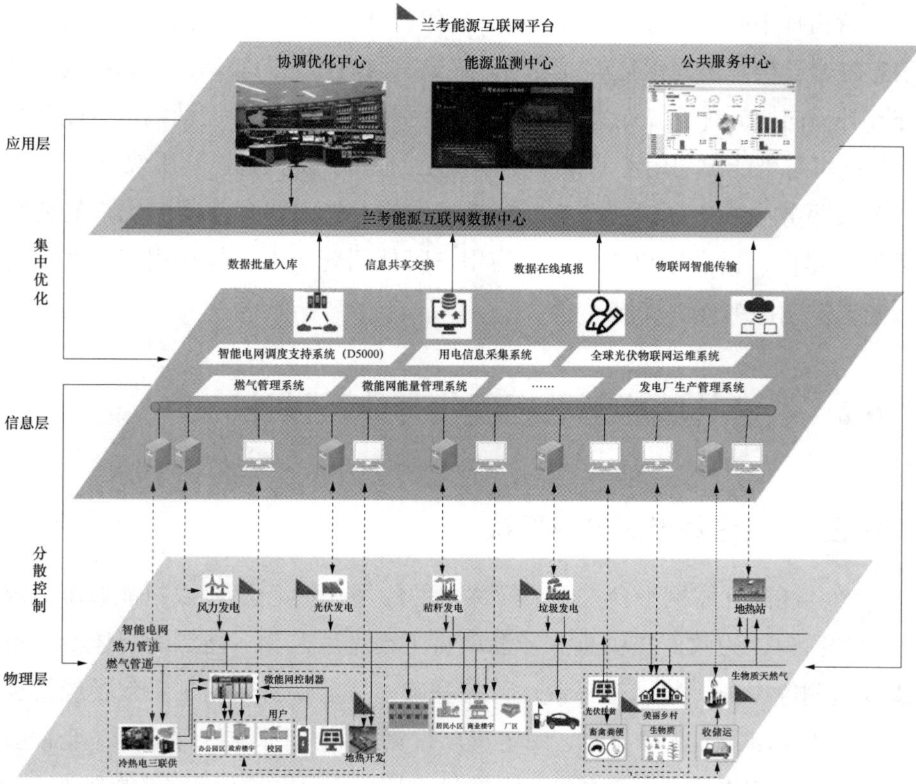

图 6–2　兰考县能源互联网平台在农村能源革命试点建设中的定位

兰考县能源互联网平台主要包括“一库三中心”，即：能源数据库、能源监测中心、运营指挥中心和公共服务中心。

能源数据库：实现县、乡、村的能源数据互联互通，加强城镇和农村的联络，形成可推广、可复制的县级能源大数据建设模式，建成覆盖能源全链条的兰考县能源数据中心，提升兰考县能源管理信息化水平，为优化开展兰考县能源规划和项目布局提供基础数据支撑。

能源监测中心：建成全面反映兰考县农村能源革命试点建设的能源监测中心，整体把握兰考县能源革命各项重点工作进程及成效，实现能源革命重点工作的全过程管理，助推农村能源革命建设提速增效；建成兰考县能源生产及消费运行全链条监测系统，实现兰考县能源生产、输送、消费、建设等环节的直观展示，为管理部门直观了解兰考县能源运行情况、研判能源态势提供强有力工具，为电能替代、农村配电网升级改造等行动方案的制定以及相关决策提供数据支撑。

运营指挥中心：通过兰考县风电、光伏、供冷热、电网、储能、负荷等多源信息融合，构建协同优化运行策略，集成源网荷储纵向协调优化和电气冷热多能互补横向协调优化，促进能源生产与消费优化，最大限度消纳清洁能源发电，提高可再生能源利用水平和能源清洁供给能力，提高能源利用效率。

公共服务中心：通过能源交易、需求响应、能效管理等面向用户的公共服务模块建设，提高用户参与度，为用户降低用能成本、提高用能效率，促进分布式发电消纳提供支撑。

6.2 兰考县域能源数据现状与体系设计

6.2.1 兰考县能源数据现状

兰考县能源互联网平台（以下简称“平台”）作为兰考县农村能源革命成效展示的窗口，为政府提供重点能源项目工程进度监测、能源运行监测、革命成效监测等服务。数据是平台运行的基础，目前平台数据主要包括经济类统计数据（GDP、工业增加值、固定资产投资等）、能源类统计数据（全社会用电量、成品油供应量 / 销售量、天然气供应量 / 销售量等）、能源企业（光伏发电、风力发电、垃圾发电、秸秆发电、地热供暖、燃气供应、成品油）基础信息与运行数据、重点用能企业数据、居民用户能源消费数据、能源项目信息数据，以及平台建设和运营需要相关的其他数据等。经济类统计信息见表 6–1，电力能源类统计信息见表 6–2，其他能源类统计信息见表 6–3。如图 6–3 县域能源数据体系图所示。

表 6–1　　经济类统计信息

序号	数据类型	来源单位
1	县域概况	兰考县统计局
2	生产总值	
3	固定资产投资	
4	居民收入及消费	
5	资源储量	
6	资源开发量	

续表

序号	数据类型	来源单位
7	地理环境情况	兰考县统计局
8	气象预测	兰考县气象局

表 6–2　　电力能源类统计信息

序号	数据类型	来源单位
1	总发电量	国网河南省电力公司兰考县供电公司
2	可再生能源发电量	
3	非可再生能源发电量	
4	装机容量	
5	电力传输基础设施	
6	电力传输量	
7	电力输送损耗	
8	全社会用电量	
9	分行业用电量	
10	分产业用电量	

表 6–3　　其他能源类统计信息

序号	数据类型	来源单位
1	热力 / 燃气 / 成品油供应总量	兰考县热力公司 兰考县燃气公司 兰考县成品油公司
2	热力 / 燃气 / 成品油供应结构	
3	热力 / 燃气 / 成品油传输基础设施	
4	热力 / 燃气 / 成品油传输量	
5	热力 / 燃气 / 成品油输送损耗	
6	热力 / 燃气 / 成品油消费总量	
7	热力 / 燃气 / 成品油消费结构	
8	热力 / 燃气 / 成品油用户规模	

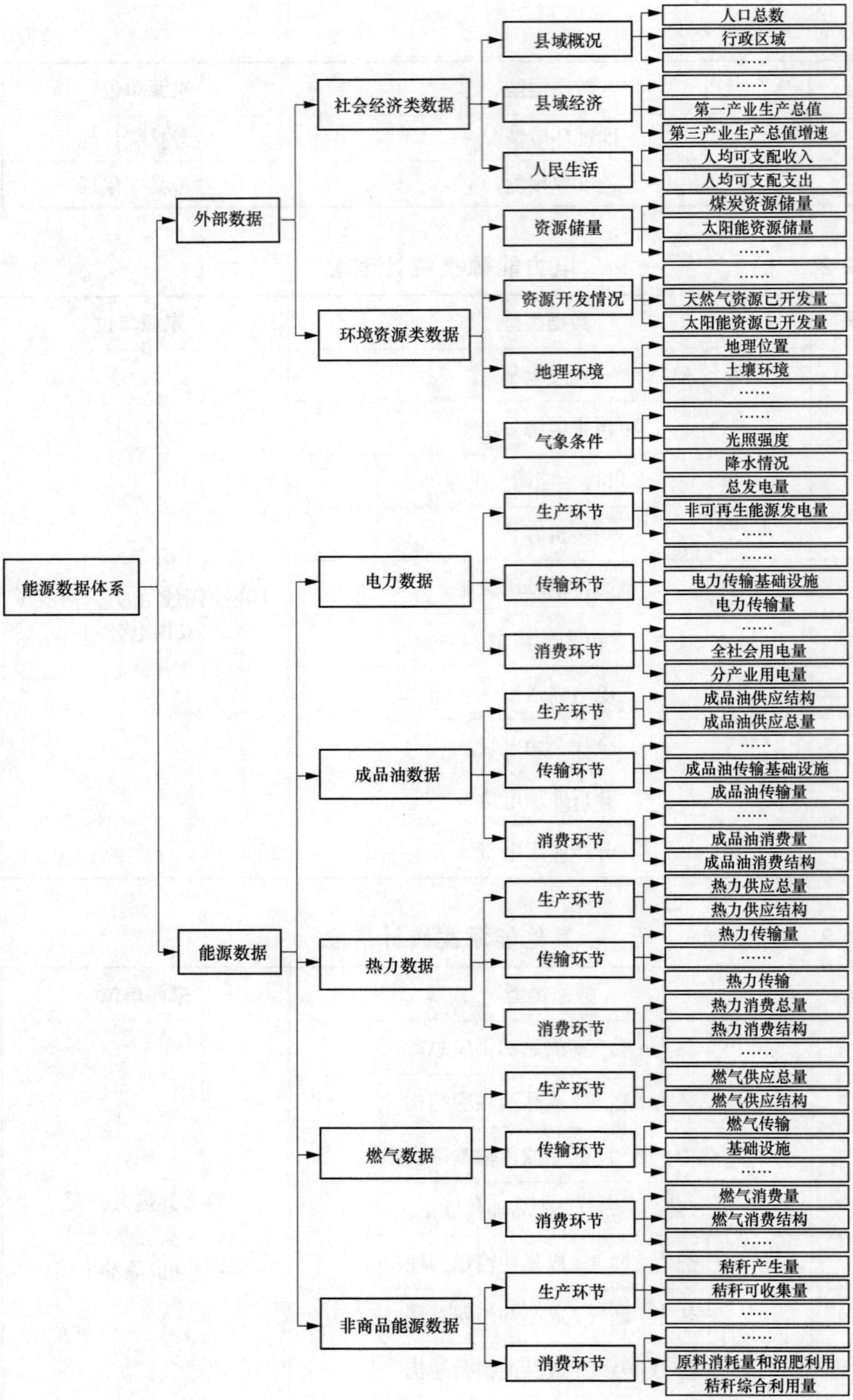

图 6-3　县域能源数据体系图

截至目前，平台已接入各类社会经济统计信息、资源环境统计信息、企业生产经营统计信息和用户消费统计信息共 2590 万条，数据量近 2T。其中，集中式光伏发电站 1 个、分布式光伏 7 个，扶贫分布式光伏电站 6033 个（按并网点）、风电场 12 个、垃圾发电站 1 个、生物质发电站 1 个、储能电站 1 座、变电站 11 座、线路 21 条、充电站 22 座、充电桩 157 个；接入燃气管道公司 2 家、燃气销售公司 2 家、地热站 2 家、加油站 17 个；接入能源消费企业 2 家、居民用户 100 户。能源企业信息见表 6–4。

表 6–4　　能源企业信息

序号	企业类型	企业名称
1	集中式光伏电站	森源集中光伏
2	扶贫分布式光伏电站	森源扶贫光伏
3	风电场	东坝头风电场
4		……
5	垃圾发电站	光大国际垃圾电站
6	生物质发电站	瑞华秸秆电站
7	储能电站	兰考储能电站
8	变电站	爱民站
9		景文站
10		……
11		兰考站
12	线路	景文变 /110kV. 景森线
13		景文站 /110kV. Ⅱ景小（景文 –T1）线
14		……
15		开封 . 小宋站 /110kV. Ⅱ景小（小宋 –T1）线
16	充电站	开封市兰考县机关大院充电站

续表

序号	企业类型	企业名称
17	天然气管道公司	中油气
18		中原天然气
19	燃气销售公司	昆仑燃气
20		西纳燃气
21	地热公司	中石化新星
22		绿能
23	成品油销售公司	中石油
24		中石化
25		个体自营
26	能源消费企业	新世纪量贩
27		奥吉特生物科技股份有限公司
28	居民用户	张庄居民（12 户）

6.2.2 数据管理

1. 总体要求

数据管理工作实行各单位分工负责的体制，总体要求如下：

企业单位为数据所有者，负责提供本企业能源相关数据并定期维护更新，负责数据质量把关，确保数据的真实性、准确性、及时性、可追溯性；政府单位为数据使用者，负责提出平台能源数据需求，协调平台数据管理；平台建设单位为数据管理者，受政府委托，负责平台数据归集、数据存储及软硬件搭建、数据使用权限分配、数据安全防护等工作。

企业接入平台前，应与政府、平台建设单位签订三方数据使用权、所有权、管理权确权协议，对各自职责进一步明确。各单位根据本规定和协议要求，依法开展数据的采集、接入、存储、汇聚、整合、治理、共享、开放、应用等相关行为和活动。

2. 数据主体

平台数据管理主体有兰考县发展和改革委员会、兰考县统计局、兰考县商务局、兰考县供电公司、各类能源企业（光伏电站、风力发电场、垃圾电厂、生物质电厂、燃气企业、地热企业、生物制气企业等）、重点用能企业、居民、在建项目承建方等。

3. 职责分工

平台数据管理主体按照各自职责要求开展工作。兰考县发展和改革委员会是平台数据管理的主管部门，负责数据的统筹规划、职责确认、协调推进、指导监督、考核评价等工作；县统计局负责社会经济类数据上报工作；县商务局负责成品油数据上报工作；县供电公司负责电力相关数据上报工作；各能源企业负责各自单位相关数据上报工作；平台建设单位负责平台运护、企业账号管理、数据完整性审核，为数据管理工作提供技术支撑，并将数据归集情况反馈至县发展改革委。

4. 数据管理机制

各单位明确专门领导、明确主管机构、组织专门人员、明确职责任务，规范开展相关数据管理工作。数据管理责任到人，各相关单位须指定专人作为数据填报联系人，负责数据填报工作。通过记录可追溯至数据的录入者、修改者，修改已录入的关键数据应当经过数据管理方批准，并记录修改原因。

6.2.3　数据接入

平台数据接入主要通过批量导入、在线填报、系统对接、终端采集四种方式。其中，社会经济历史数据、革命成效历史数据、能源类存量数据及各能源项目档案数据主要通过批量导入方式；年度更新的社会经济、革命成效数据，月度更新的电力、燃气、地热、成品油相关数据及在建项目进度信息通过在线填报方式；需要分钟级、小时级、日度或按需更新的电力、燃气、地热、成品油相关数据通过与其他业务系统开通接口服务的方式；重点用能企业的设备实时运行数据、居民用户的电器用电实时数据通过终端采集方式。

1. 社会经济能源资源数据

社会经济能源资源数据见表 6–5。

表 6–5　　　　　　　　社会经济能源资源数据

序号	数据指标	数据来源	提供单位	更新频度	接入方式	备注
1	行政区域，面积，人口总数，城镇化率	兰考县统计年鉴	统计局	按年	系统录入	
2	生产总值、生产总值增速、第一产业生产总值、第一产业生产总值增速、第二产业生产总值、第二产业生产总值增速、第三产业生产总值、第三产业生产总值增速、人均生产总值	兰考县统计年鉴	统计局	按年	系统录入	
3	全社会固定资产投资总额、全社会固定资产投资增速、固定资产投资、固定资产投资增速、农村农户固定资产投资、农村农户固定资产投资增速	兰考县统计年鉴	统计局	按年	系统录入	
4	工业增加值、工业增加值增速、规模以上工业增加值、规模以上工业增加值增速	兰考县统计年鉴	统计局	按年	系统录入	
5	能源供应总量、能源供应增速、热力供应总量、热力供应增速、热力供应量占比、成品油供应总量、成品油供应增速、成品油供应量占比、燃气供应总量、燃气供应增速、燃气供应量占比、电力供应总量、电力供应增速、电力供应量占比、能源消费总量、能源消费增速、成品油消费总量、成品油消费增速、成品油消费量占比、燃气消费总量、燃气消费增速、燃气消费量占比、电力消费总量、电力消费增速、电力消费量占比、单位 GDP 能耗、单位 GDP 电耗	—	能源办	按年	系统录入	
6	太阳能资源储量、风能资源储量、生物质能储量、地热能储量	项目可研	兰考发展改革委	—	系统录入	

续表

序号	数据指标	数据来源	提供单位	更新频度	接入方式	备注
7	截至 2021 年，全县社会用电量需求预测、全社会最大负荷需求预测、地热供暖能力需求预测、地热供暖工业热负荷需求预测、年用气量需求预测	项目可研	兰考发展改革委	—	系统录入	

根据兰考县统计年鉴、能源统计数据、项目可研报告等信息数据，从系统项目维护功能中，一次性录入兰考县能源互联网平台，完成数据初始化工作。社会经济能源资源数据接入流程如图 6–4 所示。

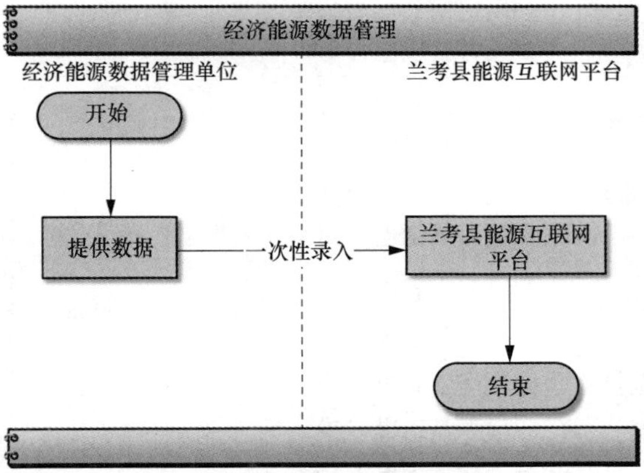

图 6–4　社会经济能源资源数据接入流程图

2. 电力相关数据接入

（1）电力动态 / 静态数据。电力动态 / 静态数据见表 6–6。

表 6–6　电力动态 / 静态数据

序号	数据指标	数据来源	提供单位	更新频度	接入方式	备注
1	总发电量	国网河南省电力公司兰考县供电公司	—	每日	系统对接	
2	总发电量增长率	国网河南省电力公司兰考县供电公司	—	每日	系统对接	
3	可再生能源发电总量	国网河南省电力公司兰考县供电公司	—	每日	系统对接	

续表

序号	数据指标	数据来源	提供单位	更新频度	接入方式	备注
4	可再生能源发电总量增长率	国网河南省电力公司兰考县供电公司	—	每日	系统对接	
5	可再生能源发电量占县域全社会用电量比重	国网河南省电力公司兰考县供电公司	—	每日	系统对接	
6	光伏发电量	国网河南省电力公司兰考县供电公司	—	每日	系统对接	
7	光伏发电量增长率	国网河南省电力公司兰考县供电公司	—	每日	系统对接	
8	风力发电量	国网河南省电力公司兰考县供电公司	—	每日	系统对接	
9	风力发电量增长率	国网河南省电力公司兰考县供电公司	—	每日	系统对接	
10	水力发电量	国网河南省电力公司兰考县供电公司	—	每日	系统对接	
11	水力发电量增长率	国网河南省电力公司兰考县供电公司	—	每日	系统对接	
12	地热能发电量	国网河南省电力公司兰考县供电公司	—	每日	系统对接	
13	地热能发电量增长率	国网河南省电力公司兰考县供电公司	—	每日	系统对接	
14	垃圾发电量	国网河南省电力公司兰考县供电公司	—	每日	系统对接	
15	垃圾发电量增长率	国网河南省电力公司兰考县供电公司	—	每日	系统对接	
16	生物质秸秆发电量	国网河南省电力公司兰考县供电公司	—	每日	系统对接	
17	生物质秸秆发电量增长率	国网河南省电力公司兰考县供电公司	—	每日	系统对接	
18	非可再生能源发电量（燃煤发电量）	国网河南省电力公司兰考县供电公司	—	每日	系统对接	
19	非可再生能源发电量增长率	国网河南省电力公司兰考县供电公司	—	每日	系统对接	

续表

序号	数据指标	数据来源	提供单位	更新频度	接入方式	备注
20	上网电量	国网河南省电力公司兰考县供电公司	—	每日	系统对接	
21	总装机容量	兰考县统计局	—	每月	系统录入	
22	燃煤发电机组装机容量	兰考县统计局	—	每月	系统录入	
23	光伏发电装机容量	兰考县统计局	—	每月	系统录入	
24	风力发电装机容量	兰考县统计局	—	每月	系统录入	
25	水力发电装机容量	兰考县统计局	—	每月	系统录入	
26	地热能发电装机容量	兰考县统计局	—	每月	系统录入	
27	垃圾发电装机容量	兰考县统计局	—	每月	系统录入	
28	生物质秸秆发电装机容量	兰考县统计局	—	每月	系统录入	
29	线损量	兰考县统计局	—	每月	系统对接	
30	线损率	兰考县统计局	—	每月	系统对接	
31	变损量	兰考县统计局	—	每月	系统对接	
32	变损率	兰考县统计局	—	每月	系统对接	
33	全社会用电量	兰考县统计局	—	每月	系统对接	
34	全社会用电量增长率	兰考县统计局	—	每月	系统对接	
35	最大用电负荷	兰考县统计局	—	每月	系统对接	
36	电能占终端消费比重	兰考县统计局	—	每月	系统对接	
37	第一产业用电量	兰考县统计局	—	每月	系统对接	
38	第一产业用电量增长率	兰考县统计局	—	每月	系统对接	
39	第二产业用电量	兰考县统计局	—	每月	系统对接	
40	第二产业用电量增长率	兰考县统计局	—	每月	系统对接	

续表

序号	数据指标	数据来源	提供单位	更新频度	接入方式	备注
41	第三产业用电量	兰考县统计局	—	每月	系统对接	
42	第三产业用电量增长率	兰考县统计局	—	每月	系统对接	
43	农、林、牧、渔业用电量	兰考县统计局	—	每月	系统对接	
44	农、林、牧、渔业用电量增长率	兰考县统计局	—	每月	系统对接	
45	工业用电量	兰考县统计局	—	每月	系统对接	
46	工业用电量增长率	兰考县统计局	—	每月	系统对接	
47	建筑业用电量	兰考县统计局	—	每月	系统对接	
48	建筑业用电量增长率	兰考县统计局	—	每月	系统对接	
49	交通运输、仓储和邮政业用电量	兰考县统计局	—	每月	系统对接	
50	交通运输、仓储和邮政业用电量增长率	兰考县统计局	—	每月	系统对接	
51	信息传输、软件和信息技术服务业用电量	兰考县统计局	—	每月	系统对接	
52	信息传输、软件和信息技术服务业用电量增长率	兰考县统计局	—	每月	系统对接	
53	批发和零售业用电量	兰考县统计局	—	每月	系统对接	
54	批发和零售业用电量增长率	兰考县统计局	—	每月	系统对接	
55	商业、住宿和餐饮业用电量	兰考县统计局	—	每月	系统对接	
56	商业、住宿和餐饮业用电量增长率	兰考县统计局	—	每月	系统对接	
57	金融业用电量	兰考县统计局	—	每月	系统对接	

续表

序号	数据指标	数据来源	提供单位	更新频度	接入方式	备注
58	金融业用电量增长率	兰考县统计局	—	每月	系统对接	
59	房地产业用电量	兰考县统计局	—	每月	系统对接	
60	房地产业用电量增长率	兰考县统计局	—	每月	系统对接	
61	公共事业及管理组织用电量	兰考县统计局	—	每月	系统对接	
62	公共事业及管理组织用电量增长率	兰考县统计局	—	每月	系统对接	
63	租赁和商务服务业用电量	兰考县统计局	—	每月	系统对接	
64	租赁和商务服务业用电量增长率	兰考县统计局	—	每月	系统对接	
65	城镇居民用电量	兰考县统计局	—	每月	系统对接	
66	城镇居民用电量增长率	兰考县统计局	—	每月	系统对接	
67	城镇人均用电量	兰考县统计局	—	每月	系统对接	
68	城镇人均用电量增长率	兰考县统计局	—	每月	系统对接	
69	乡村居民用电量	兰考县统计局	—	每月	系统对接	
70	乡村居民用电量增长率	兰考县统计局	—	每月	系统对接	
71	乡村人均用电量	兰考县统计局	—	每月	系统对接	
72	乡村人均用电量增长率	兰考县统计局	—	每月	系统对接	
73	输配电线路总长度	兰考县统计局	—	每年	系统对接	
74	各电压等级输配电线路长度	兰考县统计局	—	每年	系统对接	
75	变电站数量	兰考县统计局	—	每年	系统对接	
76	配电站数量	兰考县统计局	—	每年	系统对接	
77	充电桩数量	兰考县统计局	—	每年	系统对接	

（2）电力静态数据接入流程。电力静态数据管理流程如图 6–5 所示。

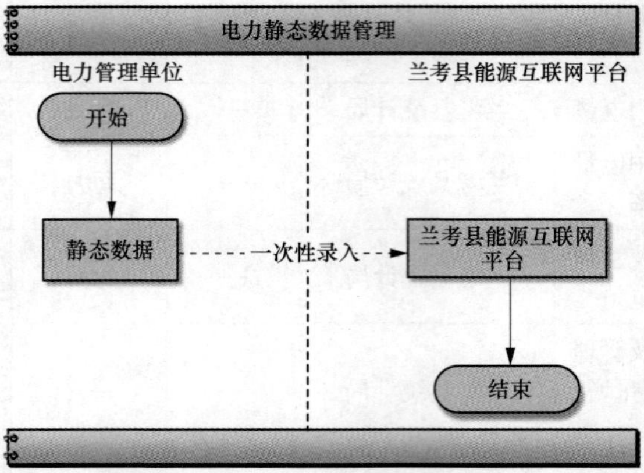

图 6–5　电力静态数据管理流程图

流程说明：电力管理相关人员登录兰考县能源互联网平台，将电力静态数据录入平台，完成静态数据初始化。

（3）动态数据接入流程。电力动态数据管理流程如图 6–6 所示。

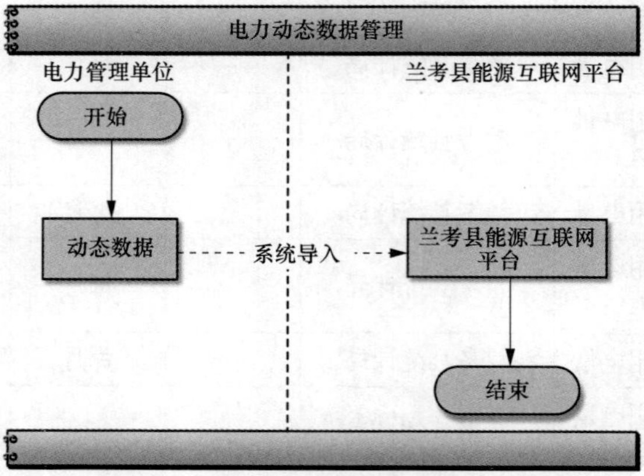

图 6–6　电力动态数据管理流程图

流程说明：电力管理相关人员登录兰考县能源互联网平台，下载电力动态数据导入模板，填写对应指标数据，将填写完成的指标数据 Excel 上传到平台，完成电力动态数据上报工作。

3. 热力相关数据接入

（1）动态 / 静态数据。动态 / 静态数据见表 6–7。

表 6–7　　动态 / 静态数据

序号	数据指标	数据来源	提供单位	更新频度	接入方式	备注
1	热力供应总量	兰考县热力公司	—	每日	系统对接	
2	热力供应增长率	兰考县热力公司	—	每日	系统对接	
3	天然气供热量	兰考县热力公司	—	每日	系统对接	
4	天然气供热量增长率	兰考县热力公司	—	每日	系统对接	
5	电力供热量	兰考县热力公司	—	每日	系统对接	
6	电力供热量增长率	兰考县热力公司	—	每日	系统对接	
7	秸秆电厂供热量	兰考县热力公司	—	每日	系统对接	
8	秸秆电厂供热量增长率	兰考县热力公司	—	每日	系统对接	
9	地热供热量	兰考县热力公司	—	每日	系统对接	
10	地热供热量增长率	兰考县热力公司	—	每日	系统对接	
11	燃煤供热量	兰考县热力公司	—	每日	系统对接	
12	燃煤供热量增长率	兰考县热力公司	—	每日	系统对接	
13	管网传热量	兰考县热力公司	—	每日	系统对接	
14	热力传输管网热损耗量	兰考县热力公司	—	每月	系统对接	
15	热力传输管网热损耗率	兰考县热力公司	—	每月	系统对接	
16	热力消费总量	兰考县热力公司	—	每月	系统对接	
17	热力消费增长率	兰考县热力公司	—	每月	系统对接	
18	热力消费占全县能源消费占比	兰考县热力公司	—	每月	系统对接	
19	居民用户供热量	兰考县热力公司	—	每月	系统对接	
20	居民用户供热增长率	兰考县热力公司	—	每月	系统对接	
21	商业用户供热量	兰考县热力公司	—	每月	系统对接	
22	商业用户供热增长率	兰考县热力公司	—	每月	系统对接	

续表

序号	数据指标	数据来源	提供单位	更新频度	接入方式	备注
23	工业用户供热量	兰考县热力公司	—	每月	系统对接	
24	工业用户供热增长率	兰考县热力公司	—	每月	系统对接	
25	总供热面积	兰考县热力公司	—	每月	系统对接	
26	居民用户供热面积	兰考县统计局	—	每月	系统对接	
27	商业用户供热面积	兰考县统计局	—	每月	系统对接	
28	工业用户供热面积	兰考县统计局	—	每月	系统对接	
29	热力管网总长度	兰考县统计局	—	每年	系统对接	
30	各类热力管网长度（供热介质 / 敷设方式 / 管径 / 材质 / 使用年限）	兰考县统计局	—	每年	系统对接	
31	上年度完成更新改造的管网长度	兰考县统计局	—	每年	系统对接	
32	热力站数量	兰考县统计局	—	每年	系统对接	

（2）静态数据接入流程。热力静态数据管理流程图如图 6–7 所示。

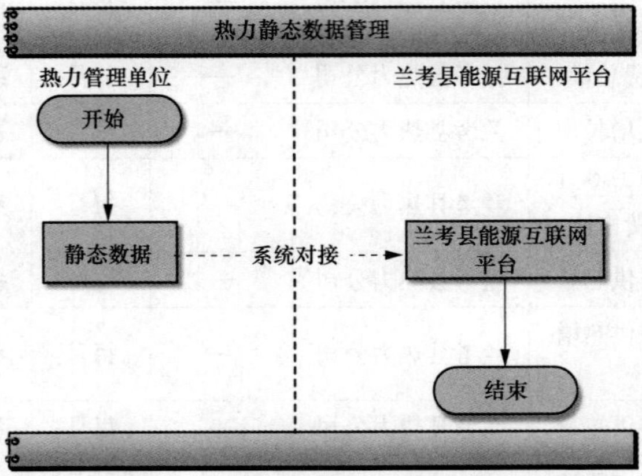

图 6–7　热力静态数据管理流程图

流程说明：热力管理相关人员登录兰考县能源互联网平台，将热力静态数据录入平台，完成静态数据初始化。

（3）动态数据接入流程。热力动态数据管理流程图如图 6–8 所示。

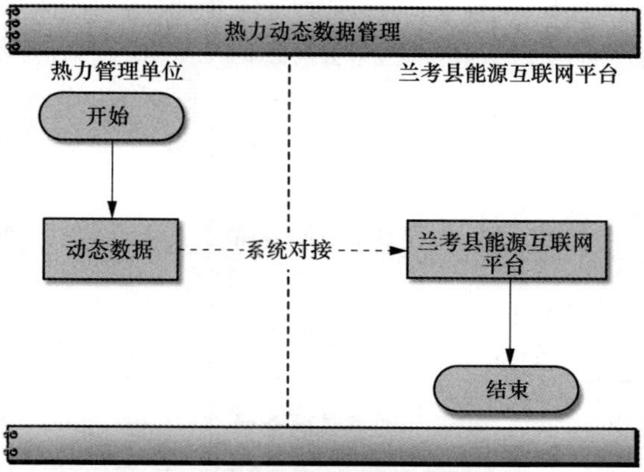

图 6–8　热力动态数据管理流程图

流程说明：热力管理相关人员登录兰考县能源互联网平台，下载热力动态数据导入模板，填写对应指标数据，将填写完成的指标数据 Excel 上传到平台，完成热力动态数据上报工作。

4. 燃气数据接入

（1）燃气动态 / 静态数据。燃气动态 / 静态数据见表 6–8。

表 6–8　　燃气动态 / 静态数据

序号	数据指标	数据来源	提供单位	更新频度	接入方式	备注
1	燃气项目名称	兰考县燃气公司	兰考县商务局	—	一次性录入	
2	总投资	兰考县燃气公司	兰考县商务局	—	一次性录入	
3	项目状态	兰考县燃气公司	兰考县商务局	—	一次性录入	
4	项目占地面积	兰考县燃气公司	兰考县商务局	—	一次性录入	
5	投产时间	兰考县燃气公司	兰考县商务局	—	一次性录入	
6	最大供应能力	兰考县燃气公司	兰考县商务局	—	一次性录入	

续表

序号	数据指标	数据来源	提供单位	更新频度	接入方式	备注
7	天然气管道长度	兰考县燃气公司	兰考县商务局	—	一次性录入	
8	门站数量	兰考县燃气公司	兰考县商务局	—	一次性录入	
9	门站供应量	兰考县燃气公司	兰考县商务局	—	一次性录入	
10	工业用户数	兰考县燃气公司	兰考县商务局	—	一次性录入	
11	商业用户数	兰考县燃气公司	兰考县商务局	—	一次性录入	
12	居民用户数	兰考县燃气公司	兰考县商务局	—	一次性录入	
13	天然气公司名称	兰考县燃气公司	兰考县商务局	—	一次性录入	
14	加气站名称	兰考县燃气公司	兰考县商务局	—	一次性录入	
15	加气站位置信息	兰考县燃气公司	兰考县商务局	—	一次性录入	
16	燃气供应量	兰考县燃气公司	兰考县商务局	按月	系统录入	
17	燃气消费量	兰考县燃气公司	兰考县商务局	按月	系统录入	
18	天然气消费量	兰考县燃气公司	兰考县商务局	按月	系统录入	
19	生物质天然气消费量	兰考县燃气公司	兰考县商务局	按月	系统录入	
20	液化石油气消费量	兰考县燃气公司	兰考县商务局	按月	系统录入	
21	工业用气消费量	兰考县燃气公司	兰考县商务局	按月	系统录入	
22	商业用气消费量	兰考县燃气公司	兰考县商务局	按月	系统录入	
23	居民用气消费量	兰考县燃气公司	兰考县商务局	按月	系统录入	

（2）燃气静态数据接入流程。燃气静态数据管理流程图如图 6–9 所示。

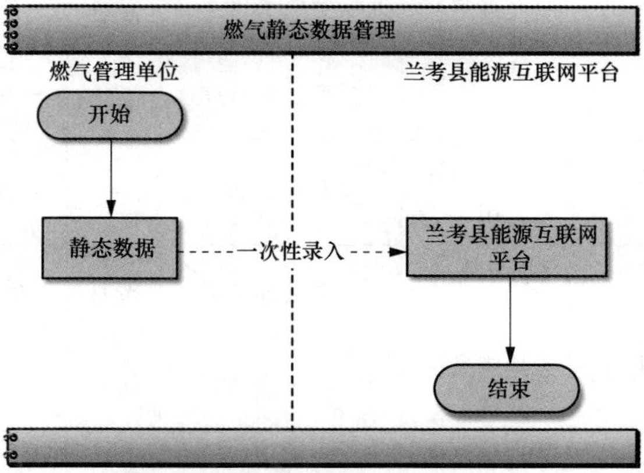

图 6–9　燃气静态数据管理流程图

流程说明：燃气管理相关人员登录兰考县能源互联网平台，将燃气静态数据录入平台，完成静态数据初始化。

（3）燃气动态数据接入流程。燃气动态数据管理流程如图 6–10 所示。

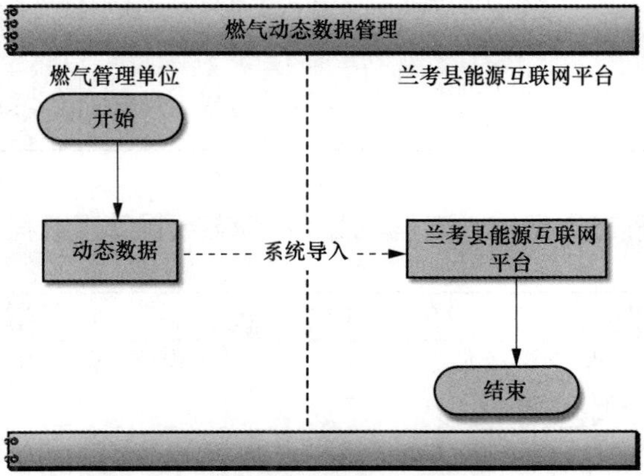

图 6–10　燃气动态数据管理流程图

流程说明：燃气管理相关人员登录兰考县能源互联网平台，下载成品油动态数据导入模板，填写对应指标数据，将填写完成的指标数据 Excel 上传到平台，完成燃气动态数据上报工作。

5. 成品油数据接入

（1）成品油动态 / 静态数据。成品油动态 / 静态数据见表 6–9。

表 6-9　　成品油动态 / 静态数据

序号	数据指标	数据来源	提供单位	更新频度	接入方式	备注
1	加油站名称	兰考县成品油公司	兰考县商务局	—	一次性录入	
2	加油站位置信息	兰考县成品油公司	兰考县商务局	—	一次性录入	
3	成品油供应总量	兰考县成品油公司	兰考县商务局	按月	系统导入	
4	成品油销售总量	兰考县成品油公司	兰考县商务局	按月	系统导入	
5	柴油销售量	兰考县成品油公司	兰考县商务局	按月	系统导入	
6	汽油销售量	兰考县成品油公司	兰考县商务局	按月	系统导入	
7	煤油销售量	兰考县成品油公司	兰考县商务局	按月	系统导入	
8	工业用油消费量	兰考县成品油公司	兰考县商务局	按月	系统导入	
9	居民用油消费量	兰考县成品油公司	兰考县商务局	按月	系统导入	

（2）成品油静态数据接入流程。成品油静态数据管理流程如图 6-11 所示。

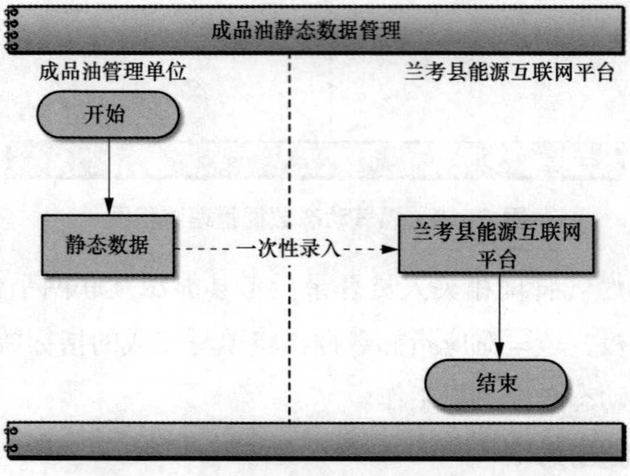

图 6-11　成品油静态数据管理流程图

流程说明：成品油管理相关人员登录兰考县能源互联网平台，将成品油静态数据录入平台，完成静态数据初始化。

（3）成品油动态数据接入流程。成品油动态数据管理流程如图 6–12 所示。

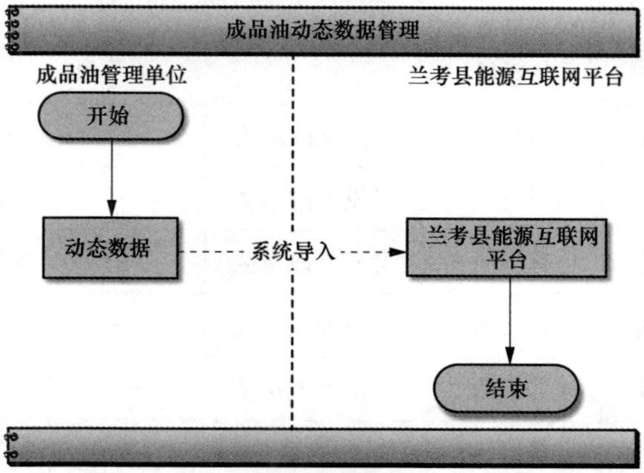

图 6–12　成品油动态数据管理流程图

流程说明：成品油管理相关人员登录兰考县能源互联网平台，下载成品油动态数据导入模板，填写对应指标数据，将填写完成的指标数据 Excel 上传到平台，完成成品油动态数据上报工作。

6. 集中式光伏电站

（1）集中式光伏电站动态 / 静态数据。集中式光伏电站动态 / 静态数据见表 6–10。

表 6–10　集中式光伏电站动态 / 静态数据

序号	数据指标	数据来源	提供单位	更新频度	接入方式	备注
1	上网电量	用电信息采集系统	—	5min	Webservice	
2	有功功率	用电信息采集系统	—	5min	Webservice	
3	无功功率	用电信息采集系统	—	5min	Webservice	
4	电压	用电信息采集系统	—	5min	Webservice	
5	电流	用电信息采集系统	—	5min	Webservice	

续表

序号	数据指标	数据来源	提供单位	更新频度	接入方式	备注
6	频率	用电信息采集系统	—	5min	Webservice	
7	项目名称	项目可研	兰考发展改革委	—	一次性录入	
8	总投资	项目可研	兰考发展改革委	—	一次性录入	
9	项目状态	项目可研	兰考发展改革委	—	一次性录入	
10	投产日期	项目可研	兰考发展改革委	—	一次性录入	
11	项目位置	项目可研	兰考发展改革委	—	一次性录入	
12	装机容量	项目可研	兰考发展改革委	—	一次性录入	
13	并网电压等级	项目可研	兰考发展改革委	—	一次性录入	
14	并网线路	项目可研	兰考发展改革委	—	一次性录入	
15	并网变电站	项目可研	兰考发展改革委	—	一次性录入	
16	上网电价	项目可研	兰考发展改革委	—	一次性录入	

（2）集中式光伏电站静态数据接入流程。根据项目可研报告的项目信息，从系统项目维护功能中，一次性录入兰考县能源互联网平台，完成数据初始化工作。集中式光伏电站静态数据接入流程如图 6-13 所示。

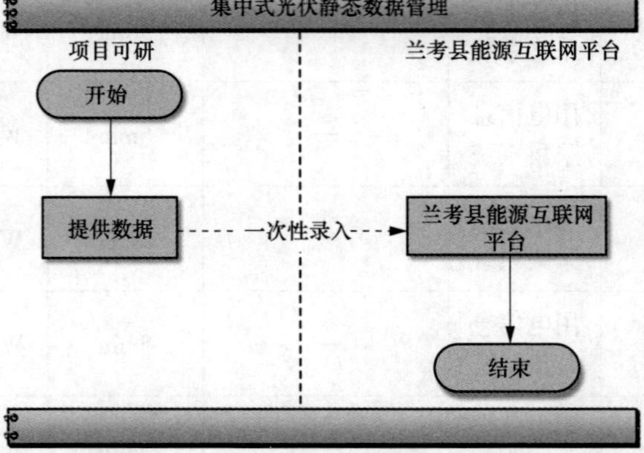

图 6-13　集中式光伏电站静态数据接入流程图

（3）集中式光伏电站动态数据接入流程。集中式光伏电站动态数据接入流程如图 6-14 所示。

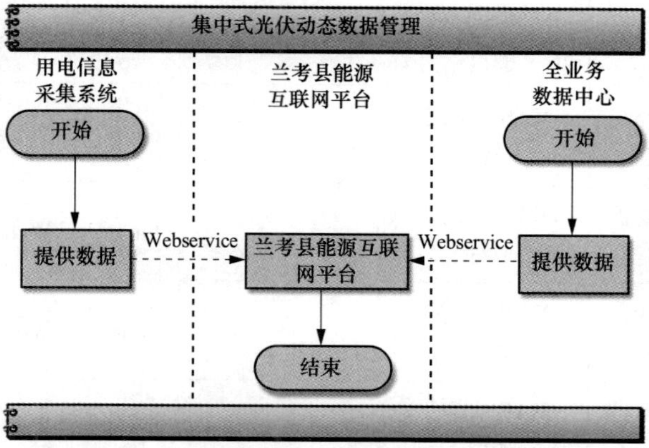

图 6-14　集中式光伏电站动态数据接入流程图

流程说明：兰考县能源互联网平台通过 Webservice 的方式与用电信息采集系统和全业务数据中心交互，获取电压、电流、有功功率、无功功率、上网电量等数据，全业务数据数据结构详见《全业务统一数据中心数据仓库模型设计说明书（采集量测分册 - 调度 EMS）V1.9.doc》。

7. 分布式光伏电站

（1）动态 / 静态数据。动态 / 静态数据见表 6-11。

表 6-11　　动态 / 静态数据

序号	数据指标	数据来源	提供单位	更新频度	接入方式	备注
1	发电量	iMARS 监控平台	—	5min	Webservice	
2	上网电量	iMARS 监控平台	—	5min	Webservice	
3	全站逆变器总数	iMARS 监控平台	—	5min	Webservice	
4	逆变器在线数	iMARS 监控平台	—	5min	Webservice	

续表

序号	数据指标	数据来源	提供单位	更新频度	接入方式	备注
5	逆变器离线数	iMARS 监控平台	—	5min	Webservice	
6	逆变器故障数	iMARS 监控平台	—	5min	Webservice	
7	单台逆变器输入功率	iMARS 监控平台	—	5min	Webservice	
8	单台逆变器输出功率	iMARS 监控平台	—	5min	Webservice	
9	单台逆变器直流电压	iMARS 监控平台	—	5min	Webservice	
10	单台逆变器直流电流	iMARS 监控平台	—	5min	Webservice	
11	单台逆变器交流电压	iMARS 监控平台	—	5min	Webservice	
12	单台逆变器交流电流	iMARS 监控平台	—	5min	Webservice	
13	单台逆变器总发电量	iMARS 监控平台	—	5min	Webservice	
14	单台逆变器有功功率	iMARS 监控平台	—	5min	Webservice	
15	单台逆变器无功功率	iMARS 监控平台	—	5min	Webservice	
16	项目名称	项目可研	兰考县发展和改革委员会	—	一次性录入	
17	总投资	项目可研	兰考县发展和改革委员会	—	一次性录入	
18	项目状态	项目可研	兰考县发展和改革委员会	—	一次性录入	

续表

序号	数据指标	数据来源	提供单位	更新频度	接入方式	备注
19	投产日期	项目可研	兰考县发展和改革委员会	—	一次性录入	
20	项目位置	项目可研	兰考县发展和改革委员会	—	一次性录入	
21	装机容量	项目可研	兰考县发展和改革委员会	—	一次性录入	
22	并网电压等级	项目可研	兰考县发展和改革委员会	—	一次性录入	
23	并网线路	项目可研	兰考县发展和改革委员会	—	一次性录入	
24	并网变电站	项目可研	兰考县发展和改革委员会	—	一次性录入	
25	上网电价	项目可研	兰考县发展和改革委员会	—	一次性录入	

（2）静态数据接入流程。分布式光伏电站静态数据接入流程如图 6–15 所示。

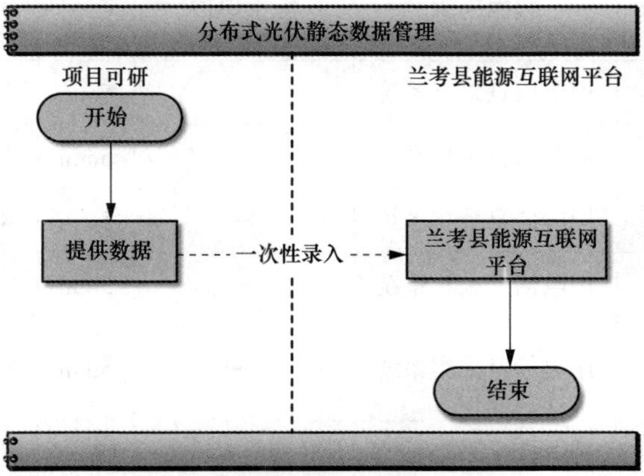

图 6–15　分布式光伏电站静态数据接入流程图

流程说明：根据项目可研报告的项目信息，从系统项目维护功能中，一次性录入兰考县能源互联网平台，完成数据初始化工作。

（3）动态数据接入流程。分布式光伏电站动态数据接入流程如图 6-16 所示。

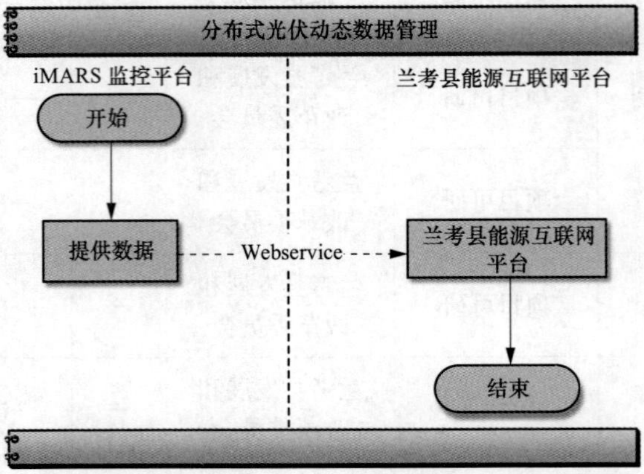

图 6-16　分布式光伏电站动态数据接入流程图

流程说：兰考县能源互联网平台通过 Webservice 的方式与分步式光伏电站 iMARS 监控平台交互，获取电压、电流、有功功率、无功功率、发电量等数据，具体接口协议格式参考《光伏数据中心对外接口协议 V1R3.doc》。

8. 风力发电站

（1）动态 / 静态数据。动态 / 静态数据见表 6-12。

表 6-12　　动态 / 静态数据

序号	数据指标	数据来源	提供单位	更新频度	接入方式	备注
1	上网电量	用电信息采集系统	—	5min	Webservice	
2	有功功率	用电信息采集系统	—	5min	Webservice	
3	无功功率	用电信息采集系统	—	5min	Webservice	
4	电压	用电信息采集系统	—	5min	Webservice	
5	电流	用电信息采集系统	—	5min	Webservice	
6	频率	用电信息采集系统	—	5min	Webservice	
7	项目名称	项目可研	兰考县发展和改革委员会	—	一次性录入	

续表

序号	数据指标	数据来源	提供单位	更新频度	接入方式	备注
8	总投资	项目可研	兰考县发展和改革委员会	—	一次性录入	
9	项目状态	项目可研	兰考县发展和改革委员会	—	一次性录入	
10	投产日期	项目可研	兰考县发展和改革委员会	—	一次性录入	
11	项目位置	项目可研	兰考县发展和改革委员会	—	一次性录入	
12	装机容量	项目可研	兰考县发展和改革委员会	—	一次性录入	
13	并网电压等级	项目可研	兰考县发展和改革委员会	—	一次性录入	
14	并网线路	项目可研	兰考县发展和改革委员会	—	一次性录入	
15	并网变电站	项目可研	兰考县发展和改革委员会	—	一次性录入	
16	上网电价	项目可研	兰考县发展和改革委员会	—	一次性录入	

（2）静态数据接入流程。风电站静态数据接入流程如图 6–17 所示。

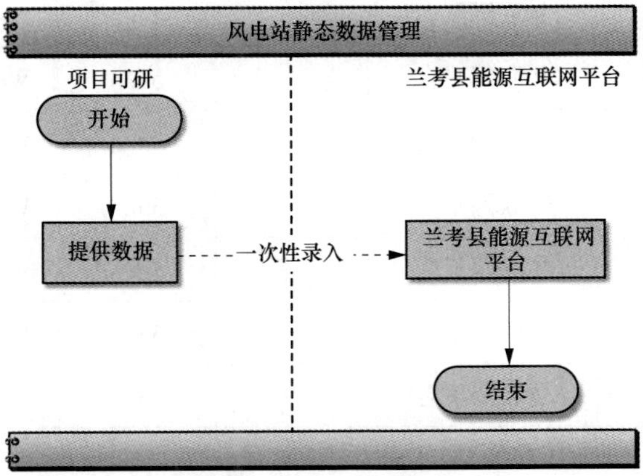

图 6–17　风电站静态数据接入流程图

流程说明：根据项目可研报告的项目信息，从系统项目维护功能中，一

次性录入兰考县能源互联网平台，完成数据初始化工作。

（3）动态数据接入流程。风电站动态数据接入流程如图 6–18 所示。

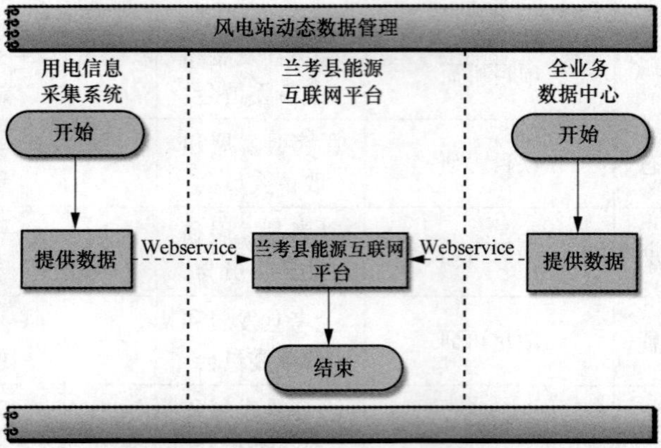

图 6–18　风电站动态数据接入流程图

流程说明：兰考县能源互联网平台通过 Webservice 的方式与用电信息采集系统和全业务数据中心交互，获取电压、电流、有功功率、无功功率、上网电量等数据。

9.风电站单台风机

（1）风电站单台风机数据。风电站单台风机数据见表 6–13。

表 6–13　风电站单台风机数据

序号	数据指标	数据来源	提供单位	更新频度	接入方式	备注
1	风速	物联网平台	—	5min	Webservice	
2	预测功率	物联网平台	—	5min	Webservice	
3	有功功率	物联网平台	—	5min	Webservice	
4	无功功率	物联网平台	—	5min	Webservice	
5	电压	物联网平台	—	5min	Webservice	
6	电流	物联网平台	—	5min	Webservice	
7	上网电量	物联网平台	—	5min	Webservice	

（2）风电站单台风机接入流程。风电站单台风机数据管理流程如图 6–19 所示。

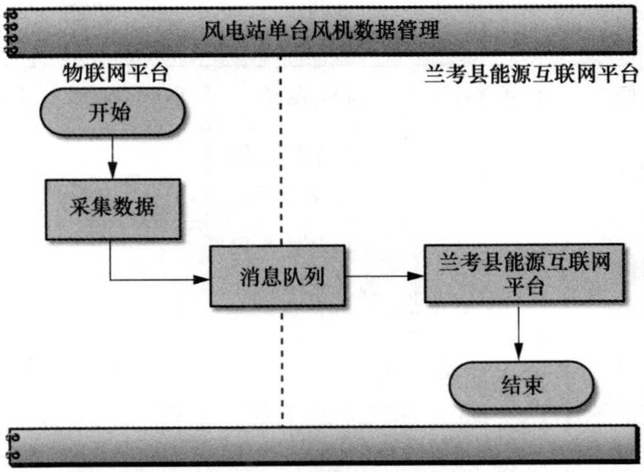

图 6-19　风电站单台风机数据管理流程图

流程说明：在风电场现场安装协议接收装置，物联网平台接收数据报文并进行转换，兰考县能源互联网平台的入库服务监听物联网平台的消息队列，将数据存储至兰考县能源互联网平台。

10. 垃圾电站

（1）垃圾电站动态 / 静态数据。垃圾电站动态 / 静态数据见表 6-14。

表 6-14　垃圾电站动态 / 静态数据

序号	数据指标	数据来源	提供单位	更新频度	接入方式	备注
1	项目名称	项目可研	兰考县发展和改革委员会	—	一次性录入	
2	总投资	项目可研	兰考县发展和改革委员会	—	一次性录入	
3	项目状态	项目可研	兰考县发展和改革委员会	—	一次性录入	
4	投产日期	项目可研	兰考县发展和改革委员会	—	一次性录入	
5	项目位置	项目可研	兰考县发展和改革委员会	—	一次性录入	
6	装机容量	项目可研	兰考县发展和改革委员会	—	一次性录入	
7	并网电压等级	项目可研	兰考县发展和改革委员会	—	一次性录入	
8	并网线路	项目可研	兰考县发展和改革委员会	—	一次性录入	

续表

序号	数据指标	数据来源	提供单位	更新频度	接入方式	备注
9	并网变电站	项目可研	兰考县发展和改革委员会	—	一次性录入	
10	上网电价	项目可研	兰考县发展和改革委员会	—	一次性录入	
11	上网电量	用电信息采集系统	—	5min	Webservice	
12	有功功率	用电信息采集系统	—	5min	Webservice	
13	无功功率	用电信息采集系统	—	5min	Webservice	
14	电压	用电信息采集系统	—	5min	Webservice	
15	电流	用电信息采集系统	—	5min	Webservice	
16	频率	用电信息采集系统	—	5min	Webservice	

（2）垃圾电站静态数据接入流程。垃圾电站静态数据管理流程如图 6–20 所示。

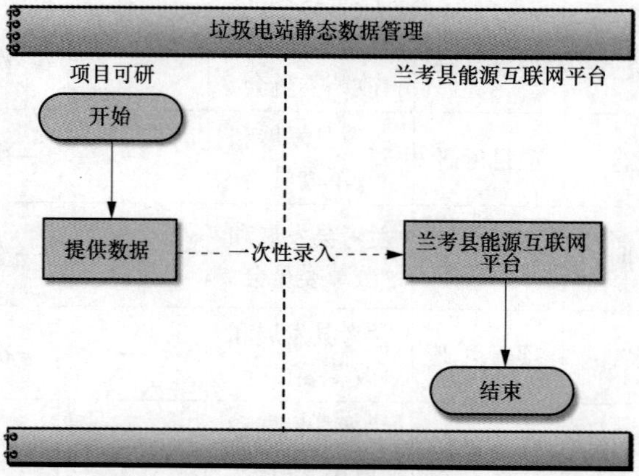

图 6–20　垃圾电站静态数据管理流程图

流程说明：根据项目可研报告的项目信息，从系统项目维护功能中，一次性录入兰考县能源互联网平台，完成数据初始化工作。

（3）垃圾电站动态数据接入流程。垃圾电站动态数据管理流程如图 6-21 所示。

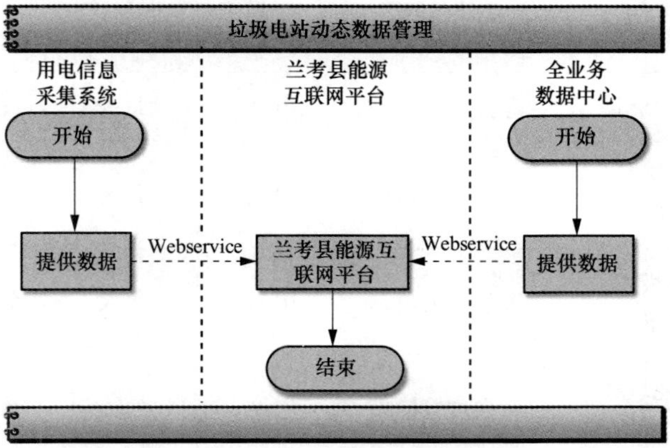

图 6-21　垃圾电站动态数据管理流程图

流程说明：兰考县能源互联网平台通过 Webservice 的方式与用电信息采集系统和全业务数据中心交互，获取电压、电流、有功功率、无功功率、上网电量等数据，全业务数据数据结构详见《全业务统一数据中心数据仓库模型设计说明书（采集量测分册 - 调度 EMS）V1.9.doc》。

11. 垃圾电站运行数据

（1）垃圾电站运行数据。垃圾电站运行数据见表 6-15。

表 6-15　垃圾电站运行数据

序号	数据指标	数据来源	提供单位	更新频度	接入方式	备注
1	垃圾处理量	兰考县垃圾电站	电站	每天	系统录入	
2	垃圾收集点数量	兰考县垃圾电站	电站	每天	系统录入	
3	垃圾收集点名称	兰考县垃圾电站	电站	每天	系统录入	
4	垃圾收集点位置	兰考县垃圾电站	电站	每天	系统录入	
5	收集点垃圾供应量	兰考县垃圾电站	电站	每天	系统录入	

续表

序号	数据指标	数据来源	提供单位	更新频度	接入方式	备注
6	入厂垃圾量	兰考县垃圾电站	电站	每天	系统录入	
7	入炉垃圾量	兰考县垃圾电站	电站	每天	系统录入	
8	锅炉运行时间	兰考县垃圾电站	电站	每天	系统录入	
9	吨垃圾发电量	兰考县垃圾电站	电站	每天	系统录入	
10	入炉吨垃圾发电量	兰考县垃圾电站	电站	每天	系统录入	
11	吨垃圾上网电量	兰考县垃圾电站	电站	每天	系统录入	
12	入炉吨垃圾上网电量	兰考县垃圾电站	电站	每天	系统录入	
13	颗粒	兰考县垃圾电站	电站	每天	系统录入	
14	氯化氢	兰考县垃圾电站	电站	每天	系统录入	
15	氮氧化合物	兰考县垃圾电站	电站	每天	系统录入	
16	一氧化碳	兰考县垃圾电站	电站	每天	系统录入	
17	二氧化硫	兰考县垃圾电站	电站	每天	系统录入	
18	炉渣产生量	兰考县垃圾电站	电站	每天	系统录入	
19	飞灰产生量	兰考县垃圾电站	电站	每天	系统录入	
20	生产污水排放量	兰考县垃圾电站	电站	每天	系统录入	
21	炉渣率	兰考县垃圾电站	电站	每天	系统录入	
22	飞灰率	兰考县垃圾电站	电站	每天	系统录入	

（2）垃圾电站运行数据接入流程。垃圾电站运行数据管理流程如图 6–22

所示。

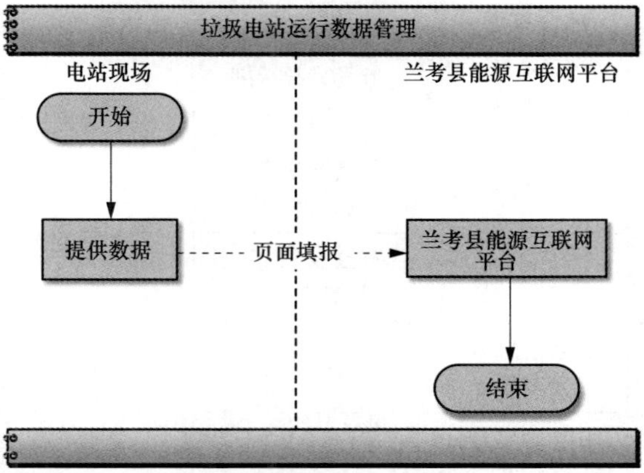

图 6–22　垃圾电站运行数据管理流程图

流程说明：垃圾电站每日将环保指标通过页面填报方式录入兰考县能源互联网平台。

12. 生物质秸秆电站

（1）生物质秸秆电站动态、静态数据。生物质秸秆电站动态 / 静态数据见表 6–16。

表 6–16　　生物质秸秆电站动态 / 静态数据

序号	数据指标	数据来源	提供单位	更新频度	接入方式	备注
1	项目名称	项目可研	兰考县发展和改革委员会	—	一次性录入	
2	总投资	项目可研	兰考县发展和改革委员会	—	一次性录入	
3	项目状态	项目可研	兰考县发展和改革委员会	—	一次性录入	
4	投产日期	项目可研	兰考县发展和改革委员会	—	一次性录入	
5	项目位置	项目可研	兰考县发展和改革委员会	—	一次性录入	
6	装机容量	项目可研	兰考县发展和改革委员会	—	一次性录入	
7	并网电压等级	项目可研	兰考县发展和改革委员会	—	一次性录入	

续表

序号	数据指标	数据来源	提供单位	更新频度	接入方式	备注
8	并网线路	项目可研	兰考县发展和改革委员会	—	一次性录入	
9	并网变电站	项目可研	兰考县发展和改革委员会	—	一次性录入	
10	上网电价	项目可研	兰考县发展和改革委员会	—	一次性录入	
11	上网电量	用电信息采集系统	—	5min	Webservice	
12	有功功率	用电信息采集系统	—	5min	Webservice	
13	无功功率	用电信息采集系统	—	5min	Webservice	
14	电压	用电信息采集系统	—	5min	Webservice	
15	电流	用电信息采集系统	—	5min	Webservice	
16	频率	用电信息采集系统	—	5min	Webservice	

（2）静态数据接入流程。生物质秸秆电站静态数据管理流程如图 6–23 所示。

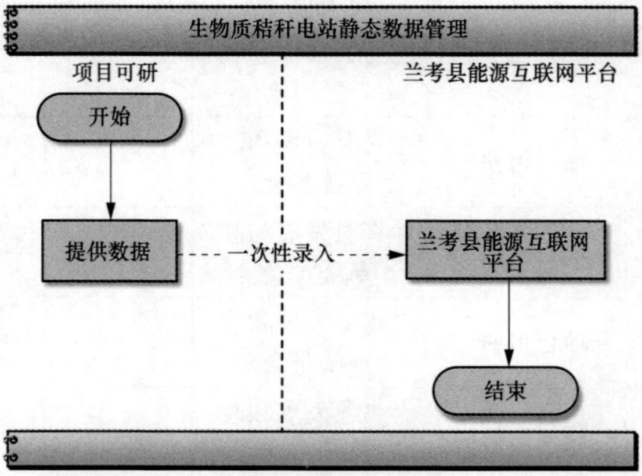

图 6–23　生物质秸秆电站静态数据管理流程图

流程说明：根据项目可研报告的项目信息，从系统项目维护功能中，一

次性录入兰考县能源互联网平台，完成数据初始化工作。

（3）动态数据接入流程。生物质秸秆电站动态数据管理流程如图 6–24 所示。

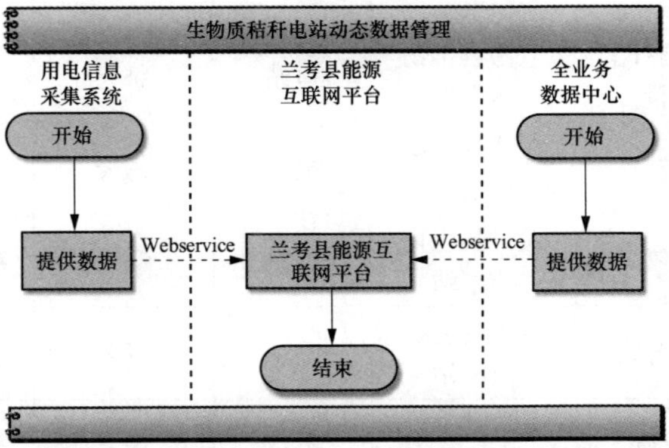

图 6–24　生物质秸秆电站动态数据管理流程图

流程说明：兰考县能源互联网平台通过 Webservice 的方式与用电信息采集系统和全业务数据中心交互，获取电压、电流、有功功率、无功功率、上网电量等数据全业务数据，数据结构详见《全业务统一数据中心数据仓库模型设计说明书（采集量测分册 - 调度 EMS）V1.9.doc》。

13. 生物质秸秆电站运行数据

（1）生物质秸秆电站运行数据。生物质秸秆电站运行数据见表 6–17。

表 6–17　　生物质秸秆电站运行数据

序号	数据指标	数据来源	提供单位	更新频度	接入方式	备注
1	秸秆日处理量	兰考县生物质电站	电站	每天	系统录入	
2	入厂秸秆量	兰考县生物质电站	电站	每天	系统录入	
3	入炉秸秆量	兰考县生物质电站	电站	每天	系统录入	
4	锅炉运行时间	兰考县生物质电站	电站	每天	系统录入	
5	吨秸秆发电量	兰考县生物质电站	电站	每天	系统录入	
6	入炉吨秸秆发电量	兰考县生物质电站	电站	每天	系统录入	

续表

序号	数据指标	数据来源	提供单位	更新频度	接入方式	备注
7	吨秸秆上网电量	兰考县生物质电站	电站	每天	系统录入	
8	入炉吨秸秆上网电量	兰考县生物质电站	电站	每天	系统录入	
9	颗粒	兰考县生物质电站	电站	每天	系统录入	
10	氯化氢	兰考县生物质电站	电站	每天	系统录入	
11	氮氧化合物	兰考县生物质电站	电站	每天	系统录入	
12	一氧化碳	兰考县生物质电站	电站	每天	系统录入	
13	二氧化硫	兰考县生物质电站	电站	每天	系统录入	
14	产灰质量	兰考县生物质电站	电站	每天	系统录入	

（2）生物质秸秆电站运行数据接入流程。生物质秸秆电站运行数据管理流程如图 6–25 所示。

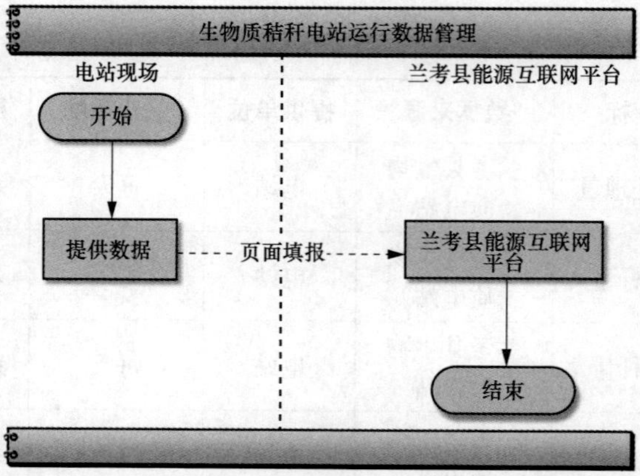

图 6–25　生物质秸秆电站运行数据管理流程图

流程说明：秸秆电站每日将环保指标通过页面填报方式录入兰考县能源互联网平台。

14. 地热站数据接入

（1）地热站动态 / 静态数据。地热站动态 / 静态数据见表 6–18。

表 6–18　　地热站动态 / 静态数据

序号	数据指标	数据来源	提供单位	更新频度	接入方式	备注
1	地热站项目名称	兰考县地热公司	兰考县发展和改革委员会	—	一次性录入	
2	总投资	兰考县地热公司	兰考县发展和改革委员会	—	一次性录入	
3	项目状态	兰考县地热公司	兰考县发展和改革委员会	—	一次性录入	
4	项目占地面积	兰考县地热公司	兰考县发展和改革委员会	—	一次性录入	
5	投产时间	兰考县地热公司	兰考县发展和改革委员会	—	一次性录入	
6	地热站位置信息	兰考县地热公司	兰考县发展和改革委员会	—	一次性录入	
7	地热站供暖能力	兰考县地热公司	兰考县发展和改革委员会	—	一次性录入	
8	热力管道长度	兰考县地热公司	兰考县发展和改革委员会	—	一次性录入	
9	地热井口数量	兰考县地热公司	兰考县发展和改革委员会	—	一次性录入	
10	供热范围	兰考县地热公司	兰考县发展和改革委员会	—	一次性录入	
11	供热面积	兰考县地热公司	兰考县发展和改革委员会	—	一次性录入	
12	居民用户供热面积	兰考县地热公司	兰考县发展和改革委员会	—	一次性录入	
13	商业用户供热面积	兰考县地热公司	兰考县发展和改革委员会	—	一次性录入	
14	工业用户供热面积	兰考县地热公司	兰考县发展和改革委员会	—	一次性录入	
15	地热站供热户数	兰考县地热公司	兰考县发展和改革委员会	—	一次性录入	
16	供热量	地热公司监测系统	兰考县地热公司	h	系统对接	

续表

序号	数据指标	数据来源	提供单位	更新频度	接入方式	备注
17	用热量	地热公司监测系统	兰考县地热公司	h	系统对接	
18	供热负荷	地热公司监测系统	兰考县地热公司	h	系统对接	
19	供热最大负荷	地热公司监测系统	兰考县地热公司	h	系统对接	
20	生产井温度	地热公司监测系统	兰考县地热公司	h	系统对接	
21	生产井压力	地热公司监测系统	兰考县地热公司	h	系统对接	
22	生产井流量	地热公司监测系统	兰考县地热公司	h	系统对接	
23	回注井温度	地热公司监测系统	兰考县地热公司	h	系统对接	
24	回注井压力	地热公司监测系统	兰考县地热公司	h	系统对接	
25	回注井流量	地热公司监测系统	兰考县地热公司	h	系统对接	

（2）地热站静态数据接入流程。地热静态数据管理流程如图 6–26 所示。

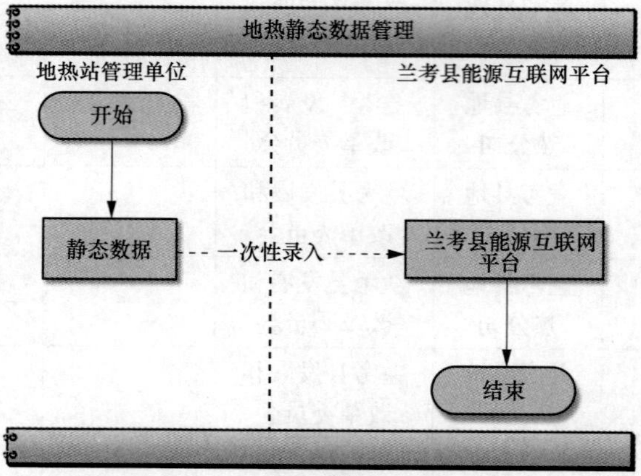

图 6–26 地热静态数据管理流程图

流程说明：根据项目可研报告的项目信息，从系统项目维护功能中，一

次性录入兰考县能源互联网平台，完成数据初始化工作。

（3）地热站动态数据接入流程。地热动态数据管理流程如图 6–27 所示。

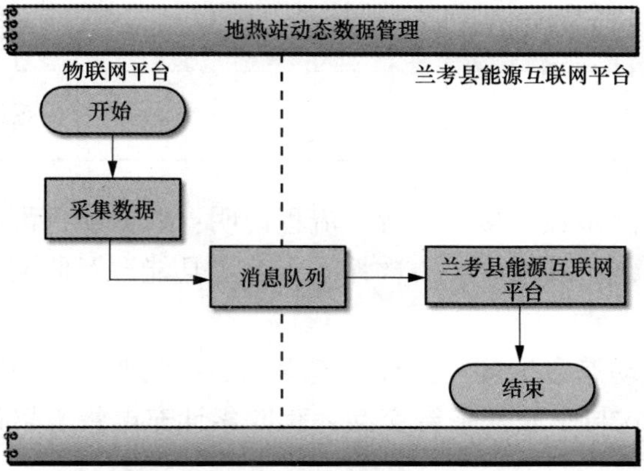

图 6–27　地热动态数据管理流程图

流程说明：在地热站各井口安装热力采集终端，物联网平台实现数据采集及数据入库，兰考县能源互联网平台的入库服务监听物联网平台的消息队列，将数据存储至兰考县能源互联网平台。

15. 充电站数据接入

（1）充电站动态 / 静态数据。充电站动态 / 静态数据见表 6–19。

表 6–19　充电站动态 / 静态数据

序号	数据指标	数据来源	提供单位	更新频度	接入方式	备注
1	项目名称	项目可研	兰考县发展和改革委员会	—	一次性录入	
2	项目地址	项目可研	兰考县发展和改革委员会	—	一次性录入	
3	投运时间	项目可研	兰考县发展和改革委员会	—	一次性录入	
4	充电站容量	项目可研	兰考县发展和改革委员会	—	一次性录入	
5	充电桩台数	项目可研	兰考县发展和改革委员会	—	一次性录入	
6	累计充电量	车联网平台	—	5min	系统对接	

续表

序号	数据指标	数据来源	提供单位	更新频度	接入方式	备注
7	充电单价	车联网平台	—	5min	系统对接	
8	累计运行时间	车联网平台	—	5min	系统对接	
9	累计收入金额	车联网平台	—	5min	系统对接	

（2）充电站静态数据接入流程。流程说明：根据项目可研报告的项目信息，从系统项目维护功能中，一次性录入兰考县能源互联网平台，完成数据初始化工作。

（3）充电站动态数据接入流程。流程说明：兰考县能源互联网平台通过Webservice的方式与车联网平台交互，获取累计充电量、累计运行时间、累计收入金额等数据。

16. 重点用能单位数据

（1）重点用能单位动态/静态数据。重点用能单位动态/静态数据见表6-20。

表6-20　重点用能单位动态/静态数据

序号	数据指标	数据来源	提供单位	更新频度	接入方式	备注
1	单位名称	—	用能单位	—	一次性录入	
2	单位类型	—	用能单位	—	一次性录入	
3	所属乡镇	—	用能单位	—	一次性录入	
4	位置信息	—	用能单位	—	一次性录入	
5	法定代表人	—	用能单位	—	一次性录入	
6	注册资本	—	用能单位	—	一次性录入	
7	成立日期	—	用能单位	—	一次性录入	
8	营业期限	—	用能单位	—	一次性录入	
9	经营范围	—	用能单位	—	一次性录入	
10	占用面积	—	用能单位	—	一次性录入	
11	电能消费量	—	用能单位	5min	终端采集	
12	热能消费量	—	用能单位	5min	终端采集	

续表

序号	数据指标	数据来源	提供单位	更新频度	接入方式	备注
13	燃气消费量	—	用能单位	5min	终端采集	

（2）重点用能单位静态数据接入流程。重点用能单位静态数据管理流程如图 6–28 所示。

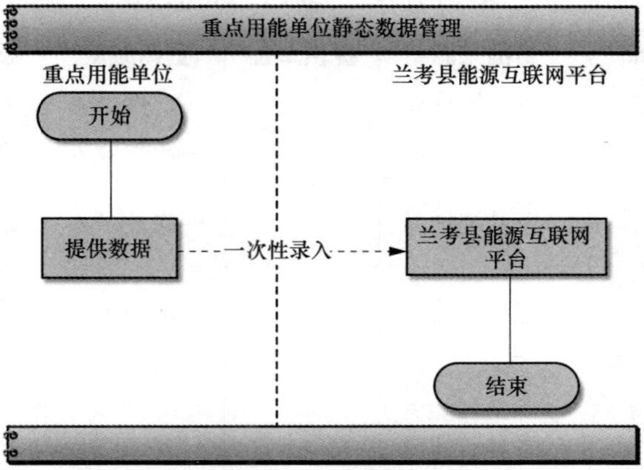

图 6–28　重点用能单位静态数据管理流程图

流程说明：重点用能单位相关人员登录兰考县能源互联网平台，录入该单位基本属性信息，完成该单位静态数据初始化。

（3）重点用能单位动态数据接入流程。 重点用能单位动态数据管理流程如图 6–29 所示。

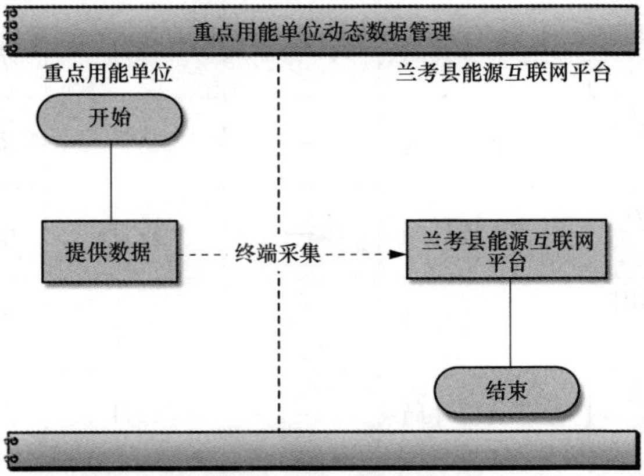

图 6–29　重点用能单位动态数据管理流程图

流程说明：基于泛在电力物联网技术，物联网终端设备采集用能单位终端设备的用电、用热、用气信号，通过泛在网关统一通信技术，把数据传送到兰考县能源互联网平台，实现重点用能单位数据归集。

17. 居民用户统计数据

（1）居民用户统计动态 / 静态数据。居民用户统计动态 / 静态数据见表6–21。

表 6–21　居民用户统计动态 / 静态数据

序号	数据指标	数据来源	提供单位	更新频度	接入方式	备注
1	户主姓名	兰考县统计局	—	一次性录入	系统录入	
2	所属乡镇	兰考县统计局	—	一次性录入	系统录入	
3	家庭人口数量	兰考县统计局	—	一次性录入	系统录入	
4	家庭成员年龄结构	兰考县统计局	—	一次性录入	系统录入	
5	用电量	兰考县统计局	—	每月	系统对接	
6	用电量增长率	兰考县统计局	—	每月	系统对接	
7	电费	兰考县统计局	—	每月	系统对接	
8	电费增长率	兰考县统计局	—	每月	系统对接	
9	电费占总用能消费占比	兰考县统计局	—	每月	系统对接	
10	第一阶梯用电量	兰考县统计局	—	每月	系统对接	
11	第一阶梯电费	兰考县统计局	—	每月	系统对接	
12	第二阶梯用电量	兰考县统计局	—	每月	系统对接	
13	第二阶梯电费	兰考县统计局	—	每月	系统对接	
14	第三阶梯用电量	兰考县统计局	—	每月	系统对接	
15	第三阶梯电费	兰考县统计局	—	每月	系统对接	
16	用热 / 气 / 油量	兰考县统计局	—	每月	系统录入	

续表

序号	数据指标	数据来源	提供单位	更新频度	接入方式	备注
17	用热 / 气 / 油量增长率	兰考县统计局	—	每月	系统录入	
18	热 / 气 / 油费	兰考县统计局	—	每月	系统录入	
19	热 / 气 / 油费占总费用占比	兰考县统计局	—	每月	系统录入	
20	家用电器用电量	兰考县统计局	—	每 15min	终端采集	
21	家用电器用电时间	兰考县统计局	—	每 15min	终端采集	

（2）居民用户统静态数据接入流程。居民用户静态数据管理流程如图 6–30 所示。

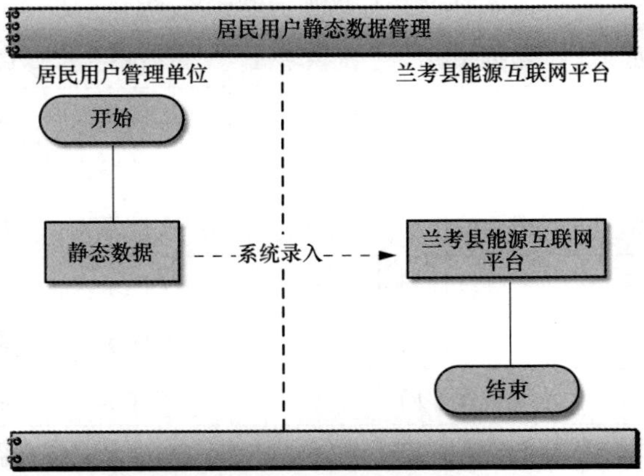

图 6–30　居民用户静态数据管理流程图

流程说明：居民用户相关管理人员登录兰考县能源互联网平台，录入该居民用户群基本属性信息，完成该居民用户静态数据初始化。

（3）居民用户动态数据接入流程。居民用户动态数据管理流程如图 6–31 所示。

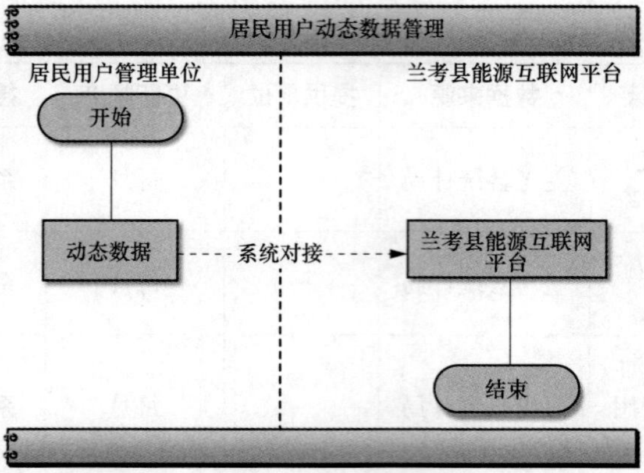

图 6–31　居民用户动态数据管理流程图

流程说明：基于泛在电力物联网技术，物联网终端设备采集居民用户终端设备的用电、用热、用气信号，通过泛在网关统一通信技术，把数据传送到兰考县能源互联网平台，实现重点用能单位数据归集。

18. 商业用户统计数据

（1）商业用户动态 / 静态数据。商业用户动态 / 静态数据见表 6–22。

表 6–22　　商业用户动态 / 静态数据

序号	数据指标	数据来源	提供单位	更新频度	接入方式	备注
1	单位名称	兰考县统计局	—	一次性录入	系统录入	
2	单位类型	兰考县统计局	—	一次性录入	系统录入	
3	所属乡镇	兰考县统计局	—	一次性录入	系统录入	
4	位置信息	兰考县统计局	—	一次性录入	系统录入	
5	法定代表人	兰考县统计局	—	一次性录入	系统录入	
6	注册资本	兰考县统计局	—	一次性录入	系统录入	
7	成立日期	兰考县统计局	—	一次性录入	系统录入	
8	营业期限	兰考县统计局	—	一次性录入	系统录入	
9	经营范围	兰考县统计局	—	一次性录入	系统录入	
10	总建筑面积	兰考县统计局	—	一次性录入	系统录入	
11	建筑层数	兰考县统计局	—	一次性录入	系统录入	
12	用电量	兰考县统计局	—	每日	系统对接	
13	用电量增长率	兰考县统计局	—	每日	系统对接	

续表

序号	数据指标	数据来源	提供单位	更新频度	接入方式	备注
14	电费	兰考县统计局	—	每日	系统对接	
15	电费增长率	兰考县统计局	—	每日	系统对接	
16	电费占总费用占比	兰考县统计局	—	每日	系统对接	
17	峰时段用电量	兰考县统计局	—	每日	系统对接	
18	峰时段电费	兰考县统计局	—	每日	系统对接	
19	平时段用电量	兰考县统计局	—	每日	系统对接	
20	平时段电费	兰考县统计局	—	每日	系统对接	
21	谷时段用电量	兰考县统计局	—	每日	系统对接	
22	谷时段电费	兰考县统计局	—	每日	系统对接	
23	用热 / 气 / 油量	兰考县统计局	—	每日	系统对接	
24	用热 / 气 / 油量增长率	兰考县统计局	—	每日	系统对接	
25	热 / 气 / 油费	兰考县统计局	—	每日	系统对接	
26	热 / 气 / 油费占总费用占比	兰考县统计局	—	每日	系统对接	
27	暖通空调用电量	兰考县统计局	—	15min	终端采集	
28	照明设备用电量	兰考县统计局	—	15min	终端采集	
29	动力设备用电量	兰考县统计局	—	15min	终端采集	

（2）商业用户静态数据接入流程。商业用户静态数据管理流程如图 6–32 所示。

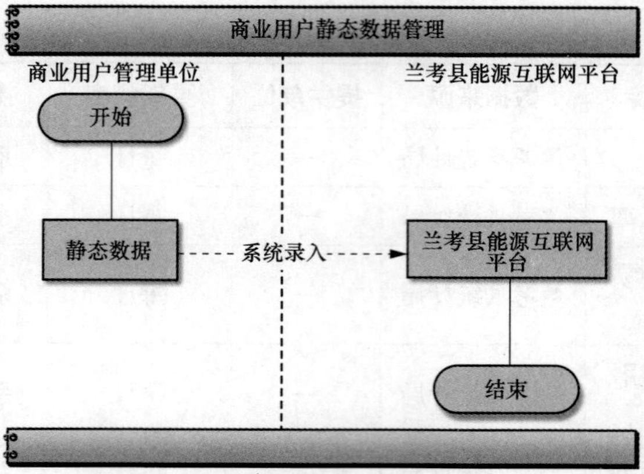

图 6-32　商业用户静态数据管理流程图

流程说明：商业用户相关管理人员登录兰考县能源互联网平台，录入商业用户基本属性信息，完成商业用户静态数据初始化。

（3）商业用户动态数据接入流程。商业用户动态数据管理流程如图 6-33 所示。

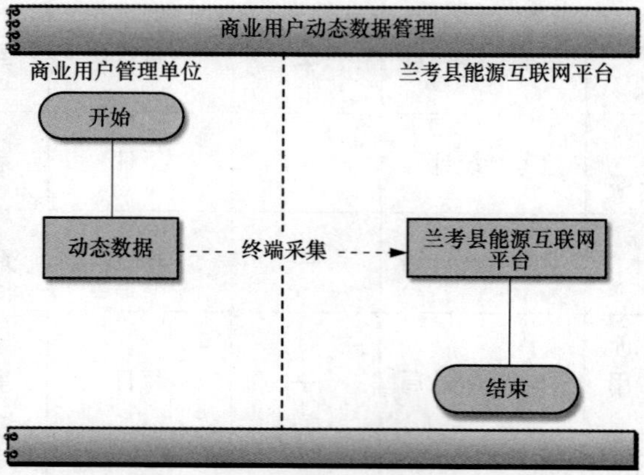

图 6-33　商业用户动态数据管理流程图

流程说明：基于泛在电力物联网技术，物联网终端设备采集商业用户终端设备的用电、用热、用气信号，通过泛在网关统一通信技术，把数据传送到兰考县能源互联网平台，实现重点用能单位数据归集。

6.2.4　数据服务

数据服务，主要是指基于能源互联网平台，实现能源基础数据、能源运行数据的融合、开放、共享和应用，为政府、能源生产企业、能源服务企业、能源消费终端提供基础数据服务及增值数据服务。

1. 面向政府数字化治理服务

（1）助力政府科学决策。

1）电力看经济。电力大数据具有动态实时、准确客观的独特优势，可在一定程度上反映实时的经济社会运作情况。通过分析不同行业、不同地区的电力消费情况，进一步构建出行业 - 地区层面的经济发展指数，有助于政府把握产业结构现状及潜在变化趋势，为下一步精准制定产业发展规划、区域经济政策提供决策基础。

2）电力看乡村振兴。乡村振兴，电力先行。电力作为农村覆盖最广、服务体系最全的能源，与农业生产、农民生活紧密相关。电力大数据能较为全面地感知居民活动状态、透视产业经营活动，具有准确、实时、客观的特征属性；可以按天提取数据，细化到村到户到企业，是量化分析乡村振兴发展水平的良好切入点。

3）空心村识别。电力公司基于居民用电大数据，以农村住宅为单位，提出农村“空心化率”来测度农村空心化程度。以年度为周期进行空心化评价，可实现县域级、乡镇级乃至乡村级空心化率测算，并在河南省开封市兰考县率先应用。其评估结果可为电网公司农村配电网规划、农村配电网改造投资提供参考，为政府精准制订政策、优化资源配置、研判振兴成效提供依据。

（2）辅助社会治理日常监测。

1）返贫预警。分析用电行为，研究构建返贫预警监测，形成模型数据需求清单；确认扶贫档案管理、电力返贫监测看板、构建分析模型、构建扶贫画像、预警模型管理、预警信息推送等六项功能需求；对脱贫户现状进行数据采样及分析，以“分类监测、分级预警”为原则形成多级预警，实现全面的脱贫户数据画像，系统地对数据结果进行分析研究，完成脱贫户监测的全流程闭环。

2）空巢老人关爱。中国社会人口老龄化趋势日益加重，大量孤寡老人面临着独居在家的问题，这部分群体的安全引起社会广泛关注。电力大数据的应用，为解决这一问题提供了新的思路，结合电力数据构建的“独居指数”，可以对这部分老龄群体进行重点监测，实时判断其生活状况。

（3）支撑政府战略落地实施。为落实“四个革命、一个合作”能源安全新战略，立足新发展阶段，贯彻新发展理念，构建新发展格局，实现“碳中和、碳达峰”行动目标，需要推动能源大数据产业高质量快速发展。通过对县域宏观能效、县域重点行业能效、县域重点企业能效等方面数据的采集分析，从多维度多层次实现对县域能源使用效率的优化提升。

2. 企业数据服务

企业在能源控制、能源消费、能源结构转型及相关技术升级过程中会产生各种各样的数据，能源大数据的容量是 PB 量级的。基于海量综合能源数据，利用大数据分析技术深挖数据价值，建立县域能源大数据平台，通过提供能源诊断监测、用能画像、企业用能报告等服务，帮助企业找出与行业、企业能效领跑者差距，为企业高能效低碳化绿色发展提出定制化的能源优化方案，提升能源利用率，促进企业发展和转型升级。

（1）企业用能画像。基于大数据平台对企业用能行为进行分析，通过多维度、多层次、多方位、精细化的数据处理和分析，刻画企业用能画像，为企业提供具有针对性、个性化、特色化的服务方案，满足企业需求。企业用能行为分析主要包括：企业用电行为分析，企业缴费欠费行为分析，企业业务咨询，投诉行为分析，企业安全用电行为分析。

（2）促进企业节能减排。2020 年 9 月 22 日，国家主席习近平在第七十五届联合国大会上宣布，中国力争 2030 年前二氧化碳排放达到峰值，努力争取 2060 年前实现碳中和目标。在“双碳”目标背景下，如何基于能源大数据有效监测能源消费型企业在生产运营全流程中的碳排放情况，对于有效指导能源消费企业节能减排，助力企业绿色转型及早日实现 3060 双碳目标具有重要的意义。

（3）支撑企业转型升级。随着我国工业化、城镇化进程的推进，资源短缺和环境污染对经济发展的约束日益凸显。我国提出 2020 年单位国内生产总值二氧化碳排放比 2005 年减少 40% ～ 45%，这就要求能源企业必须在低碳清洁发展，促进节能减排中发挥积极作用。在此环境下，能源企业亟须依靠科技创新，应用互联网、大数据、人工智能等技术，支撑能源企业转型升级，推动传统行业与能源大数据的深度融合。

3. 公众数据服务

通过对不同区域、不同人群在接受公共服务和进行其他活动中产生的能源大数据的分析，可以快速识别出较为真实的公众需求。整合较为共同的需求，及时予以回应，迅速形成公共决策，并且及时调整修正，从而实现公共服务的按需供给。现有能源大数据在服务居民互动用能方面的应用研究主要集中在智慧用能、节能减排，社会救助等方面。针对县域居民社区，立足于打造智慧社区、居民绿色出行目标，为社区居民、社区物业、未来社区管理提供能源管理和应用、充电服务在线辅助服务、空巢老人监护以及各类民生安全应用等功能。

（1）提供个性化用能服务。

1）家庭智慧用能服务。供电员工首次通过用能控制系统调节居民企业家用空调温度、调整热水器加热时间，降低台区用电峰时段总负荷。电力公司通过安装能源控制器、随器计量家电等系列泛在物联设备，实现居民负荷电器级的深度感知和精准调节，让居民用能与电网需求友好互动。能源控制器通过与云端主站配合，可准确预测台区负荷波动，并在不影响企业生活用能的前提下，有效汇聚和调控企业侧负荷资源，配合电网削峰填谷，还可调节农业排灌、鱼塘增氧机、充电桩、分布式光伏等具备间歇性特征设备的负荷，推动台区源网荷储协同运行，提升农村配电变压器利用效率和清洁能源消纳能力。

2）电瓶车充电管理服务。国网苏州供电公司下辖电动汽车分公司承载着为全市电动汽车用户提供优质充电服务、为城市交通提供清洁能源的使命。在持续推进充电硬件基础设施快速发展的同时，积极探索大数据分析基础上，更好地联合上下游企业，加快完善电动汽车市场生态链，科学合理充电桩布点，避免资源浪费和加速电动汽车普及，从根本上解决电动汽车充电难的瓶颈。

（2）促进居民增收。

1）光伏扶贫。光伏扶贫主要是在住房屋顶和农业大棚上铺设太阳能电池板，“自发自用、多余上网”。农民可以自己使用这些电能，并将多余的电量卖给国家电网。通过分布式太阳能发电，每户人家都将成为微型太阳能电站。光伏扶贫作为国家乡村振兴局 2015 年确定实施的“十大精准扶贫工程”之一，充分利用了贫困地区太阳能资源丰富的优势，通过开发太阳能资源、产生稳定收益，实现了扶贫开发和新能源利用、节能减排相结合，利用光伏发电来帮助贫困人口脱离贫困是非常有效的途径之一。

2）智慧养殖。通过能源互联网用电力大数据对渔业负荷进行数据分析和论证，解决电力系统在渔业发展中产生的无电、缺电、低电压、停电等多种问题，用智慧渔业系统对渔业养殖进行智能化、可视化管理，开展按需增氧、有序增氧、自动喂食、水质监控、营养监控等现代化管理手段，将电力大数据和渔业大数据深度融合，拓展渔业养殖电气化智能管理模式，形成全自动、无人化、可视化的新型产业发展方式，有效提升渔业养殖的优质高效发展。

4. 新能源及储能数据服务

随着新能源行业的发展，能源大数据在解决能源行业数据处理的问题上具明显优势，充分利用能源大数据来解决能源行业发展的问题，可更好地推动能源革命。通过选址定容、出力预测、精准运维等一系列服务助推新能源企业能源服务开展，最终实现在不断优化企业用能环境的同时，有效降低企业能效和生产成本支出。

（1）分布式电源选址定容。通过将县域风力、水力、气候、化石能源储备、地域环境、人口数据、用户用能数据、区域社会经济数据、历史发电数据、历史用电负荷、网架拓扑结构等多源数据进行整合分析，利用大数据技术，评估建设单位容量风、光等发电设备的投资金额、年发电量、年收益及投资资金回收周期等，从建设成本、环境保护、经济效益等角度寻求最优方案，实现各类分布式电源的宏观选址和定容。

（2）新能源功率预测。长期以来新能源发电功率不稳定、预测难度大，为构建以新能源为主体的新型电力系统带来挑战。新能源功率预测的准确性是其中关键因素。通过能源大数据平台采集新能源发电功率历史数据，结合气象、地理位置等其他信息，对未来输出功率情况进行预测可有效辅助发电企业研判功率变化，制定经营策略，促进电力系统清洁低碳转型。

（3）新能源消纳。整体电网发展的重点将聚焦智能化、信息化和互联化的方向以及电网构架安全性、稳定性的提升。当前由于新能源弃风、弃光量的不断增加，新能源消纳问题将深度影响我国能源转型与电力行业的可持续发展。大力推动开展新能源的开发能促进我国经济的可持续发展，并对能源安全和生态文明的建设有重大意义。

（4）精准运检。通过对新能源企业在能源生产转换过程中的各种重点设备全寿命周期大数据进行分类、清洗、挖掘，能够准确评价设备健康状况，实现精准的故障定位、诊断及预测，实现故障点精确定位、故障类型快速判断和检修方案定制推送，进而精准指导能源企业重点设备运维与检修工作，实现能源设施的全寿命周期管理。

6.2.5　数据保密与安全

1. 安全管理

安全管理包括：①各责任单位应做好本单位的安全及保密教育工作，做好用户信息的管理，保障数据与信息安全；②指定专门的运维操作员进行平台数据运维工作，运维操作员应确保对核心业务数据每日进行增量备份，每周做一次包括数据信息的全备份，业务系统将进行重大系统变更时，应对核心业务数据进行数据信息的全备份；③数据管理者要对数据使用情况进行掌控和审计，发现违规行为应及时制止，并依规进行处理。

安全管理是企业生产管理的重要组成部分，是一门综合性的系统科学。安全管理的对象是生产中一切人、物、环境的状态管理与控制，安全管理是一种动态管理。安全管理，主要是组织实施企业安全管理规划、指导、检查和决策，同时又是保证生产处于最佳安全状态的根本环节。施工现场安全管理的内容，大体可归纳为安全组织管理，场地与设施管理，行为控制和安全技术管理四个方面，分别对生产中的人、物、环境的行为与状态，进行具体的管理与控制。为有效地将生产因素的状态控制好，实施安全管理过程中，必须正确处理“安全与危险并存”“安全与生产的统一”“安全与质量的包涵”“安全与速度互保”“安全与效益的兼顾”的五大关系，贯彻“生产同时管安全”“坚持安全管理的目的性”“必须贯彻预防为主的方针”“坚持”四全“动态管理”“安全管理重在控制”“在管理中发展、提高”的六项基本管理原则。

2. 安全职责

针对不同的觉得，安全职责有不同的内明确容。①数据所有者：拥有数据的所有权；拥有对数据的处置权力；对数据进行分类与分级；指定数据资产的管理者 / 维护人。②数据管理者：被授权管理相关数据资产；负责数据的日常维护和管理。③数据使用者：在授权范围内访问并使用数据，确保访问对象的机密性、完整性、可用性等；保证其所使用数据来源的合法性，不私自复制、使用、传播、保存与自己工作无关的数据。

决策层。决策层是指为保证数据安全工作的顺利开展及持续保持，建议数据安全管理采取“一把手负责制”，由各业务、技术、法务等部门的直接领导共同组成“数据安全领导小组”，负责组织数据安全整体目标及发展规划等的制定。

管理层。管理层是指由数据安全领导小组指派中高层管理人员作为数据安全负责人，并组建数据安全管理团队。为保证数据安全管理的独立性、客观性，建议数据安全负责人应为专职人员。管理团队应结合行业监管及组织业务发展需要，制定与组织整体目标相适应的数据安全管理策略，形成规范化管理体系等。

执行层。执行层是指由各业务部门中与数据处理活动相关的人员，以及风控、技术、运营等团队的人员组成数据安全执行团队，需要与管理团队紧密配合。针对各数据安全场景，负责按照既定的数据安全管理策略、管理要求，在不同的业务流程中进行落地及运营维护。

监督层。监督层是指由风控、合规、审计等多部门组成数据安全监督小组，负责对管理层、执行层的工作进行定期审核监督，并将发现的问题及时反馈给决策层，对违规行为予以纠正。

3. 安全保障

数据在存储和传输过程中须根据数据的密级采用加密或其他手段确保其存储安全。在数据信息经过不安全网络（例如 INTERNET）访问时，需要对传输的数据信息提供完整性校验。平台在进行数据开放共享时应制定密码策略，包括密码的最短有效期、最长有效期、最短长度、复杂性等。数据在使用过程中，须根据数据的密级进行控制，严禁非授权访问、传输和修改。

企业应加强数据采集、运算、溯源等关键环节的保障能力建设，强化数据安全监测、预警、控制和应急处置能力，以数据安全关键环节和关键技术的研究为突破点，完善大数据安全技术体系，促进整个大数据产业的健康发展。在大数据应用场景下，数据利用和隐私保护是天然矛盾的两端，同态加密、多方安全计算、匿名化等技术可以实现这两者良好的平衡，是解决大数据应用过程中隐私保护问题的理想技术，隐私保护核心技术方面的进展必然会极大地推动大数据应用的发展。目前，隐私保护技术的核心问题是效率，存在计算开销大、存储开销大、缺乏评价标准等问题，均处于理论研究阶段，尚未在工程实践中广泛应用，难以应对多数据源攻击、基于统计的攻击等隐私安全威胁。

6.3　兰考县域能源大数据平台实施成效

兰考能源大数据平台的建成，推动兰考农村能源革命试点建设不断向前迈进，在生态文明建设、能源供给能力提升、能源消费结构转型三方面取得了显著成效，实现了政府、社会、公众利益的高度统一。

6.3.1　全品类能源数据库

综合考虑兰考县能源互联网平台需求，可将系统数据分为能源统计运行数据库、能源资源及项目数据库、基础地理数据库。

能源统计运行数据库包含电力、油气、新能源等的年度、月度、日度以及实时运行统计数据，如 GDP、人口、全社会固定资产投资、全社会发电量、居民用电量、天然气管存量、石油生产及消耗量等随时间不断变化的指标类数据。

能源资源及项目数据库包括各类能源资源如生物质资源、太阳能资源、风能资源、地热能资源等的资源属性信息；风电场、生物质电厂、垃圾电站、太阳能电站、地热站、油气管道、油气站点、加油站、加气站、变电站、输电线路等的项目属性信息以及项目运行信息。

基础地理数据库包含行政区划、电子地图等基础地理矢量数据以及能源资源、项目、企业等的点位、线路、面状矢量分布数据等。

数据库总体结构图 – 数据类别及结构划分如图 6–34 所示。

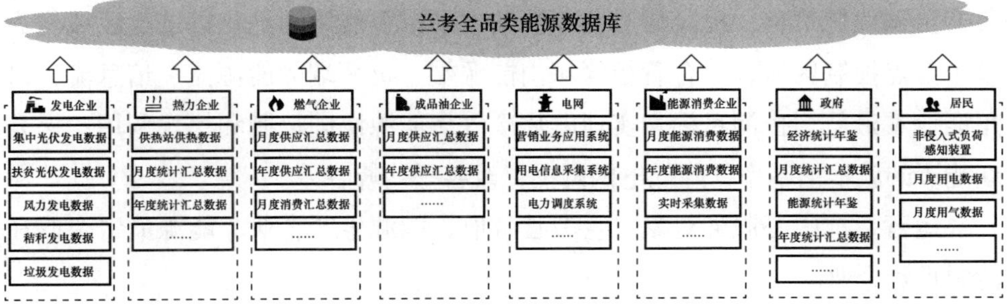

图 6–34　数据库总体结构图 – 数据类别及结构划分

6.3.2 能源监测中心建设

能源监测中心主要功能：能源革命进程监测、能源生产传输消费全链条监测、能源项目运行情况监测等功能。其中，能源革命进程监测重点实现农村能源开发利用情况总体监测，包括各类能源生产和消费占比、新能源开发总量及分布、垃圾利用情况、绿色交通占比、绿色能源小镇建设成效等；能源生产传输消费全链条监测实现能源生产、传输、消费过程的日度、月度数据采集和分析处理；能源项目运行情况监测实现各类能源项目月度实施进度数据收集和整理分析。

能源监测中心服务对象：兰考县政府、兰考县农村能源革命经验学习团。

能源监测中心建设成效：一是实现兰考县农村能源革命各类建设项目信息化管理，有助于兰考县政府全面、及时掌握试点建设推进情况及建设成效，为统筹推进革命试点建设、协调配套项目建设、研判革命推进程度提供重要依据；二是实现能源生产、传输、消费全链条监测，有助于兰考县政府在宏观掌握兰考县能源及经济运行概况的同时，微观角度掌握不同品类能源运行情况，为研判能源供需态势、保障能源安全提供支撑；三是实现兰考县农村能源革命试点建设全视角展示，有助于外来学习团系统、生动了解兰考县的革命实践。

6.3.3 运营指挥中心建设

运营指挥中心主要功能：综合能源预测、源网荷侧协调优化和多能互补等功能。其中，综合用能预测实现兰考全域发电侧、负荷侧电力电量预测，实现试点区域内的分布式能源发电预测，电、热/冷、气需求预测，为开展源网荷储、多能协同优化提供分析基础；源网荷储优化发挥电网枢纽优势，根据新能源功率预测和用能负荷预测，制定电源、电网、储能以及需求响应负荷协调优化策略，提高清洁能源消纳水平；多能协同优化以试点区域作为单个节点控制区域，综合管控区域内能源端、负荷端的能源流、信息流，以用能成本最低为控制目标，实现电热冷气多能源协同控制和梯次利用；提升新能源的就地消纳率，降低电网网损，改善平均峰谷差。

运营指挥中心服务对象：兰考县政府、能源生产企业、能源消费企业和能源投资企业。

运营指挥中心建设成效：一是实现综合能源预测，有助于准确判断兰考县能源供需变化趋势，针对能源供应短缺、新能源消纳困难等发出预警，引导能源企业调整供需，同时推动政府有序开发清洁能源；二是实现源网荷侧优化，有助于抑制大规模光伏、风电带来的电网波动，提高电网安全运行水平，提升电力系统运行效率，保障清洁能源消纳；三是实现多能协同，丰富能源系统的运行模式，有助于分布式能源的优化利用，提高用能可靠性和能源综合利用效率。

6.3.4　公共服务中心建设

公共服务中心主要功能：以“用户为中心”，通过能效管理、需求响应和电力交易三方面内容，提供参与能源互联网的用户服务，拓展能源生产消费新模式、新业态，满足用户多样化用能需求。其中能效管理方面主要为县域用户提供用能数据分析、开展节能降耗、异常诊断，服务用户节能改造和降本增效；需求响应方面通过提供响应能力分析、制定需求响应策略，以负荷集聚商形式组织用户参与全省电力需求响应；电力交易方面，根据国家电力市场交易规则，通过提供发用电市场预测、市场交易价格分析等交易服务功能，引导兰考县域企业参与电力市场交易。

公共服务中心服务对象：电网企业、用户（居民用户、商业用户、工业用户等）、综合能源服务提供商、发电企业、售电企业。

公共服务中心建设成效：通过平台提供多类型的用能及增值服务，有利于能源公司探索能源服务新模式、新业态，有利于综合能源服务商的培育，有利于构建开放的能源服务市场，提升用户能源消费体验，促进降本增效。其中能效管理模块为用户提供能效咨询服务，促进综合用能效率提升，搭建能效服务交易平台，引导能效服务提供商与用户需求对接，提供能效优化项目实施担保服务，促进综合能源服务市场氛围形成；需求响应模块为用户（园区、企业、学校、医院、商场等）提供需求响应资讯，为有意向参与需求响应的用户提供注册、申报、邀约响应、结算等专业化管理服务，促进用户用能成本降低；电力交易模块连接买卖双方，促进兰考县分布式交易市场培育，提供打包市场化交易服务，激发有意向企业代理积极参与市场交易，促进用能成本降低。

6.3.5　服务政府科学决策

服务政府科学决策指全面研判政府对农村能源革命进程数字化管理及能

源态势分析预测需求，形成“革命成效年评估、能源变化月分析、重点项目周管控、电力运行实时跟踪”的成果应用体系；通过革命成效展示和年报发布，实现生态文明建设、能源供需变化等方面关键指标与国家能源局要求指标的直观对比，为政府准确研判提供支撑；通过编制和推送月报，实现油气热电全品类能源生产、消费及变化情况月度和累计分析，服务政府精准掌握能源变化趋势；通过对农村能源革命 9 类重点项目（88 项工程）里程碑计划进行系统化管理，实现工程进度的周度更新和现场实景反馈，助力政府统筹推进各类项目；通过电力数据的实时监测，实现全清洁能源供电时长监测、日电量和负荷监测、新能源发电设备级监测，推动电力管理的实时化、数字化；通过深化电力看经济板块，提供区域电能消费情况、规上企业和其他主要企业用电变化分析，服务政府整体把控全县生产生活用能和经济运行情况。

围绕生态文明建设、能源供给能力、能源消费结构三方面、10 个关键指标，开展兰考县农村能源革命成效监测。指标显示 2019 年兰考县农村能源革命试点建设成效见表 6–23。

表 6–23　　兰考农村能源革命成效关键监测指标汇总

<table>
<tr><th>序号</th><th>指标类型</th><th>指标名称</th><th>2019 年</th><th>目标值</th></tr>
<tr><td>1</td><td rowspan="4">生态文明建设</td><td>生活垃圾无害化处理率</td><td>72%</td><td>94%</td></tr>
<tr><td>2</td><td>农作物秸秆、畜禽粪便资源化利用率</td><td>85.4%</td><td>90%</td></tr>
<tr><td>3</td><td>清洁供暖普及率</td><td>38%</td><td>80%</td></tr>
<tr><td>4</td><td>公众绿色出行率</td><td>38.8%</td><td>90%</td></tr>
<tr><td>5</td><td rowspan="4">能源供给能力</td><td>生物天然气年产量占县域用气需求量比重</td><td>0%</td><td>70%</td></tr>
<tr><td>6</td><td>供电可靠率</td><td>99.7745%</td><td>—</td></tr>
<tr><td>7</td><td>燃气普及率</td><td>18.1%</td><td>—</td></tr>
<tr><td>8</td><td>热力管网覆盖率</td><td>23.3%</td><td>—</td></tr>
<tr><td>9</td><td rowspan="2">能源消费结构</td><td>可再生能源发电量占县域全社会用电量</td><td>47.2%</td><td>90%</td></tr>
<tr><td>10</td><td>可再生能源占一次能源消费比重</td><td>28.8%</td><td>60%</td></tr>
</table>

生态文明建设效果显著。2021 年，通过垃圾发电、秸秆发电、新能源汽车替代工程、地热供暖以及“双替代”等工程实施，兰考县生活垃圾无害化

处理率达到 100%，农作物秸秆、畜禽粪便资源化利用率达到 76%，清洁供暖普及率达到 99%，公众绿色出行率达到 90%。生活垃圾无害化处理率、清洁取暖指标已超额完成；绿色出行率达到指标要求；农作物废弃物资源化利用水平距离目标值仍存在一定差距。

能源供给能力有所增强。2021 年，通过电网网架加强、气化兰考、地热供暖等多项工程建设投运，供电可靠率提升至 99.9833%，燃气普及率提升至 24.8%；热力管网覆盖率提升至 81.2%；生物天然气年产量占县域用气需求量比重为 0%。能源基础设施持续补强，城乡用能公共服务差距缩小，受投入产出效益影响，燃气、热力领域供应能力仍需加强。

能源消费结构明显改善。2021 年，通过风电、光伏、生物质、地热等可再生能源大力开发，兰考县可再生能源发电量占县域全社会用电量达到 87.48%，可再生能源占一次能源消费比重达到 75.0%。可再生能源开发利用水平持续增强，能源消费清洁化程度不断提高，但尚未达到目标要求。

能源消费清洁化程度关键指标如图 6–35 所示。

图 6–35　能源消费清洁化程度关键指标图

6.3.6 服务社会降本增效

围绕“互联网 + 商超”“互联网 + 种植”“互联网 + 生活”等农村特色场景开展数据采集和能效服务，提供涵盖用能在线监测、问题诊断、精细化管理的一揽子能源解决方案，促进用户综合用能效率提升。面向企业，提供用能监测、用能告警、用能分析和用能诊断等多类型综合能源服务，预计今年可降低 12% ～ 15% 用能成本。面向居民，通过能源消费趋势分析、用能行为和结构分析，支撑用户及时发现能耗问题，规范用能行为，强化节能意识，助力建设低碳节约社会。

（1）平台 + 商超场景。兰考县新世纪量贩有限公司是兰考县最大的综合性商品零售服务公司，位于兰考县城省道 S313 旁，面积约 12000m^3，商场主要用能类型为电力，由两台 1250kVA 的专用变压器供电。主要用电设备包括照明灯具、空调机组、电梯、小商铺用电及其他辅助性设备。商场月均用电量在 56 万 kWh，制冷、制热高峰期月用电量可达 1010 万 kWh。根据商场用能现状和设备情况，通过平台 + 商超场景建设，加装物联装置，采集并分析用能数据，指导超市节能降耗，减少成本。

用能监测：实时监测企业配电和用电信息，对异常情况及时报警并向企业管理人员、运维人员推送通知，实现用户用能可视化管理。

用能诊断：一是配电变压器负载率较低，商场安装 2 台配电变压器，配电变压器容量 2500kVA，平均负载率为 15.71%，最大负荷为 716.3kW，出现在 1 月 19 日，最大负载率仅有 28.65%。二是三相电流不平衡，由于商场内用电负荷分布不均，最大不平衡度达到 65%。三是低压侧电压偏高，电容器组长期投入或者配电变压器分接头调整不合理，导致配电变压器低压侧电压偏高，最高电压达到 239.5V，电压偏高将导致电量超过正常水平。

用能建议：一是调整配电变压器运行方式，商场负荷轻时，按一主用一备用运行，降低配电变压器损耗，月平均可减少损耗电量 2324kWh，节约电费 1348 元；二是优化部分低压负荷，使三相负荷趋于平衡，降低配电变压器损耗，保障电能质量；三是加强无功功率管理，根据电压情况，合理投切电容器，调节配电变压器分接头，减少不合理电量。

平台为商超提供能源管理智慧化手段，促进商超能效提升，降低用能成本，2020 年一季度商场累计用电量 45.97 万 kWh，较去年同期下降 39.12%。

（2）平台 + 特色农业场景。奥吉特生物科技股份有限公司是一家以双孢菇的基料生产、种植、深加工与销售为一体的科技股份有限公司，位于河南省开封市兰考县东坝头镇张庄村。厂区内建有两个 6000m^3 的菇房（60 间小菇房），常年恒温恒湿；主要用电设备是空调，其中生产用中央空调三台 609kW，用于调节菇房内的温湿度；厂区由两台专用变压器供电，配电变压器容量 1880kVA，月均电费 10 万～ 20 万元；燃气锅炉产生高温蒸汽对菇房进行杀菌消毒，1 间菇房一个生产周期（42 天）需要消耗 700m^3 燃气。目前企业菇房生产环境智能综合监控系统为德国进口，管理水平较高，但配用电设备管理水平低。根据厂区用能现状和设备状况，通过平台 + 特色农业场景建设，加装用电信息采集单元，实现主要用电设备的运行监测和能效管理。

能效管理：能耗概况：2020 年 1 ～ 3 月厂区累计用电量 47.59 万 kWh，较去年同期下降 15.23%。从分区能耗来看，空调用电量 2.77 万 kWh，占比为 5.81%；1 号菇房用电量 5.71 万 kWh，占比为 12%；2 号菇房用电量 13.31 万 kWh，占比为 27.97%；冷库用电量 2.560 万 kWh，占比为 5.38%；办公楼用电量 5.16 万 kWh，占比为 10.84%；烘干等其他生产设备用电量 18.08 万 kWh，占比为 37.99%。

用能诊断：一是配电变压器负载率较低，场区安装 2 台配电变压器，配电变压器容量 1880kVA，平均负载率为 17.82%，最大负荷为 407.6kW，最大负载率仅有 21.68%；二是三相电流不平衡，由于厂区内用电负荷分布不均，配电变压器三相电流不平衡出现 91 天，累计 1661.5h，最大不平衡度达到 64%。三是低压侧电压偏高，电容器组长期投入或者配电变压器分接头调整不合理，导致配电变压器低压侧最高电压达到 239.5V，电压偏高导致电量超过正常水平。

用能建议：一是调整配电变压器运行方式，企业负荷轻时，按一主一备运行，降低配电变压器损耗，月平均可减少损耗电量 1214kWh，节约电费 704 元；二是优化部分低压负荷，使三相负荷趋于平衡，降低配电变压器损耗，保障电能质量；三是加强无功功率管理，根据电压情况，合理投切电容器，调节配电变压器分接头，提高功率因数，减少不合理电量。

通过物联网 + 现代农业场景建设，可实时监测企业配电和用电信息，对异常情况及时报警并向企业管理人员、运维人员推送通知，实现用户用能可视化管理。同时，提升厂区能源清洁化、智能化水平，构建清洁高效、多能协同的现代农业能源供应体系，助力乡村振兴。

（3）平台 + 居民场景。兰考县东坝头镇张庄村是全国首批乡村旅游重点村，年客流量超过10万人。目前村委驻地张庄村有3个台区供电，其中张庄堤西台区承担着核心区的供电，配电变压器容量400kVA，挂接低压用户共计120余户，其中光伏用户1户（村级光伏电站31.8kW）。在张庄村幸福街两侧选取100户居民，安装100块非侵入负荷采集装置和2台数据网关，实现居民用电行为监测。

数据采集：张庄堤西台区2020年1季度负荷最大为197kW，最大负载率为2.03；1月20日负荷最大，户均最大负荷为1.06kW（按187户计）；1月20日居民最大负荷达到2.4kW，最小仅有0.6kW；主要用电时间集中在早、中、晚高峰时段。

用电行为分析：分析得到的居民家中各电器的使用情况，帮助电网实时了解用户准确的负荷构成信息，包括负荷种类、功率以及可调性等，有助于采取有效的需求响应措施。

利用非侵入采集终端对居民用户负荷特性和用电构成分析，挖掘用户侧资源，支撑兰考县农村电网规划和客户服务，助力兰考县农村能源革命。采集线路故障数据判断故障地点，极大地减少故障影响时间，提升居民用户供电可靠性。

6.3.7 服务公众实际需要

瞄准公众对能源服务的实际需求，针对现有电力服务薄弱环节，发挥平台枢纽作用，实现能源服务到家到户，服务美好生活需要。在完成智能电表HPLC模块、融合终端和集中器改造的基础上，依托能源便民服务App，实现居民用电行为分析，根据用户用能特点提供节能分析报告。通过全面接入扶贫光伏数据，研判光伏运行状态，及时发现问题，实现智能监管和高效运维，将光伏扶贫落到实处。

（1）居民用电行为分析。平台接入兰考县每户并提取用能数据，收集单户日用电量、日用电负荷量，进行数据处理形成户均用电量、负荷分析图，最终形成居民用的行为分析、电器使用分析和居民用电量分布图。用户用电行为分为三个模块，分别为：采集智能电表数据、处理用电数据以及分析数据。①在采集电能电表数据中，其着重强调的是对整个电力系统有效管理，完成对用户用电数据的收集和处理；将不同板块、不同分区的数据都集中到一起进行高效处理，从而为后期工作顺利开展奠定良好基础。②在处理用电数据方面，主要强调的是完成了数据和信息收集之后，根据既定工作目标和相关工作要求，所开展的一系列工作；及时提取其中所出现的有效信息，为用户用电行为和信息分析提供充足保障。③对于用户用电行为进行分类之后，可以对其用电特性进行科学化分析，为电网安全、可靠运行以及相关决策工作的开展提供保障。居民用电行为分析图如图 6–36 所示。

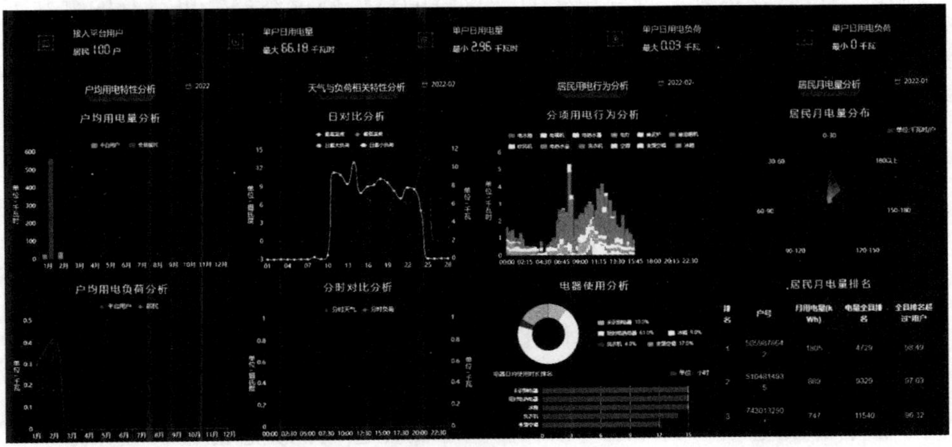

图 6–36　居民用电行为分析图

（2）光伏扶贫。积极支撑兰考扶贫光伏精益运维，探索开展光伏扶贫电力大数据分析应用，接入兰考全县域扶贫光伏电站运行数据约 120 万条，涵盖 1834 个并网点、覆盖扶贫户 6034 户，实现兰考县能源互联网平台与用电信息采集系统数据互联共享；开展电力大数据标准化处理，建立计及日电量与功率特性的扶贫光伏电站运行效率评价模型，研判光伏电站运行状态和发电效率，有效识别疑似故障和低效电站；依托兰考能源互联网综合示范项目，开发扶贫光伏电站运行监测、异常告警、辅助分析等功能，初步实现了兰考全域光伏扶贫电站的总况监测与健康诊断，为政府有效监管和企业精益运维提供技术支撑，全力服务兰考农村能源革命试点建设。兰考县全域光伏扶贫电站总况监测与健康诊断图如图 6–37 所示。

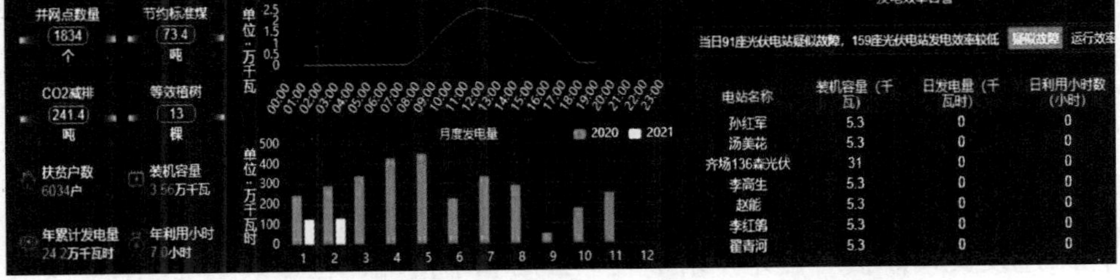

图 6–37　兰考全域光伏扶贫电站总况监测与健康诊断图

（3）智慧充电。充电设施智慧能源管理服务平台以云平台为基础，依托物联网技术、云平台技术、架构的扩展能力和服务体系，针对新能源汽车及充电设施公共数据服务平台进行灵活的功能部署，保证各个运营商独立系统数据源的接入，保证其他充电桩直连设备的数据源接入；尽量兼容旧桩并采集所有运行数据，通过功率控制实验，验证系统对充电桩的管理控制能力。

兰考县大数据体系建设下的充电设施智慧能源管理服务平台，可以实现对充电桩的控制和管理，并将采集的充电桩功率、电压、电流、充电时间、警告信息等相关数据上传到充电设施智慧能源管理服务平台，通过系统平台处理管控充电桩功率大小，降低当前电网供电压力，从而进行智能化管理，合理分配资源；通过模块化搭建服务，将数据处理和管理控制业务根据充电桩的数量，分别提供不同的最优化服务，从而实现“高效、快捷”的智能一体化管理；提供长效的充电量、电量分时占比、充电电费趋势分析，用来实时了解各个充电站的实际运行情况。兰考县充电设施智慧能源管理服务平台运行图如图 6–38 所示。

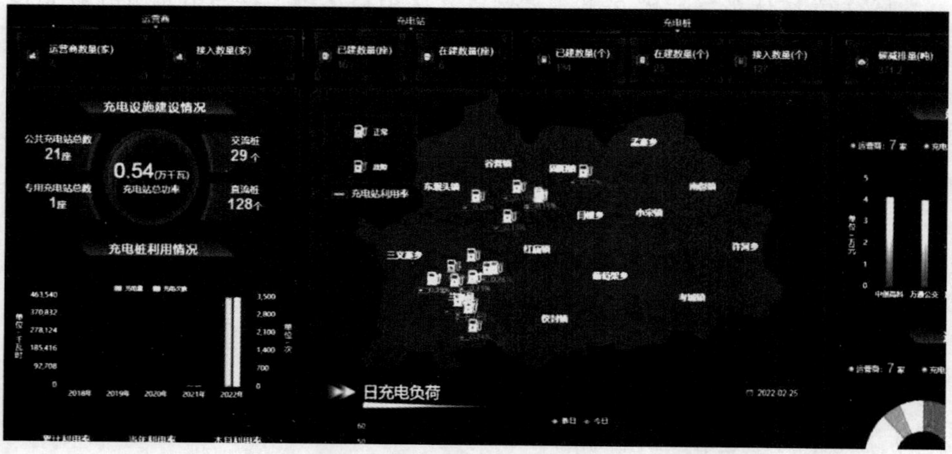

图 6–38　兰考县充电设施智慧能源管理服务平台运行图

6.4　本章小结

本章引用兰考县的农村能源革命试点建设作为案例进行县域能源大数据体系建设实践概括。首先介绍了兰考县的基本情况，包括其地理位置、发展定位、经济概况、能源资源概况（包含生物质、太阳能、风能、地热能）；其次，以表格的形式描述了兰考现有能源数据状况；再次，介绍兰考能源体系设计，包括兰考能源互联网的数据管理、数据接入平、数据服务（包括数据融合、数据开发、数据共享、数据应用等）、数据的保密与安全；随后，系统地描述了大数据平台的建设和应用状况，包括建设目标、平台构架、数据库，以及能源监测中心、运营指挥中心、公共服务中心的建设情况。最后，介绍兰考县能源大数据平台建成后所取得的成效，平台推动兰考县农村能源革命试点建设不断迈进，在服务政府科学决策、服务社会降本增效、服务公众实际需要等方面取得了显著成效。

参考文献

［1］Yu Hao, Ling'ou Wang, Lingyun Zhu, Minjie Ye. The dynamic relationship between energy consumption, investment and economic growth in China's rural area: New evidence based on provincial panel data［J］. Energy, 2018, 154: 374–382.

［2］代红才，张运洲，李苏秀，张宁 . 中国能源高质量发展内涵与路径研究［J］. 中国电力，2019, 52（06）: 27–36.

［3］孙若男，杨曼，苏娟，杜松怀，李鹏，郑永乐 . 我国农村能源发展现状及开发利用模式［J］. 中国农业大学学报，2020, 25（08）:163–173.

［4］黄碧斌，张运洲，王彩霞 . 中国"十四五"新能源发展研判及需要关注的问题［J］. 中国电力，2020, 53（01）:1–9.

［5］汪际峰，李鹏，梁锦照，宋禹飞 . 电力系统数字化历程与发展趋势［J］. 南方电网技术，2021, 15（11）:1–8.DOI:10.13648/j.cnki.issn1674–0629.2021.11.001.

［6］Yantai Huang, Lei Wang 0006, Weian Guo, Qi Kang, Qidi Wu. Chance Constrained Optimization in a Home Energy Management System.［J］. IEEE Trans. Smart Grid, 2018, 9（1）.

［7］Fengji Luo, Weicong Kong, Gianluca Ranzi, Zhao Yang Dong. Optimal Home Energy Management System With Demand Charge Tariff and Appliance Operational Dependencies［J］. IEEE Transactions on Smart Grid, 2020, 11（1）.

［8］王跃峰 . 德国新能源发电发展和运行研究［J］. 中国电力，2020, 53（05）:112–121.

［9］张运洲，代红才，吴潇雨，陈睿，张宁 . 中国综合能源服务发展趋势与关键问题［J］. 中国电力，2021, 54（02）:1–10.

［10］赵俊华，董朝阳，文福拴，薛禹胜 . 面向能源系统的数据科学：理论、技术与展望［J］. 电力系统自动化，2017, 41（04）:1–11+19.

［11］张运洲，黄碧斌 . 中国新能源发展成本分析和政策建议［J］. 中国电力，2018, 51（01）:10–15.

［12］Yuanyuan Liang, Biying Yu, Lu Wang. Costs and benefits of renewable energy development in China's power industry［J］. Renewable Energy, 2019, 131.

［13］刘永辉，张显，孙鸿雁，冯恒．能源互联网背景下电力市场大数据应用探讨［J］. 电力系统自动化，2021, 45（11）:1–10.

［14］张显，史连军．中国电力市场未来研究方向及关键技术［J］. 电力系统自动化，2020, 44（16）:1–11.

［15］张沈习，王丹阳，程浩忠，宋毅，原凯，杜炜．双碳目标下低碳综合能源系统规划关键技术及挑战［J/OL］. 电力系统自动化 :1–19［2022–03–22］.

［16］Olkkonen Ville, Hirvonen Janne, Heljo Juhani, Syri Sanna. Effectiveness of building stock sustainability measures in a low-carbon energy system: A scenario analysis for Finland until 2050［J］. Energy, 2021, 235.

［17］王波，王红霞，朱丹蕾，董旭柱，马恒瑞．基于统一潮流大数据的综合能源系统薄弱点辨识方法［J/OL］. 电力系统自动化 :1–12［2022–03–23］.

［18］Chen Wang, Anita Engels, Zhaohua Wang. Overview of research on China's transition to low-carbon development: The role of cities, technologies, industries and the energy system［J］. Renewable and Sustainable Energy Reviews, 2018, 81.

［19］黄伟，左欣雅，刘弋铭．基于多区块链结构的综合能源系统调度构架［J］. 电力系统自动化，2021, 45（23）:12–20.

［20］王琦，李宁，顾欣，何国鑫，杨冬梅，陈严．考虑碳减排的综合能源服务商合作运行优化策略［J/OL］. 电力系统自动化 :1–20［2022–03–23］.

［21］王新刚，朱彬若，顾臻．基于综合能源计量大数据的中长期用电量预测［J］. 中国电力，2021, 54（10）:211–216.

［22］Ahmad Ghasemi. Coordination of pumped–storage unit and irrigation system with intermittent wind generation for intelligent energy management of an agricultural microgrid［J］. Energy, 2018, 142.

［23］李强，高勇，朱建国，褚红绢，蔡兵，侯卫锋，刘文烈．电厂智能化管控技术研究与应用［J］. 热力发电，2019, 48（10）:15–21.DOI:10.19666/j.rlfd.201907116.

［24］Doulamis Nikolaos D., Doulamis Anastasios D., Varvarigos Emmanouel.

Virtual Associations of Prosumers for Smart Energy Networks Under a Renewable Split Market［J］. IEEE Transactions on Smart Grid, 2018, 9（6）.

［25］郑玉平，王丹，万灿，杨志宏，陈竟成，李敬如，吴琳 . 面向新型城镇的能源互联网关键技术及应用［J］. 电力系统自动化，2019, 43(14):2–15.

［26］高峰，曾嵘，屈鲁，张靖 . 能源互联网概念与特征辨识研究［J］. 中国电力，2018, 51（08）: 10–16.

［27］Jo Jaeyeon, Park Jinkyoo. Demand–Side Management with Shared Energy Storage System in Smart Grid［J］. IEEE Transactions on Smart Grid, 2020, 11（5）.

［28］高嘉文，陈磊，何嘉兴，徐飞，侯凯元，李群，王海鸣，王震宇，阴宏民 . 利用富余可再生能源进行清洁供热的最优规划［J］. 电网技术，2019, 43（02）:630–637.DOI:10.13335/j.1000–3673.pst.2018.0789.

［29］Amrit Paudel, L. P. M. I. Sampath, Jiawei Yang, Hoay Beng Gooi. Peer-to-Peer Energy Trading in Smart Grid Considering Power Losses and Network Fees［J］. IEEE Transactions on Smart Grid, 2020, PP（99）.

［30］周静，孙媛媛，胡紫巍，卢利锋，刘国军 . 智能电网信息通信架构演进探讨［J］. 中国电力，2018, 51（03）:131–135.

［31］曹源 ，陈淑婷，胡新苗，明涛，迪丽达尔・阿力木 . 电力大数据在能源互联网建设下的价值变现［J］. 中国科技信息，2022（06）:142–143.

［32］李风琦，孙凤英，曹建华 . 城镇化影响农村生活能源消费的机制——基于中国 1997—2012 年省级面板数据的实证分析［J］. 系统工程，2016, 34（12）:70–75.

［33］徐瑶 . 低碳背景下农村居民生活能源消费实证分析——基于 7 省的微观数据［J］. 安徽农业科学，2014（16）:5171–5174.

［34］费佐兰，余志刚 . 我国农村清洁能源使用现状及消费意愿的分析——基于五省六市的农户调查数据［J］. 电网与清洁能源，2011, 27(8):60–64.

［35］张力小，胡秋红，王长波 . 中国农村能源消费的时空分布特征及其政策演变［J］. 农业工程学报，2011, 27（1）:1–9.

［36］王效华，胡晓燕 . 农村家庭能源消费的影响因素［J］. 农业工程学报，2010, 26（3）:294–297.

［37］覃舟 . 杭州市农村可再生能源统计工作现存问题及对策研究［J］.

农业环境与发展，2013（3）:79-81.

［38］王效华．江苏农村家庭能源消费研究［J］．中国农学通报，2012, 28（26）:196-200.

［39］周达，黄茜，崔恒星．农村能源互联网发展建设方向和建议［J］．农村电气化，2021（1）:26-28.

［40］杨莘博，谭忠富，薛帆，等．“能源互联网＋农村能源”典型场景、商业模式及成本价值核算研究［J］．分布式能源，2021, 6（3）:19-31.

［41］左宗文，姚新超．中国新型城镇化建设中能源互联网应用研究［J］．现代管理科学，2015（4）:63-66.

［42］刘永辉，张显，孙鸿雁，等．能源互联网背景下电力市场大数据应用探讨［J］．电力系统自动化，2021, 45（11）:1-10.

［43］薛禹胜，赖业宁．大能源思维与大数据思维的融合（一）大数据与电力大数据［J］．电力系统自动化，2016，40（1）:1-8.

［44］刘世成，张东霞，朱朝阳，等．能源互联网中大数据技术思考［J］．电力系统自动化，2016, 40（8）:14-21, 56.

［45］陈运良．大数据在农业农村发展中的应用［J］. 农家科技（上旬刊），2020（1）:198.

［46］王斐，肖盛，马潇霄．基于大数据挖掘的农村电网“低电压”问题研究［J］．电网与清洁能源，2016, 32（10）:73-78.

［47］于重重，孙秋峰，谭励，等．基于案例推理的农村新能源利用决策系统［J］．计算机工程与设计，2011, 32（2）:749-752, 756.

［48］张启龙，李萌文．北方农村居民能源统计方法设计研究［J］．中国能源，2017, 39（4）:39-42, 38.

［49］张林，肖诗顺，陈丘．技术进步对我国农村能源效率的影响分析［J］．四川农业大学学报，2011, 29（4）:570-575.

［50］王磊．能源大数据中心建设运营思路研究［J］．中国新技术新产品，2021（3）:126-128.

［51］李俊楠，李伟，李会君，等．基于大数据云平台的电力能源大数据采集与应用研究［J］．电测与仪表，2019, 56（12）:104-109.

［52］袁锐．传统能源行业数据化转型的管理创新探索——以大数据神华为例［J］．现代管理科学，2017（6）:55-57.

[53] 蔡泽祥，李立涅，刘平，等 . 能源大数据技术的应用与发展 [J] . 中国工程科学，2018, 20（2）:72–78.

[54]Vangelis Marinakis, Haris Doukas, John Tsapelas, Spyros Mouzakitis,?lvaro Sicilia, Leandro Madrazo, Sgouris Sgouridis. From big data to smart energy services: An application for intelligent energy management [J] . Future Generation Computer Systems, 2020, 110: 572–586.

[55] Pingping Sun, Lingang Gu. Energy big data acquisition and application based on service portfolio quality [J] . Sustainable Energy Technologies and Assessments, 2021, 45.

[56] Jiashi Han, Lei Zhang, Yang L. Hotspots, flaws and deficiencies of research on rural energy upgrading: A review [J] . Energy Strategy Reviews, 2021, 38.

[57] Caixia Tan, Min Yu, Jing Wang, Shiping Geng, Dongxiao Niu, Zhongfu Tan. Feasibility study on the construction of multi-energy complementary systems in rural areas–Eastern, central, and western parts of China are taken as examples [J] . Energy, 2022, 249.

[58] B. Ugwoke, S. Sulemanu, S.P. Corgnati, P. Leone, J.M. Pearce. Demonstration of the integrated rural energy planning framework for sustainable energy development in low-income countries: Case studies of rural communities in Nigeria [J] . Renewable and Sustainable Energy Reviews, 2021, 144.

[59] Cao Zi, Meng Qian, Gao Baozhong. he consumption patterns and determining factors of rural household energy: A case study of Henan Province in China [J] . Renewable and Sustainable Energy Reviews, 2021, 146.

[60] Xin Jin, Huimin Hu. Research and implementation of smart energy investment and financing system design based on energy mega data mining [J] . Energy Reports, 2022, 8（4）: 1226–1235.

[61] 刘才华，马骏 . 基于数据中台技术的省级能源大数据平台构建 [J] . 大众用电，2021, 36（11）:26–27.

[62] 王小辉，陈岸青，李金湖，郑成贺，潘鑫宇，杨赞靖 . 基于能源大数据中心的数据商业运营模式研究 [J] . 供用电，2021, 38（04）:37–42. DOI:10.19421/j. cnki. 1006–6357. 2021. 04. 007.

[63] 王磊 . 能源大数据中心运维体系研究 [J] . 中国新通信，2021, 23

(05):76–77.

[64] 张喜平，赵维，王丽杰. 新能源大数据平台物联网数据接入架构设计与实现[J]. 分布式能源，2020, 5(06):33–38.DOI:10.16513/j. 2096–2185. DE.2012005.

[65] 范越，基于工业互联网架构的能源大数据关键技术及应用. 青海省，国网青海省电力公司，2019–12–30.

[66] 孙永亮，张伟剑，李文峰，白宏坤，王圆圆，华远鹏，韩丁，刘小彩. 能源大数据标准体系规划[C]//. 全国第四届“智能电网”会议论文集.，2019:88–92.DOI:10.26914/c.cnkihy.2019.054868.

[67] 李浩. 基于数据挖掘技术的风电新能源大数据平台构建[J]. 电子技术与软件工程，2019(21):151–152.

[68] 李金，许中平，周春雷，康春婷. 能源大数据共享与运营服务平台应用架构设计[J]. 电力与能源，2019, 40(05):568–571+590.

[69] 瞿超畅，倪俊. 企业能源管理系统大数据平台的研究[J]. 能源研究与利用，2019(05):54–55.DOI:10.16404/j.cnki.issn1001–5523.2019.05.020.

[70] 徐晓敏. 基于泛在电力物联网的大数据应用研究[J]. 企业改革与管理，2019(17):61–62+162.DOI:10.13768/j.cnki.cn11–3793/f.2019.2265.

[71] 任勇. 基于大数据的综合能源智慧服务应用[J]. 集成电路应用，2019, 36(07):84–85. DOI:10.19339/j.issn.1674–2583.2019.07.033.

[72] 赵冉. 向社会提供电力大数据公共服务[N]. 中国电力报，2019–06–18(002). DOI:10. 28061/n. cnki.ncdlb.2019. 001315.

[73] 刘春雨. 用户侧能源管理系统大数据平台的研究[J]. 现代建筑电气，2019, 10(05):1–5.DOI:10.16618/j. cnki.1674–8417. 2019.05. 001.

[74] 许海涛，许春香，许少鹏. 基于大数据的智慧能源管理系统研究[J]. 信息系统工程，2019(03):89–90.

[75] 赵俊华，董朝阳，文福拴，薛禹胜. 面向能源系统的数据科学：理论、技术与展望[J]. 电力系统自动化，2017, 41(04):1–11+19.

[76] 郑浩泉，靳丹，马志程. 电力企业大数据基础平台[J]. 计算机系统应用，2017, 26(02):1–8.DOI:10. 15888/j.cnki. csa. 005604.

[77] 饶玮，蒋静，周爱华，谢若承，裘洪彬. 面向全球能源互联网的电力大数据基础体系架构和标准体系研究[J]. 电力信息与通信技术，2016, 14

（04）:1-8.DOI:10. 16543/j.2095-641x. electric.power. ict.2016. 04.001.

［78］杨佩，蔡皓，裘洪彬，乔俊峰．面向能源互联网的大数据关键技术研究［J］．电力信息与通信技术，2016, 14（04）:9-12.DOI:10. 16543/j. 2095-641x.electric.power.ict.2016.04.002.

［79］王玮，刘荫，于展鹏，苏琦，周伟．电力大数据环境下大数据中心架构体系设计［J］．电力信息与通信技术，2016, 14（01）:1-6.DOI:10.16543/j.2095-641x.electric.power.ict.2016.01.027.

［80］鲁宗相，徐曼，乔颖，刘梅，张华铭，孙福林．风电功率预测的新型互联网运营模式设计［J］.电网技术，2016, 40(01):125-131. DOI:10. 13335/j.1000-3673. pst.2016.01.017.

［81］杨万清，戚欣革，栾敬钊，李振威，姜学朴．电力大数据存储方案设计［J］．东北电力技术，2015, 36（12）:41-43.

［82］曹军威，袁仲达，明阳阳，张华赢．能源互联网大数据分析技术综述［J］．南方电网技术，2015, 9（11）:1-12.DOI:10.13648/j. cnki.issn1674-0629.2015.11.001.

［83］李栋华，耿世奇，郑建．能源互联网形势下的电力大数据发展趋势［J］．现代电力，2015, 32(05):10-14. DOI:10.19725/j.cnki.1007-2322.2015.05.002.

［84］陈克胜．能源大数据管理系统的实现［J］．机电工程技术，2015, 44（06）:24-28+138.

［85］朱朝阳，王继业，邓春宇．电力大数据平台研究与设计［J］．电力信息与通信技术，2015, 13（06）:1-7. DOI:10.16543/j. 2095-641x.electric.power.ict. 2015. 06.013.

［86］段军红，张乃丹，赵博，闫晓斌．电力大数据基础体系架构与应用研究［J］．电力信息与通信技术，2015, 13（02）:92-95.

［87］闫龙川，陈亮，赵子岩．支撑电力大数据的云计算数据中心体系架构研究［J］.供用电，2014(08):37-40.DOI:10.19421/j.cnki.1006-6357.2014.08.007.

［88］巨克真，魏珍珍．电力企业级数据治理体系的研究［J］．电力信息与通信技术，2014, 12（01）:7-11.

［89］聂小童．浅谈进一步完善能源统计［N］．中国信息报，2021-04-08（003）.DOI:10.38309/n.cnki.nzgxx.2021.000326.

［90］孙自华，康军伟．工业企业能源统计［J］．设备管理与维修，2020

（16）:7-8.DOI:10.16621/j.cnki.issn1001-0599.2020.08D.04.

［91］胡荣 . 浅析能源统计在企业能源管理工作中的作用［J］. 资源节约与环保，2019（12）:120+125.DOI:10.16317/j.cnki.12-1377/x.2019.12.096.

［92］黄长杰，王海伟，姜峥，王海梅 . 支撑综合能源服务业务的统计指标体系研究［J］. 电力设备管理，2019（02）:37-40+47.

［93］蔡兴有 . 新经济环境下企业能源统计研究［J］. 中国管理信息化，2018, 21（09）:126-127.

［94］袁星 . 企业能源统计现状与对策分析［J］. 商业经济，2018（03）:112-113.

［95］张秋秋 . 浅议如何做好基层能源统计工作［J］. 现代经济信息，2018（04）:102.

［96］孙杨 . 浅析能源统计存在的问题及对策建议［J］. 统计与咨询，2017（05）:54-55.DOI:10.19456/j.cnki.tjyzx.2017.05.018.

［97］谢欣，杨佳 . 中国可再生能源统计的国际比较［J］. 中国能源，2017, 39（08）:11-13+24.

［98］杨川 . 能源统计在企业能源管理工作中的应用［J］. 现代经济信息，2017（07）:368.

［99］张海斌 . 能源统计的现状、缺失与改进分析［J］. 统计与决策，2016（23）:2+189.

［100］张爱琴 . 浅谈能源统计在企业能源管理工作中的应用［J］. 现代经济信息，2016（20）:38-39.

［101］刘红 . 如何让企业能源统计工作规范化［N］. 中国信息报，2016-10-13（007）.DOI:10.38309/n.cnki.nzgxx.2016.000225.

［102］李璐 . 有关能源统计的国际建议［J］. 中国统计，2016（06）:30-31.

［103］王爱壮 . 浅谈新经济环境下企业能源统计管理的思考［J］. 时代金融，2016（15）:134.

［104］刘冰 . 将“五大发展”理念贯穿于能源统计工作［J］. 中国统计，2016（05）:14-15.

［105］祝富钧 . 提高规模以上工业能源统计数据质量方法研究［J］. 现代经济信息，2015（15）:385.

［106］张永霞 . 企业能源统计方法与改进对策研究［J］. 科技视界，2015

（14）:228+287.DOI:10.19694/j.cnki.issn2095-2457.2015.14.175.

［107］史曙亮．能源统计的几点探索［N］．中国信息报，2015-01-13（007）.DOI:10.38309/n.cnki.nzgxx.2015.001038.

［108］尹伟华．我国能源统计存在的问题及对策［J］．宏观经济管理，2015（01）:41-42+47.DOI:10.19709/j.cnki.11-3199/f.2015.01.014.

［109］文兼武．能源革命与能源统计改革［J］．中国统计，2014（08）:1.

［110］许涤龙，钟雄，汤智斌．能源统计的国际准则——IRES及其启示［J］．北京理工大学学报（社会科学版），2014, 16（02）:33-39.DOI:10.15918/j.jbitss1009-3370.2014.02.016.

［111］沈晓秋．浅析能源统计在企业能源管理工作中的作用［J］．东方企业文化，2013（12）:171.

［112］武伶娣．关于能源统计指标体系的探讨［J］．现代经济信息，2013（03）:238.

［113］李鹏，杨莘博，谭忠富，王世谦，张艺涵，谢安邦，薛帆．终端能源互联网平台典型应用场景及商业模式研究［J］．电力建设，2022, 43（03）:112-122.

［114］刘永辉，张显，孙鸿雁，冯恒．能源互联网背景下电力市场大数据应用探讨［J］．电力系统自动化，2021, 45（11）:1-10.

［115］赖征田．能源大数据中心建设与应用研究［J］．供用电，2021, 38（04）:1.

［116］孙志超．面向智慧城市的电力数据挖掘多场景应用［J］．电气传动自动化，2021, 43（02）:43-45.

［117］蔡冬阳．能源互联网时代的电力数据应用技术研究方向［J］．中国科技信息，2020（24）:93-94.

［118］陈军，刘子华，卜飞飞．打破“数据壁垒”实现互联互通——河南省能源大数据中心建设纪实［J］. 河南电力，2020（10）:18-19. DOI:10.19755/j.cnki.hnep. 2020.10.006.

［119］王涛，王晓磊，尹蕊．基于大数据云平台的电力能源大数据采集与应用探究［J］．电子世界，2020（15）:155-156.DOI:10.19353/j.cnki.dzsj.2020.15.082.

［120］王晓磊，王涛，尹蕊．浅谈综合能源信息融合的大数据挖掘分析

与应用［J］. 数字通信世界，2020（08）:217-218.

［121］王靖然，王东升，施贵荣，孙荣富，崔正湃，孙雅旻 . 面向消纳提升的新能源智能调控数据应用架构与关键技术［J］. 电力系统及其自动化学报，2020, 32（11）:88-94.DOI:10.19635/j. cnki.csu-epsa. 000515.

［122］王圆圆，白宏坤，李文峰，卜飞飞，华远鹏，韩丁，吴雄 . 能源大数据应用中心功能体系及应用场景设计［J］. 智慧电力，2020, 48（03）:15-21+29.

［123］高晓峰，李晓蕾，董书谦 . 基于大数据云平台的电力能源大数据采集与应用研究［J］. 电力设备管理，2020（02）:34-36.

［124］杨金龙，高骞 . 能源互联网时代电力大数据应用的特征、架构及场景探析［J］. 中国集体经济，2019（18）:82-88.

［125］金和平，郭创新，许奕斌，廖伟涵 . 能源大数据的系统构想及应用研究［J］. 水电与抽水蓄能，2019, 5（01）:1-13.

［126］李俊楠，李伟，李会君，何心铭，张世林 . 基于大数据云平台的电力能源大数据采集与应用研究［J］. 电测与仪表，2019, 56（12）:104-109. DOI:10.19753/j. issn1001-1390. 2019. 012. 017.

［127］杨耀杰，苗堃，李峙，郭红梅，王明晓 . 企业能源大数据的应用分析与研究［C］//. 第三届智能电网会议论文集 .，2018:535-537.

［128］杜玉亮 ."互联网 +"在电力领域中的应用探索［J］. 现代工业经济和信息化，2018, 8（12）:48-49+69. DOI:10. 16525/j. cnki.14-1362/n. 2018. 12.19.

［129］江秀臣，盛戈皞 . 电力设备状态大数据分析的研究和应用［J］. 高电压技术，2018, 44（04）:1041-1050. DOI:10.13336/j. 1003-6520. hve. 20180329001.

［130］蔡泽祥，李立涅，刘平，徐敏，陈泽兴，张勇军，韩永霞，许爱东 . 能源大数据技术的应用与发展［J］. 中国工程科学，2018, 20（02）:72-78.

［131］郑晓东，胡汉辉，赵林度，黄建城 . 中国能源大数据获取分析机制研究及实现［J］. 电力科学与工程，2017, 33（09）:1-7.

［132］刘元议，肖祥武，向春波 . 电力大数据在发电企业中的应用场景分析［J］. 电气时代，2017（06）:19-21.

［133］蔡德福，曹侃，唐泽洋，刘曼佳，万磊，周鸿雁 . 大数据技术在电力系统的应用［J］. 湖北电力，2016, 40（06）:22-26.DOI:10.19308/j. hep. 2016.06.005.

［134］成婧颖．大数据分析在互联电网中的应用探讨［J］．科技创新与应用，2016（14）:190.

［135］刘世成，张东霞，朱朝阳，李维东，卢文冰，张敏杰．能源互联网中大数据技术思考［J］．电力系统自动化，2016, 40（08）:14–21+56.

［136］张东霞，邱才明，王晓蓉，邓春宇，刘世成．全球能源互联网中的大数据应用研究［J］．电力信息与通信技术，2016, 14（03）:20–24. DOI:10.16543/j. 2095–641x. electric. power. ict. 2016.03.005.

［137］孙艺新，位红星．Nest Labs: 能源大数据在智能家居中的应用［J］．电力与能源，2015, 36（06）:836–838.

［138］郑海雁，金农，季聪，熊政，李昆明．电力用户用电数据分析技术及典型场景应用［J］．电网技术，2015, 39（11）:3147–3152.DOI:10.13335/j. 1000–3673. pst. 2015. 11. 020.

［139］王继业．大数据在电网企业的应用探索［J］．中国电力企业管理，2015（17）:18–21.

［140］吴凯峰，刘万涛，李彦虎，苏伊鹏，肖政，裴旭斌，虎嵩林．基于云计算的电力大数据分析技术与应用［J］．中国电力，2015, 48（02）:111–116+127.

［141］彭小圣，邓迪元，程时杰，文劲宇，李朝晖，牛林．面向智能电网应用的电力大数据关键技术［J］．中国电机工程学报，2015, 35（03）:503–511. DOI:10.13334/j. 0258–8013. pcsee. 2015. 03. 001.

［142］李佳玮，郝悍勇，李宁辉．电网企业大数据技术应用研究［J］．电力信息与通信技术，2014, 12（12）:20–25.

［143］陈超，张顺仕，尚守卫，孙飞．大数据背景下电力行业数据应用研究［J］．现代电子技术，2013, 36（24）:8–11+14. DOI:10. 16652/j. issn.1004–373x. 2013.24.002.